4Ps DA OAB 2ª FASE

Prática Constitucional

7ª Edição

4Ps DA OAB 2ª FASE

Alexandre Pereira Pinto Ormonde
Luiz Roberto Carboni Souza

Prática Constitucional

EDITORA RIDEEL
Quem tem Rideel tem mais.

EXPEDIENTE

FUNDADOR Italo Amadio (*in memoriam*)
DIRETORA EDITORIAL Katia Amadio
EDITOR-CHEFE Adão Pavoni
EDITORA ASSISTENTE Mônica Ibiapino
PROJETO GRÁFICO Sergio A. Pereira
REVISÃO Equipe Rideel
DIAGRAMAÇÃO Formato Editoração e Serviços
IMPRESSÃO Forma Certa Gráfica

Dados Internacionais de Catalogação na Publicação (CIP)
Angélica Ilacqua CRB-8/7057

Ormonde, Alexandre Pereira Pinto
Prática constitucional / Alexandre Pereira Pinto Ormonde, Luiz Roberto Carboni Souza. – 7. ed. – São Paulo : Rideel, 2020.
328 p. (4 Ps da OAB 2ª fase)

ISBN 978-85-339-5886-9

1. Direito constitucional 2. Ordem dos Advogados do Brasil – Exames I. Título II. Souza, Luiz Roberto Carboni.

CDD 342.8105
10-2975 CDU 342(81)(079.1)

Índice para catálogo sistemático:
1. Direito constitucional

EDITORA RIDEEL

Av. Casa Verde, 455 – Casa Verde
CEP 02519-000 – São Paulo – SP
e-mail: sac@rideel.com.br
www.editorarideel.com.br

1 3 5 7 9 8 6 4 2
0 1 2 0

Currículo resumido dos autores:

ALEXANDRE PEREIRA PINTO ORMONDE
Mestre em Direito.
Pós-graduado em Direito Constitucional.
Professor de Direito Constitucional.
Advogado.

LUIZ ROBERTO CARBONI SOUZA
Mestre em Direito.
Pós-graduado em Direito Constitucional.
Professor de Direito Constitucional.
Advogado.

Apresentação

Referência no mercado editorial brasileiro, a Editora Rideel vem, a cada ano, ampliando seu alcance no segmento jurídico com novos títulos que justificam a confiança de seu leitor.

O Exame de Ordem se tornou um desafio na vida dos acadêmicos e bacharéis em Direito, haja vista possuir um grau de complexidade semelhante ao de muitos concursos públicos, e uma boa preparação pode levá-lo ao resultado positivo que tantos almejam, mas poucos atingem.

É de se observar também que, com a inclusão dos acadêmicos de nonos e décimos semestres dos cursos de Direito no certame, notou-se que grande parte dos aprovados é justamente aquela que ainda não concluiu o curso, o que demonstra que o preparo para realização do exame é o que faz a diferença. E mais do que isso, normalmente as pessoas que estão cursando o último ano prestam o exame só com os conhecimentos adquiridos no próprio curso e com uma preparação pessoal que realizam para enfrentar o desafio, em oposição aos bacharéis, que em sua maioria optam por se preparar por meio dos vários cursos preparatórios disponíveis no mercado.

Diante disso, é fácil perceber que o sucesso no Exame de Ordem não está ligado necessariamente a fatores externos, mas sim a um bom planejamento e preparação pessoal que vai lhe colocar em condições de igualdade com todos os demais candidatos, ou quiçá melhor.

Assim sendo, este é o sentido da concepção desta obra: permitir que o candidato possa planejar os estudos para realização do exame, à medida que aperfeiçoa sua preparação.

Para atender a essa proposta, além da teoria, o leitor contará, ainda, com modelos de peças e preciosas dicas para um estudo direcionado, com a metodologia adequada para enfrentar o exame.

A obra é um perfeito guia de consulta tanto aos profissionais quanto aos candidatos a exame da 2ª fase da OAB, com conteúdo simplificado apresentando a sequência lógica e a fundamentação certa para garantir o melhor desempenho e auxiliar na aprovação.

O editor

Siglas e Abreviaturas

ADI	Ação Direta de Inconstitucionalidade
ADC	Ação Declaratória de Constitucionalidade
ADO	Ação Direta de Inconstitucionalidade por Omissão
ADPF	Arguição de Descumprimento de Preceito Fundamental
Ag	Agravo
AI	Agravo na modalidade de instrumento
Ap	Apelação
AP	Ação Popular
Art.	Artigo
Arts.	Artigos
CDA	Certidão da Dívida Ativa
CRFB	Constituição da República Federativa do Brasil
CPC	Código de Processo Civil
CPP	Código de Processo Penal
DO	Diário Oficial
DOU	Diário Oficial da União
DJ	Diário da Justiça
DJU	Diário da Justiça da União
EC	Emenda Constitucional
ECR	Emenda Constitucional de Revisão
EREsp	Embargos em Recurso Especial
FGV	Fundação Getulio Vargas
HC	*Habeas Corpus*
HD	*Habeas Data*
J.	Julgado
JEC	Juizado Especial Cível
JEF	Juizado Especial Federal
LAP	Lei de Ação Popular (Lei nº 4.717/1965)
LEF	Lei das Execuções Fiscais (Lei nº 6.830/1980)
MI	Mandado de Injunção
MP	Ministério Público
MS	Mandado de Segurança
NCPC	Novo Código de Processo Civil
OAB	Ordem dos Advogados do Brasil
PL	Projeto de Lei
QO	Questão de ordem
RE	Recurso Extraordinário
Rec. In.	Recurso inominado
Rel. (ou Rela)	Relator ou relatora
REsp	Recurso Especial
ROC	Recurso Ordinário Constitucional
ROMS	Recurso Ordinário em Mandado de Segurança
RT	Revista dos Tribunais
STF	Supremo Tribunal Federal
ss.	seguintes
STJ	Superior Tribunal de Justiça
TJ	Tribunal de Justiça
TRF	Tribunal Regional Federal
TSE	Tribunal Superior Eleitoral
TSM	Tribunal Superior Militar
TST	Tribunal Superior do Trabalho

Sumário

PARTE I – Orientações iniciais para o leitor

PARTE II – Processo Constitucional

PARTE III – Peças Práticas

PARTE IV – Pratique

PARTE V – Questões discursivas

Sumário

Introdução

A disciplina Direito Constitucional é novidade no exame de ordem. Ao contrário do que se pensa, o Direito Constitucional tem vasta aplicação prática, de modo que a disciplina se reflete em todos os ramos do direito.

Obviamente, há um diálogo das fontes do direito na aplicação prática da matéria, de maneira que o direito constitucional não se mostra disciplina completamente autônoma. A interdisciplinaridade pode ser verificada em relação a todos os sub-ramos do direito; no entanto, para efeito de exame de ordem, ao menos no atual modelo, o direito constitucional dialoga de forma mais contundente com o Direito Processual Civil, e, de modo mais tímido, com o Direito Processual Penal.

Nesta obra, o Direito Constitucional será tratado de forma breve, com ênfase no Direito Processual Constitucional. Todavia, para a realização da prova da OAB, é necessário um estudo mais aprofundado dos diversos temas do direito constitucional, os quais serão tratados, em parte, nas questões práticas propostas ao final deste trabalho.

Assim, em diversos pontos da obra serão abordadas questões pontuais sobre o direito material constitucional, a exemplo do processo legislativo, das regras de competência legislativa ou material etc.

Por fim, vale dizer que a realização de todos os exercícios aqui propostos, juntamente com um estudo dedicado às questões de direito material que envolvem a prática constitucional, certamente levarão o candidato ao exame de ordem à aprovação!

Os autores
Julho de 2015

Introdução

A disciplina Direito Constitucional é revestida de relevante importância no ápice da ordem. Ao contrário do que se pensa, o Direito Constitucional tem vasta aplicação prática, de modo que a disciplina se insere em todos os ramos do direito.

Atualmente, há um diálogo das fontes do direito na aplicação prática da matéria, de maneira que o direito constitucional não se mostra disciplina completamente autônoma. A interdisciplinaridade pode ser verificada em relação a todos os sub-ramos do direito, no entanto, para efeito de exame de ordem, notadamente no atual modelo, o Direito Constitucional dialoga de forma mais contundente com o Direito Processual Civil, e, de modo cada vez mais constante, com o Direito Processual Penal.

Nesta obra, o Direito Constitucional será tratado de forma breve, com ênfase no Direito Processual Constitucional. Todavia, para a realização da prova da OAB, é necessário um estudo mais aprofundado dos diversos temas do direito constitucional, os quais serão tratados, em parte, nas questões práticas propostas ao final deste trabalho.

Assim, em diversos pontos da obra serão abordadas questões pontuais sobre o direito material constitucional, a exemplo do processo legislativo, das regras de competência legislativa ou material etc.

Por fim, vale dizer que a realização de todos os exercícios aqui propostos, juntamente com um estudo dedicado às questões de direito material que envolvem a ordem constitucional, certamente levarão o candidato ao rumo de sua aprovação!

Os autores
Julho de 2015

PARTE I

Orientações iniciais para o leitor

1. Cuidados com o vernáculo

a) usar sempre **linguajar jurídico** e demonstrar **técnica profissional**, pois é isso que o exame exige. A técnica se demonstra expondo as ideias de forma clara e conduzindo-as adequadamente, de modo a convencer quem estiver lendo a peça a acatar a tese e deferir o que foi pleiteado;

b) a OAB proíbe o uso de dicionários. Porém, na sua fase de preparação, sugere-se a utilização de dicionário (língua portuguesa e jurídico) para **aperfeiçoamento do vocabulário**, pois palavras escritas de forma incorreta ou trechos sem nenhuma concordância ou sentido ensejam em desconto na nota final. Lembre-se sempre de substituir a linguagem coloquial pela linguagem formal.

2. Cuidados com a estética

a) **letra:** no exame da OAB, a peça, além de ser manuscrita pelo candidato, é digitalizada pela organização da prova e enviada aos examinadores. Sendo assim, a letra do candidato deve ser legível para facilitar a compreensão por parte de quem a lê e a transcreve. Se não for possível entender o que está escrito, poderá se considerar errada a palavra, a frase ou até trechos, e isso pode implicar desconto na média final ou na própria anulação da prova;

b) **margens e abertura de parágrafos:** deve ficar claro onde começam os parágrafos por meio de recuos à esquerda e as margens devem ser justificadas (como no computador), evitando desestruturar a peça. A utilização de margens e espaços gera uma visão organizada da peça, o que torna sua leitura mais agradável e fácil;

c) **apresentação:** a limpeza da prova faz toda a diferença; o uso de corretivos (branquinho) é proibido. Caso você erre alguma palavra, passe um traço por cima e prossiga com a palavra correta. Mas cuidado para não elaborar uma peça cheia de riscos, que equivalem a erros, pois isso também pode ensejar desconto na nota final;

d) **fazer os destaques em letra maiúscula:** a letra de forma só deve ser usada quando se tiver a intenção de destacar. Caso use letra bastão, tome cuidado para diferenciar letras maiúsculas de minúsculas;

e) **as regras gramaticais** devem ser respeitadas, para que não haja descontos.

3. Principais regras extraídas do edital do Exame de Ordem

a) a prova prático-profissional valerá 10,00 (dez) pontos e será composta de duas partes: a.1) redação de peça profissional, valendo 5,00 (cinco) pontos; a.2) respostas a 4 (quatro) questões discursivas, sob a forma de situações-problema valendo 1,25 cada uma;

b) o caderno de textos definitivos da prova prático-profissional não poderá ser assinado, rubricado e/ou conter qualquer palavra e/ou marca que identifique o candidato. A identificação do candidato leva à anulação da prova;

c) o caderno de textos definitivos é o único documento válido para a avaliação da prova prático-profissional, devendo ser devolvido ao término da prova;

d) as provas prático-profissionais deverão ser manuscritas, em letra legível, com caneta esferográfica de tinta azul ou preta;

e) o examinando receberá nota zero nas questões da prova prático-profissional em casos de não atendimento ao conteúdo avaliado (por exemplo, falta de fundamentação legal ou jurisprudencial), de não haver texto, de manuscrever em letra ilegível ou de grafar por outro meio que não o determinado no subitem anterior;

f) na redação das respostas às questões discursivas, o examinando deverá indicar a qual item do enunciado se refere cada parte de sua resposta ("A)", "B)", "C)" etc.), sob pena de receber nota zero;

g) para a redação da peça profissional, o examinando deverá formular texto com a extensão máxima definida na capa do caderno de textos definitivos; para a redação das respostas às questões discursivas, a extensão máxima do texto será de 30 (trinta) linhas para cada questão. Será desconsiderado, para efeito de avaliação, qualquer fragmento de texto que for escrito fora do local apropriado ou que ultrapassar a extensão máxima permitida;

h) o examinando deverá observar atentamente a ordem de transcrição das suas respostas quando da realização da prova prático-profissional, devendo iniciá-la pela redação de sua peça profissional, seguida das respostas às quatro questões discursivas, em sua ordem crescente;

i) quando da realização das provas prático-profissionais, caso a peça profissional e/ou as respostas das questões discursivas exijam assinatura, o examinando deverá utilizar apenas a palavra "ADVOGADO..., OAB nº...". Ao texto que contenha outra assinatura, será atribuída nota 0 (zero), por se tratar de identificação do examinando em local indevido;

j) na elaboração dos textos da peça profissional e das respostas às questões discursivas, o examinando deverá incluir todos os dados que se façam necessários, sem, contudo, produzir qualquer identificação além daquelas fornecidas e permitidas no caderno de prova. Assim, o examinando deverá escrever o nome do dado seguido de reticências (exemplo: "Município...", "Data...", "Advogado...", "OAB..." etc.). A omissão de dados que forem legalmente exigidos acarretará descontos na pontuação atribuída ao examinando nesta fase;

k) para realização da prova prático-profissional, o examinando deverá ter conhecimento das regras processuais inerentes ao fazimento dela;

l) o texto da peça profissional e as respostas às questões discursivas serão avaliados quanto à adequação ao problema apresentado, ao domínio do raciocínio jurídico, à fundamentação e sua consistência, à capacidade de interpretação e exposição e à técnica profissional demonstrada, sendo que a mera transcrição de dispositivos legais, desprovida do raciocínio jurídico, não ensejará pontuação;

m) as questões da prova prático-profissional poderão ser formuladas de modo que, necessariamente, a resposta reflita a jurisprudência pacificada dos Tribunais Superiores.

4. Cuidados com a estrutura da peça

a) Toda petição possui:

- Endereçamento;
- Preâmbulo;
- Narrativa dos fatos;
- Embasamento jurídico do Direito;
- Pedido(s);
- Requerimento(s).

b) Utilize a terminologia adequada para cada peça (apelante, embargante, recorrente, paciente, agravante etc.). Jamais durante a elaboração da peça identifique as partes pelo nome pessoal.

c) É proibido inventar dados para o problema, jurisprudência ou qualquer informação que não seja correspondente ao informativo da proposta. Se o problema não fornece os dados, coloque três pontos, sem aspas: ...

➡ OBSERVAÇÃO IMPORTANTE ⬅

É muito importante respeitar essa regra de se limitar aos dados dos problemas, por mais simples que seja o detalhe. Em nossas aulas de prática jurídica usamos um exemplo para ilustrar tal situação: "... quem conhece Quixeramobim da Serra não passa no Exame de Ordem...". Trata-se de uma situação em que a competência se dá pela citada cidade, de forma que o candidato que não conhece o lugar fará corretamente o endereçamento da seguinte forma:

EXCELENTÍSSIMO SENHOR DOUTOR JUIZ DE DIREITO DA .... VARA .... DA COMARCA DE QUIXERAMOBIM DA SERRA – ....

Já o candidato que conhece a localidade ficará tentado a colocar "CE", representando o Estado do Ceará. Mas, se esse dado não é apresentado no problema, não pode ser objeto de dedução.

d) Como se observou, as questões podem referir-se a decisões judiciais pacificadas pelos Tribunais. Portanto, é importante que seja feito um estudo das súmulas dos tribunais, inclusive as vinculantes do STF. Além disso, sugere-se o acompanhamento dos informativos do STJ e STF para se ficar atento às últimas atualizações, bem como acompanhar as alterações legislativas. Para tanto, indicamos a seguir os *links* para cadastramento de recebimento automático de atualizações por *e-mail:*

STF - http://www.stf.jus.br/portal/push/autenticarusuario.asp
STJ - https://ww2.stj.jus.br/processo/push/
LEGISLAÇÃO - http://www.saj.planalto.gov.br/saj/Boletins.nsf/frmInscricaoWeb?OpenForm

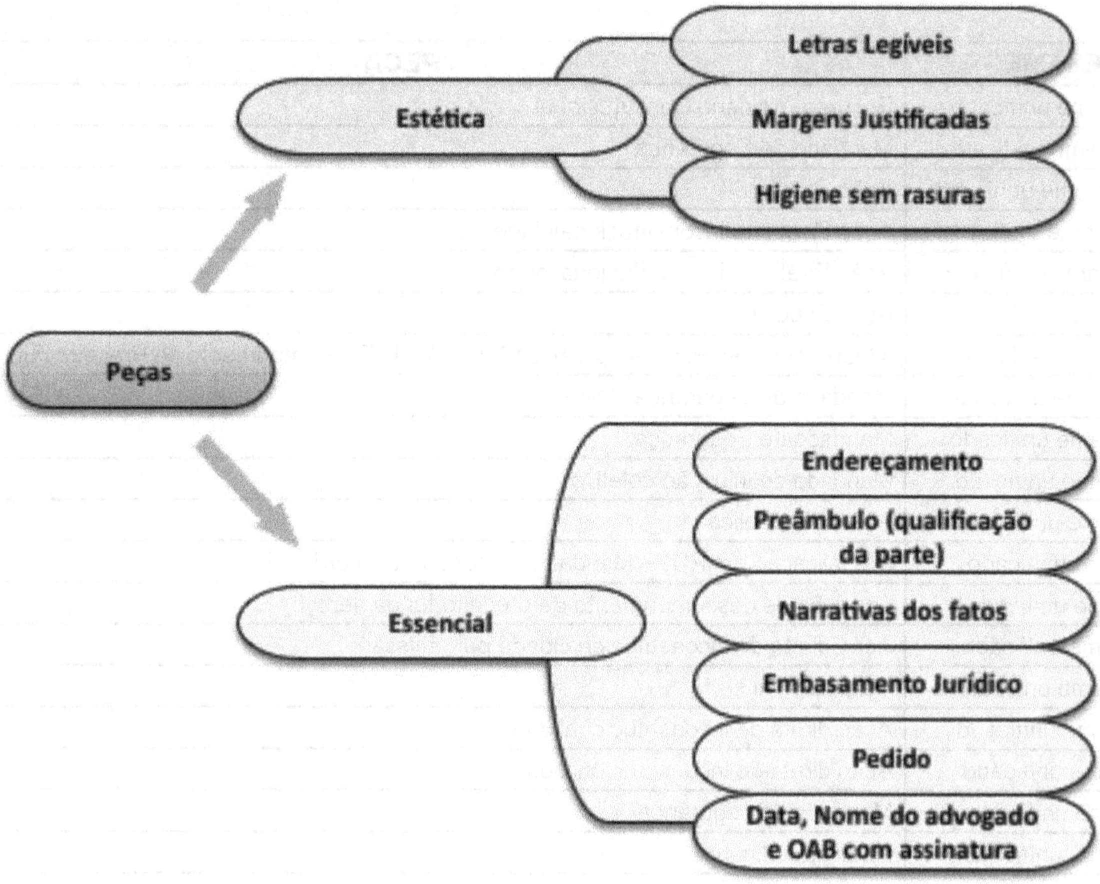

5. Conteúdo programático da prova prático-profissional

a) Direito Constitucional

1. Constituição: conceito, classificação e elementos. 2. Aplicabilidade e eficácia das normas constitucionais. 3. Histórico das Constituições Brasileiras. 4. Neoconstitucionalismo. 5. Do poder constituinte: originário, derivado e decorrente. 6. Da interpretação da norma constitucional. 7. Controle de Constitucionalidade: conceito, espécies, momentos de controle, sistemas de controle judicial 7.1. Ação Direita de Inconstitucionalidade. 7.2. Ação Direta de Inconstitucionalidade por Omissão. 7.3. Ação declaratória de constitucionalidade. 7.4. Arguição de Descumprimento de Preceito Fundamental. 7.5. O Processo de Julgamento da ADI, ADC e ADO (Lei Federal nº 9.868/1999, com redação dada pela Lei Federal nº 12.063/2009). 7.6. O Processo de Julgamento da Arguição de Descumprimento de Preceito Fundamental (Lei Federal nº 9.882/1999) 8. Preâmbulo Constitucional 9. Dos Princípios Fundamentais. 10. Dos Direitos e Garantias Fundamentais. 11. Tutela Constitucional das Liberdades: 11.1. *Habeas Corpus*. 11.2. *Habeas Data* (Lei Federal nº 9.507/1997). 11.3. Mandado de Segurança Individual e Mandado de Segurança Coletivo (Lei Federal nº 12.016/2009). 11.4. Mandado de Injunção. 11.5 Direito de Certidão. 11.6. Direito de Petição. 11.7. Ação Popular (Lei Federal nº 4.717/1965). 12. Direitos Sociais. 13. Direito de Nacionalidade. 14. Direitos Políticos. 15. Divisão Espacial do Poder. Organização do Estado: 15.1. União. 15.2. Estados Federados. 15.3. Municípios. 15.4. Distrito Federal e Territórios. 16. Da intervenção. 17. Administração Pública. 18. Organização dos Poderes. 18.1. Poder Legislativo. 18.1.2. Processo Legislativo 18.2. Poder Executivo. 18.3. Poder Judiciário e Funções Essenciais à Justiça. 19. Da Tributação e do Orçamento: Sistema Tributário Nacional. 20. Sistema Orçamentário e Finanças Públicas. 21. Defesa do Estado e das Instituições Democráticas. 22. Ordem Econômica e Financeira. 22.1.

Princípios Gerais da Atividade Financeira. 23. Ordem Social. 24. Ato das Disposições Constitucionais Transitórias. 25. Ações de rito ordinário, sumário e especial. Petição inicial. Defesas do Réu: contestação, exceções, reconvenção. Recursos. Reclamação. Representação. Tutelas de urgência: tutela antecipada, tutelas cautelares.

6. Peças exigidas

Apresentamos a seguir um espelho com as peças exigidas pela OAB nos exames unificados elaborados pela FGV (padrão atual):

EXAME	PEÇA
XXX Exame unificado	Recurso Ordinário Constitucional
XXIX Exame unificado	Mandado de Segurança
XXVIII Exame unificado	Ação Popular
XXVII Exame unificado	Ação Direta de Inconstitucionalidade
XXVI Exame unificado	Ação Direta de Inconstitucionalidade
XXV Exame unificado	Ação Popular
XXV Exame unificado	(Reaplicação em Porto Alegre/RS) Arguição de Descumprimento de Preceito Fundamental
XXIV Exame unificado	Mandado de Segurança Coletivo
XXIII Exame unificado	Mandado de Segurança
XXII Exame unificado	Mandado de injunção coletivo
XXI Exame unificado	Ação civil pública
XX Exame unificado	(Reaplicação em RO) – Mandado de segurança individual
XX Exame unificado	Arguição de descumprimento de preceito fundamental
XIX Exame unificado	Ação direta de inconstitucionalidade por omissão
XVIII Exame unificado	Ação popular
XVII Exame unificado	Ação direta de inconstitucionalidade
XVI Exame unificado	Ação direta de inconstitucionalidade
XV Exame unificado	Mandado de segurança
XIV Exame unificado	Recurso ordinário
XIII Exame unificado	Ação direta de inconstitucionalidade
XII Exame unificado	Recurso extraordinário
XI Exame unificado	Mandado de Segurança
X Exame unificado	Recurso extraordinário
IX Exame unificado	Ação pelo rito ordinário, ou Mandado de segurança
VIII Exame unificado	Recurso extraordinário
VII Exame unificado	Ação direta de inconstitucionalidade
VI Exame unificado	Ação Popular
V Exame unificado	Ação pelo rito ordinário com pedido de tutela antecipada, ou Mandado de Segurança com Pedido de Liminar
IV Exame unificado	Recurso ordinário em mandado de segurança (art. 105, II, *b*, da CRFB) de Competência do STJ
2010.3 (FGV)	*Habeas data*
2010.2 (FGV)	Mandado de segurança com pedido de liminar

(*) Observação importante: A partir do XII Exame de Ordem, não mais é possível a utilização de mais de uma peça para solucionar o problema apresentado, ou seja, a OAB fornece o gabarito padrão de correção e somente a peça constante do gabarito é que será aceita.

PARTE II

Processo Constitucional

Processo Constitucional

Direito Constitucional Processual e Direito Processual Constitucional são expressões sinônimas? Entendemos que não, correspondem a ramos diversos do direito.[1]

O Direito Constitucional Processual corresponde aos dispositivos constitucionais atinentes ao processo. São as normas constitucionais atuando em prol da garantia do processo, como direito fundamental. Correspondem, portanto, aos princípios constitucionais processuais, como a ampla defesa e o contraditório, a inafastabilidade do Poder Judiciário, entre outros dispositivos constitucionais destinados à garantia de direitos fundamentais e à efetividade do processo.

O Direito Processual Constitucional, por seu turno, apresenta-se como um novo ramo do direito destinado a garantir a supremacia das normas constitucionais. Se o Direito Constitucional Processual pode ser apresentando como a atuação da Constituição em prol do processo, no Direito Processual Constitucional a situação é inversa: são os institutos processuais atuando para garantir a efetividade da Constituição.

A relação entre o Direito Constitucional e o Direito Processual Constitucional deve ser compreendida como uma relação de direito material e direito processual. O Direito Constitucional corresponde ao direito material, e o Direito Processual Constitucional, ao direito processual, instrumental, necessário para a aplicação do Direito Constitucional.

O Direito Processual Constitucional, portanto, tem a finalidade de efetivar a jurisdição constitucional, que, conforme o ensinamento de Paulo Hamilton Siqueira Junior[2], pode ser dividida em três, conforme a sua finalidade:

a) Jurisdição constitucional em sentido estrito – corresponde ao controle de constitucionalidade de leis e atos normativos;

b) Jurisdição constitucional das liberdades – corresponde à defesa dos direitos fundamentais pelos remédios constitucionais;

c) Jurisdição constitucional política – corresponde a defesa da cidadania.

a) Jurisdição Constitucional – Controle de Constitucionalidade

O controle de constitucionalidade corresponde à atividade pela qual se verifica a compatibilidade vertical de leis e atos normativos com a Constituição Federal. Tem a finalidade de impedir a existência de normas jurídicas incompatíveis com as normas constitucionais no ordenamento jurídico. A sua essência reside na supremacia das normas constitucionais.

Como bem salienta Manoel Gonçalves Ferreira Filho, a distinção entre Poder Constituinte Originário e Derivado e Constituição rígida e flexível só faz sentido se houver previsão de um sistema que controle a constitucionalidade das leis e atos normativos:

> Em todo o Estado onde faltar controle de constitucionalidade, a Constituição é flexível; por mais que a Constituição se queira rígida, o Poder Constituinte perdura ilimitado em mãos do legislador. Este, na verdade, poderá modificar a seu talante as regras constitucionais, se não houver órgão destinado a resguardar a superioridade destas sobre as ordinárias. Mais ainda, órgão com força bastante para fazê-lo.[3]

A inconstitucionalidade pode ser ato comissivo ou omissivo. A inconstitucionalidade por ato comissivo consiste na elaboração de normas incompatíveis com a Constituição Federal, seja do ponto de vista formal, seja do ponto de vista material. A inconstitucionalidade por ato omissivo consiste na ausência legislativa para a regulamentação de normas constitucionais de eficácia limitada. A ausência da lei reclamada pela norma constitucional gera a inconstitucionalidade por omissão.

1 Neste sentido, Paulo Hamilton Siqueira Júnior, p. 82-89. Importante frisar, no entanto, que alguns doutrinadores, como Paulo Roberto de Figueiredo Dantas, entendem não haver distinção entre as expressões. Entende que ambas têm por objetivo o estudo de matérias comuns (p. 13). SIQUEIRA JR, Paulo Hamilton. *Direito processual constitucional.* 5. ed. São Paulo: Saraiva, 2011.

2 SIQUEIRA JR, Paulo Hamilton. *Direito processual constitucional.* 5. ed. São Paulo: Saraiva, 2011. p. 88.

3 FERREIRA FILHO, Manoel Gonçalves. *Curso de direito constitucional.* 38. ed. São Paulo: Saraiva, 2012. p. 60.

A inconstitucionalidade formal pode ser *orgânica* ou *formal propriamente dita*. A inconstitucionalidade formal orgânica decorre da inobservância da incompetência legislativa para a elaboração do ato normativo. A inconstitucionalidade formal propriamente dita ocorre quando o devido processo legislativo é inobservado.

Quanto ao momento, o controle de constitucionalidade pode ser *preventivo* ou *repressivo*. É *preventivo* quando atua no sentido de impedir que sejam produzidas normas jurídicas incompatíveis com a Constituição Federal. Este controle de constitucionalidade ocorre, portanto, durante o processo legislativo de emendas à constituição e de normas infraconstitucionais. Após a promulgação e publicação do ato legislativo, não é mais possível o controle preventivo, pois a norma já ingressou no ordenamento jurídico, ainda que não tenha iniciado a sua vigência (período de *vacatio legis*).

O controle preventivo é realizado, como regra, pelo Poder Legislativo e pelo Poder Executivo, como já salientado, durante o processo legislativo.

O Poder Legislativo realiza o controle preventivo por meio das Comissões de Constituição e Justiça (existentes tanto na Câmara dos Deputados como no Senado Federal), e pela deliberação do plenário, rejeitando o projeto de lei ou de emenda constitucional em razão da inconstitucionalidade.

O Poder Executivo realiza o controle preventivo de constitucionalidade mediante o veto jurídico, conforme o § 1º do art. 66 da CRFB:

> Se o Presidente da República considerar o projeto, no todo ou em parte, inconstitucional ou contrário ao interesse público, vetá-lo-á total ou parcialmente, no prazo de quinze dias úteis, contados da data do recebimento, e comunicará, dentro de quarenta e oito horas, ao Presidente do Senado Federal os motivos do veto.

Importante lembrar, no entanto, que, em se tratando de controle preventivo de constitucionalidade de projetos de Emendas à Constituição, não há veto presidencial. Não há, portanto, controle preventivo realizado pelo Poder Executivo.

O Poder Judiciário não participa do processo legislativo, portanto, não realiza, como regra, controle preventivo de constitucionalidade de espécies normativas. O Supremo Tribunal Federal, no entanto, tem admitido o controle preventivo de constitucionalidade pela via judicial em caso de Mandado de Segurança impetrado por parlamentar com o objetivo de impedir a tramitação de processo legislativo flagrantemente inconstitucional. Trata-se de direito líquido e certo do parlamentar: de participar de um processo legislativo regular, conforme assinala João Paulo Castiglioni Helal:

> O Poder Judiciário poderá ser provocado, por meio de mandado de segurança, impetrado por um parlamentar, contra ato concreto de autoridade coatora, para analisar a constitucionalidade ou inconstitucionalidade de um projeto de espécie normativa em trâmite no Poder Legislativo, com o desiderato de tolher o desrespeito às normas procedimentais marchetadas na Constituição, fazendo com que os parlamentares não sejam coagidos a participar de um procedimento inconstitucional, ou até mesmo, ilegal.[4]

O controle repressivo incide sobre leis e atos normativos já inseridos no ordenamento jurídico. Como regra, é exercido pelo Poder Judiciário. A Constituição Federal, no entanto, prevê duas exceções, em que o Poder Legislativo realiza o controle repressivo:

a) Quando susta os atos normativos do Poder Executivo que exorbitem o poder regulamentar (art. 84, IV) ou dos limites da delegação legislativa (art. 68), conforme dispõe o art. 49, V, da CRFB;

b) Quando rejeita medida provisória editada pelo Presidente da República, nos termos do art. 62 da CRFB.

O controle repressivo judicial pode ocorrer mediante o sistema difuso ou concentrado de constitucionalidade.

O sistema difuso de constitucionalidade surgiu em 1803 nos Estados Unidos da América mediante uma decisão da Suprema Corte. No Brasil, é adotado desde a Constituição Republicada de 1891. Todo juiz ou tribunal deve, ao analisar o caso concreto, na solução da lide, verificar se a pretensão do autor, ou a resistência do réu, funda-se em atos normativos compatíveis com a Constituição. Verificando que há inconstitucionalidade na lei, o magistrado deverá deixar de aplicá-la na solução da lide. O controle de constitucionalidade, portanto, é uma questão prévia, incidental. O objeto da ação é a solução de um conflito de interesses num caso concreto. O pedido da ação não é a declaração de inconstitucionalidade, mas apenas a causa de pedir.

4 HELAL, João Paulo Castiglioni. *Controle da constitucionalidade: teoria e evolução*. 1. ed. Curitiba: Juruá, 2006. p. 196.

A inconstitucionalidade de uma lei ou ato normativo, como questão prévia e incidental, em um caso concreto pode ser arguida pelo autor, réu, ou até mesmo ser reconhecida de ofício pelo juiz ou tribunal. A decisão do controle incidental de constitucionalidade não implica nulidade do ato normativo, tampouco sua retirada do ordenamento jurídico. A declaração de inconstitucionalidade produz efeitos apenas no processo, *intra partes*, com eficácia *ex tunc*. O Senado Federal, ao ser comunicado pelo Supremo Tribunal Federal da declaração de inconstitucionalidade de uma lei, pode, a seu critério, suspender no todo ou em parte a execução desta norma, conforme dispõe o art. 52, X, da CRFB. Desta forma, a declaração de inconstitucionalidade produzirá efeitos fora do processo, *erga omnes*, porém *ex nunc*.

Dois pontos devem merecer atenção especial no estudo do controle difuso de constitucionalidade: a) a reserva de plenário estabelecida no art. 97 da CRFB e o seu processamento nos tribunais, disciplinado pelos arts. 948 a 950 do CPC/2015; b) o Recurso Extraordinário, previsto no art. 102, III, da CRFB – hipóteses de cabimento e requisitos, em especial a repercussão geral.

O controle concentrado foi desenvolvido por Hans Kelsen, que, a pedido do governo austríaco, elaborou o projeto para a Constituição Austríaca de 1920. Ao contrário do sistema americano, difuso e incidental, Kelsen "concebeu um sistema de jurisdição 'concentrada', no qual o controle de constitucionalidade estava confiado, exclusivamente, a um órgão jurisdicional especial, conhecido por Tribunal Constitucional [...]".[5]

Este controle é concentrado porque apenas um órgão possui legitimidade para realizá-lo: o Tribunal Constitucional. É direto porque não ocorre de forma incidental como é no controle difuso, mas por via de ação. É um controle abstrato porque analisa a constitucionalidade da lei de forma abstrata, e não na sua incidência em um caso concreto. Ocorre em um processo objetivo, pois não se realiza na defesa de direitos subjetivos. A declaração de inconstitucionalidade acarreta nulidade da lei inconstitucional, retirando-a do ordenamento jurídico, com efeitos *erga omnes* e *ex tunc*.[6]

Controle difuso	Controle concentrado
Incidental	Direto
Via de defesa (exceção)	Via de ação
Concreto	Abstrato
Subjetivo	Objetivo
Qualquer juiz ou tribunal	Órgão competente
Intra partes	*Erga Omnes*

O controle concentrado de constitucionalidade foi inserido pelo sistema jurídico brasileiro pela EC nº 16, de 25 de novembro de 1965, que introduziu na Constituição de 1946 a Ação Direta de Inconstitucionalidade, com legitimidade para propositura exclusiva do Procurador-Geral da República.

A Constituição Federal de 1988 ampliou o rol de ações de controle concentrado, além da Ação Direta de Inconstitucionalidade, também estão presentes: Ação Direta de Inconstitucionalidade por Omissão, Ação Declaratória de Constitucionalidade e Arguição de Descumprimento de Preceito Fundamental. A Constituição de 1988 rompeu com o monopólio do Procurador-Geral da República, ampliando o rol dos legitimados para a Ação Direta de Inconstitucionalidade e Ação Declaratória de Constitucionalidade, conforme art. 103: Os demais legitimados possuem capacidade postulatória, não necessitam de advogado constituído para o ajuizamento das ações de controle concentrado.

a) Presidente da República;
b) Mesa do Senado Federal;
c) Mesa da Câmara dos Deputados;
d) Procurador-Geral da República;
e) Partido Político com representação no Congresso Nacional;
f) Conselho Federal da OAB;
g) Mesa da Assembleia Legislativa ou da Câmara Legislativa do Distrito Federal;
h) Governador do Estado e do Distrito Federal;

5 CUNHA JÚNIOR. Dirley da. *Controle de constitucionalidade: teoria e prática*. 1. ed. Salvador: Juspodivm, 2006. p. 73.

6 Importante: Tanto a Lei nº 9.868/1999 como a Lei nº 9.889/1999 possibilitam que o Supremo Tribunal Federal, por razões de segurança jurídica ou excepcional interesse social, por maioria de dois terços de seus membros, module os efeitos da declaração de inconstitucionalidade – *ex nunc*, *ex tunc* ou *pro futuro*.

i) Confederação sindical ou entidade de classe de âmbito nacional.

Os legitimados para a propositura da Arguição de Descumprimento de Preceito Fundamental são os mesmos para a Ação Direta de Inconstitucionalidade e Ação Declaratória de Constitucionalidade, por força da Lei nº 9.882/1999.

Embora o texto constitucional não tenha conferido legitimidade popular para o ajuizamento de ações de controle concentrado de constitucionalidade, é inegável que há representação da sociedade, em geral no rol do art. 103 da CRFB.

Estatísticas do Supremo Tribunal Federal demonstram que, dos legitimados pelo rol do art. 103, as confederações sindicais e entidades de classe de âmbito nacional são as que mais têm provocado a atuação da Suprema Corte para o controle concentrado de constitucionalidade. Correspondem a 25,4% das Ações Diretas de Inconstitucionalidade, 73,7% das Ações Diretas de Inconstitucionalidade por Omissão, 33,3% das Ações Declaratórias de Constitucionalidade e 28,8% das Arguições de Descumprimento de Preceito Fundamental.[7]

Estes dados são relevantes ao candidato ao exame de ordem, pois as Confederações sindicais e entidades de classe de âmbito nacional, ao lado dos partidos políticos, segundo a jurisprudência do Supremo Tribunal Federal, não possuem capacidade postulatória, devendo necessariamente estar representados por um advogado regularmente constituído.

Ainda segundo o entendimento sedimentado do Supremo Tribunal Federal, alguns legitimados possuem *legitimação universal*, enquanto outros, *legitimação limitada* ou *especial*. Os que possuem legitimação universal podem, em razão da sua natureza ou função, ajuizar ação de controle concentrado para impugnar qualquer lei ou ato normativo. Os que possuem legitimação limitada devem, necessariamente, demonstrar a *pertinência temática* entre a sua atuação institucional e a impugnação da lei ou do ato normativo.

Possuem legitimação universal, não necessitando demonstrar a pertinência temática:

a) Presidente da República;
b) Mesa do Senado Federal;
c) Mesa da Câmara dos Deputados;
d) Procurador-Geral da República;
e) Partido Político com representação no Congresso Nacional;
f) Conselho Federal da OAB.

Não possuem legitimação universal, devendo demonstrar a pertinência temática, sob pena de indeferimento da petição inicial:

a) Mesa da Assembleia Legislativa ou da Câmara Legislativa do Distrito Federal;
b) Governador do Estado ou do Distrito Federal;
c) Confederação Sindical ou entidade de classe de âmbito Nacional.

Legitimados	Legitimação	Capacidade postulatória
Presidente da República	Legitimação universal	Capacidade postulatória
Mesa do Senado Federal	Legitimação universal	Capacidade postulatória
Mesa da Câmara dos Deputados	Legitimação universal	Capacidade postulatória
Procurador Geral da República	Legitimação universal	Capacidade postulatória
Partido político com representação no Congresso Nacional	Legitimação universal	Não possui capacidade postulatória
Conselho Federal da OAB		Capacidade postulatória
Mesa da Assembleia Legislativa ou da Câmara Legislativa do Distrito Federal	Legitimação limitada	Capacidade postulatória
Governador do Estado e do Distrito Federal	Legitimação limitada	Capacidade postulatória
Confederação sindical ou entidade de classe de âmbito nacional	Legitimação limitada	Não possui capacidade postulatória

7 Dados atualizados até 30 de setembro de 2012. STF – *ADI 1988 a 2012*. www.stf.jus.br/portal/cms/verTexto.asp?servico=estatistica&pagina=adi. Acesso em 3 dezembro 2012.

Legitimados	Legitimação	Capacidade postulatória
Confederação sindical ou entidade de classe de âmbito nacional	Legitimação limitada	Não possui capacidade postulatória

O Novo Código de Processo Civil trouxe significativas modificações no direito processual civil brasileiro. O art. 319, VII, do NCPC elenca como requisito da petição inicial a indicação pelo autor da demanda de realizar, ou não, audiência de conciliação ou mediação.

Evidentemente, a conciliação e a mediação, como medidas alternativas de solução de conflitos, somente podem ocorrer em litígios que estão sujeitos a transação.

Nesse sentido, o NCPC, no inc. II do § 4º, art. 334, dispensa a realização de audiência de conciliação ou mediação quando o litígio versar sobre direitos que não admitem a autocomposição.

Dessa forma, tendo em vista que o litígio que se verifica nas ações de controle de constitucionalidade concentrado (ADI, ADO, ADC e ADPF) é justamente a defesa da integridade e supremacia da norma constitucional, não há possibilidade de qualquer composição, conciliação neste sentido. Na defesa do Estado Democrático de Direito, não há acordo sobre a constitucionalidade de leis e atos normativos no controle concentrado.

Dessa forma, entendemos que nas ações de controle concentrado, assim como em todas as outras ações em que não há possibilidade de autocomposição, os requisitos da petição inicial elencados no art. 319 devem ser observados, não havendo necessidade, no entanto, de manifestação sobre a audiência de composição ou mediação, tendo em vista a impossibilidade de realização da composição.

O candidato ao exame de ordem pode, contudo, na redação de uma inicial de controle concentrado, inserir a seguinte observação: "Deixa de requerer a audiência de conciliação e mediação, tendo em vista que o presente feito trata da defesa da supremacia da norma constitucional, objeto sobre o qual não há possibilidade de autocomposição, nos termos do art. 334, § 4º, II, do NCPC".

b) Jurisdição constitucional das liberdades

A jurisdição constitucional das liberdades consiste na tutela dos direitos fundamentais por meio dos remédios constitucionais:

a) *Habeas corpus;*
b) *Habeas data;*
c) Mandado de Segurança Individual;
d) Mandado de Segurança Coletivo;
e) Mandado de Injunção.

c) Jurisdição constitucional política

Conforme assinala Paulo Hamilton Siqueira Júnior, "busca a efetividade da Constituição no aspecto político ou o implemento das políticas públicas, que se exterioriza pelos instrumentos de defesa da cidadania, que tem por desiderato o controle político."[8] Nesse contexto, insere-se a ação popular.

O Direito Material Constitucional

Importante destacar que, para que o candidato ao Exame de Ordem obtenha sucesso na segunda fase, é de suma importância seguir as orientações deste trabalho no que diz respeito ao Direito Processual Constitucional e não deixar de estudar o Direito Material – Direito Constitucional. Afinal de contas, o Direito Material é fundamental na elaboração das peças processuais, uma vez que constitui a argumentação da tese a ser defendida. Ressaltamos, portanto, alguns pontos do Direito Constitucional:

- Teoria da Constituição;
- Teoria do Poder Constituinte;
- Teoria das Normas Constitucionais;
- Repartição de Competências;
- Intervenção Federal e Estadual;
- Processo Legislativo;
- Estatuto dos Congressistas;
- Direitos de Nacionalidade;
- Direitos Políticos.

8 SIQUEIRA JR., Paulo Hamilton. op. cit., p. 88.

Súmulas Vinculantes

Para a elaboração da Segunda Fase da OAB, é imprescindível o estudo das Súmulas Vinculantes. Nessa parte do 4Ps da OAB, vamos colacionar todas as Súmulas Vinculantes[9] do Supremo Tribunal Federal.

É importante lembrar que as Súmulas Vinculantes não se confundem com ato normativo, portanto, não são passíveis de controle de constitucionalidade! De acordo com o art. 103-A, da CRFB, o Supremo Tribunal Federal poderá, **de ofício ou por provocação**, mediante decisão de **dois terços** dos seus membros, após reiteradas decisões sobre matéria constitucional, aprovar súmula que, a partir de sua publicação na imprensa oficial, terá efeito vinculante em relação aos demais órgãos do Poder Judiciário e à administração pública direta e indireta, nas esferas federal, estadual e municipal, bem como proceder à sua revisão ou ao seu cancelamento, na forma estabelecida em lei. Ressalte-se que a Lei nº 11.417/2006 trata das Súmulas Vinculantes de forma pormenorizada.

Embora as Súmulas Vinculantes não sejam atos normativos capazes de ensejar – **sobre elas** – um controle de constitucionalidade, é certo que tais súmulas representam um "extrato" da jurisprudência do STF, o que pode ajudar o candidato para o exame de Ordem a resolver questões ligadas à interpretação do Texto Constitucional.

Portanto, uma vez feitas tais considerações, *é imprescindível*, repita-se, a leitura e o estudo de todas as Súmulas Vinculantes do Supremo Tribunal Federal.

Boa leitura!

Súmula Vinculante nº 1 - Ofende a garantia constitucional do ato jurídico perfeito a decisão que, sem ponderar as circunstâncias do caso concreto, desconsidera a validez e a eficácia de acordo constante de termo de adesão instituído pela Lei Complementar nº 110/2001.

Súmula Vinculante nº 2 - É inconstitucional a lei ou ato normativo estadual ou distrital que disponha sobre sistemas de consórcios e sorteios, inclusive bingos e loterias.

Súmula Vinculante nº 3 - Nos processos perante o Tribunal de Contas da União asseguram-se o contraditório e a ampla defesa quando da decisão puder resultar anulação ou revogação de ato administrativo que beneficie o interessado, excetuada a apreciação da legalidade do ato de concessão inicial de aposentadoria, reforma e pensão.

Súmula Vinculante nº 4 - Salvo nos casos previstos na Constituição, o salário mínimo não pode ser usado como indexador de base de cálculo de vantagem de servidor público ou de empregado, nem ser substituído por decisão judicial.

Súmula Vinculante nº 5 - A falta de defesa técnica por advogado no processo administrativo disciplinar não ofende a Constituição.

Súmula Vinculante nº 6 - Não viola a Constituição o estabelecimento de remuneração inferior ao salário mínimo para as praças prestadoras de serviço militar inicial.

Súmula Vinculante nº 7 - A norma do § 3º do art. 192 da CRFB, revogada pela EC nº 40/2003, que limitava a taxa de juros reais a 12% ao ano, tinha sua aplicação condicionada à edição de lei complementar.

Súmula Vinculante nº 8 - São inconstitucionais o par. ún. do art. 5º do Decreto-lei nº 1.569/1977 e os arts. 45 e 46 da Lei nº 8.212/1991, que tratam de prescrição e decadência de crédito tributário.

Súmula Vinculante nº 9 - O disposto no art. 127 da Lei nº 7.210/1984 (Lei de Execução Penal) foi recebido pela ordem constitucional vigente, e não se lhe aplica o limite temporal previsto no "caput" do art. 58.

Súmula Vinculante nº 10 - Viola a cláusula de reserva de plenário (CRFB, art. 97) a decisão de órgão fracionário de Tribunal que embora não declare expressamente a inconstitucionalidade de lei ou ato normativo do poder público, afasta sua incidência, no todo ou em parte.

Súmula Vinculante nº 11 - Só é lícito o uso de algemas em casos de resistência e de fundado receio de fuga ou de perigo à integridade física própria ou alheia, por parte do preso ou de terceiros, justificada a excepcionalidade por escrito, sob pena de responsabilidade disciplinar, civil e penal do

9 É possível verificar no sítio do STF o precedente representativo de cada SV, confira! http://www.stf.jus.br/portal/cms/verTexto.asp?servico=jurisprudenciaSumulaVinculante (acesso em 10-6-2016, às 13:00)

agente ou da autoridade e de nulidade da prisão ou do ato processual a que se refere, sem prejuízo da responsabilidade civil do Estado.

Súmula Vinculante nº 12 - A cobrança de taxa de matrícula nas universidades públicas viola o disposto no art. 206, IV, da CRFB.

Súmula Vinculante nº 13 - A nomeação de cônjuge, companheiro ou parente em linha reta, colateral ou por afinidade, até o terceiro grau, inclusive, da autoridade nomeante ou de servidor da mesma pessoa jurídica investido em cargo de direção, chefia ou assessoramento, para o exercício de cargo em comissão ou de confiança ou, ainda, de função gratificada na administração pública direta e indireta em qualquer dos Poderes da União, dos Estados, do Distrito Federal e dos Municípios, compreendido o ajuste mediante designações recíprocas, viola a Constituição Federal.

Súmula Vinculante nº 14 - É direito do defensor, no interesse do representado, ter acesso amplo aos elementos de prova que, já documentados em procedimento investigatório realizado por órgão com competência de polícia judiciária, digam respeito ao exercício do direito de defesa.

Súmula Vinculante nº 15 - O cálculo de gratificações e outras vantagens do servidor público não incide sobre o abono utilizado para se atingir o salário mínimo.

Súmula Vinculante nº 16 - Os arts. 7º, IV, e 39, § 3º (redação da EC nº 19/1998), da Constituição, referem-se ao total da remuneração percebida pelo servidor público.

Súmula Vinculante nº 17 - Durante o período previsto no § 1º do art. 100 da CRFB, não incidem juros de mora sobre os precatórios que nele sejam pagos.

Súmula Vinculante nº 18 - A dissolução da sociedade ou do vínculo conjugal, no curso do mandato, não afasta a inelegibilidade prevista no § 7º do art. 14 da CRFB.

Súmula Vinculante nº 19 - A taxa cobrada exclusivamente em razão dos serviços públicos de coleta, remoção e tratamento ou destinação de lixo ou resíduos provenientes de imóveis, não viola o art. 145, II, da CRFB.

Súmula Vinculante nº 20 - A Gratificação de Desempenho de Atividade Técnico-Administrativa - GDATA, instituída pela Lei nº 10.404/2002, deve ser deferida aos inativos nos valores correspondentes a 37,5 (trinta e sete vírgula cinco) pontos no período de fevereiro a maio de 2002 e, nos termos do art. 5º, par. ún., da Lei nº 10.404/2002, no período de junho de 2002 até a conclusão dos efeitos do último ciclo de avaliação a que se refere o art. 1º da Medida Provisória nº 198/2004, a partir da qual passa a ser de 60 (sessenta) pontos.

Súmula Vinculante nº 21 - É inconstitucional a exigência de depósito ou arrolamento prévios de dinheiro ou bens para admissibilidade de recurso administrativo.

Súmula Vinculante nº - 22 - A Justiça do Trabalho é competente para processar e julgar as ações de indenização por danos morais e patrimoniais decorrentes de acidente de trabalho propostas por empregado contra empregador, inclusive aquelas que ainda não possuíam sentença de mérito em primeiro grau quando da promulgação da EC nº 45/2004.

Súmula Vinculante nº 23 - A Justiça do Trabalho é competente para processar e julgar ação possessória ajuizada em decorrência do exercício do direito de greve pelos trabalhadores da iniciativa privada.

Súmula Vinculante nº 24 - Não se tipifica crime material contra a ordem tributária, previsto no art. 1º, incs. I a IV, da Lei nº 8.137/1990, antes do lançamento definitivo do tributo.

Súmula Vinculante nº 25 - É ilícita a prisão civil de depositário infiel, qualquer que seja a modalidade do depósito.

Súmula Vinculante nº 26 - Para efeito de progressão de regime no cumprimento de pena por crime hediondo, ou equiparado, o juízo da execução observará a inconstitucionalidade do art. 2º da Lei nº 8.072, de 25 de julho de 1990, sem prejuízo de avaliar se o condenado preenche, ou não, os requisitos objetivos e subjetivos do benefício, podendo determinar, para tal fim, de modo fundamentado, a realização de exame criminológico.

Súmula Vinculante nº 27 - Compete à Justiça estadual julgar causas entre consumidor e concessionária de serviço público de telefonia, quando a ANATEL não seja litisconsorte passiva necessária, assistente, nem opoente.

Súmula Vinculante nº 28 - É inconstitucional a exigência de depósito prévio como requisito de admissibilidade de ação judicial na qual se pretenda discutir a exigibilidade de crédito tributário.

Súmula Vinculante nº 29 - É constitucional a adoção, no cálculo do valor de taxa, de um ou mais elementos da base de cálculo própria de determinado imposto, desde que não haja integral identidade entre uma base e outra.

Súmula Vinculante nº 30 - (A Súmula Vinculante nº 30 está pendente de publicação).

Súmula Vinculante nº 31 - É inconstitucional a incidência do Imposto sobre Serviços de Qualquer Natureza – ISS sobre operações de locação de bens móveis.

Súmula Vinculante nº 32 - O ICMS não incide sobre alienação de salvados de sinistro pelas seguradoras.

Súmula Vinculante nº 33 - Aplicam-se ao servidor público, no que couber, as regras do regime geral da previdência social sobre aposentadoria especial de que trata o art. 40, § 4º, inc. III, da CRFB, até a edição de lei complementar específica.

Súmula Vinculante nº 34 - A Gratificação de Desempenho de Atividade de Seguridade Social e do Trabalho – GDASST, instituída pela Lei nº 10.483/2002, deve ser estendida aos inativos no valor correspondente a 60 (sessenta) pontos, desde o advento da Medida Provisória nº 198/2004, convertida na Lei nº 10.971/2004, quando tais inativos façam jus à paridade constitucional (EC nºs 20/1998, 41/2003 e 47/2005).

Súmula Vinculante nº 35 - A homologação da transação penal prevista no art. 76 da Lei nº 9.099/1995 não faz coisa julgada material e, descumpridas suas cláusulas, retoma-se a situação anterior, possibilitando-se ao Ministério Público a continuidade da persecução penal mediante oferecimento de denúncia ou requisição de inquérito policial.

Súmula Vinculante nº 36 - Compete à Justiça Federal comum processar e julgar civil denunciado pelos crimes de falsificação e de uso de documento falso quando se tratar de falsificação da Caderneta de Inscrição e Registro (CIR) ou de Carteira de Habilitação de Amador (CHA), ainda que expedidas pela Marinha do Brasil.

Súmula Vinculante nº 37 - Não cabe ao Poder Judiciário, que não tem função legislativa, aumentar vencimentos de servidores públicos sob o fundamento de isonomia.

Súmula Vinculante nº 38 - É competente o Município para fixar o horário de funcionamento de estabelecimento comercial.

Súmula Vinculante nº 39 - Compete privativamente à União legislar sobre vencimentos dos membros das polícias civil e militar e do corpo de bombeiros militar do Distrito Federal.

Súmula Vinculante nº 40 - A contribuição confederativa de que trata o art. 8º, IV, da CRFB, só é exigível dos filiados ao sindicato respectivo.

Súmula Vinculante nº 41 - O serviço de iluminação pública não pode ser remunerado mediante taxa.

Súmula Vinculante nº 42 - É inconstitucional a vinculação do reajuste de vencimentos de servidores estaduais ou municipais a índices federais de correção monetária.

Súmula Vinculante nº 43 - É inconstitucional toda modalidade de provimento que propicie ao servidor investir-se, sem prévia aprovação em concurso público destinado ao seu provimento, em cargo que não integra a carreira na qual anteriormente investido.

Súmula Vinculante nº 44 - Só por lei se pode sujeitar a exame psicotécnico a habilitação de candidato a cargo público.

Súmula Vinculante nº 45 - A competência constitucional do Tribunal do Júri prevalece sobre o foro por prerrogativa de função estabelecido exclusivamente pela constituição estadual.

Súmula Vinculante nº 46 - A definição dos crimes de responsabilidade e o estabelecimento das respectivas normas de processo e julgamento são da competência legislativa privativa da União.

Súmula Vinculante nº 47 - Os honorários advocatícios incluídos na condenação ou destacados do montante principal devido ao credor consubstanciam verba de natureza alimentar cuja satisfação ocorrerá com a expedição de precatório ou requisição de pequeno valor, observada ordem especial restrita aos créditos dessa natureza.

Súmula Vinculante nº 48 - Na entrada de mercadoria importada do exterior, é legítima a cobrança do ICMS por ocasião do desembaraço aduaneiro.

Súmula Vinculante nº 49 - Ofende o princípio da livre concorrência lei municipal que impede a instalação de estabelecimentos comerciais do mesmo ramo em determinada área.

Súmula Vinculante nº 50 - Norma legal que altera o prazo de recolhimento de obrigação tributária não se sujeita ao princípio da anterioridade.

Súmula Vinculante nº 51 - O reajuste de 28,86%, concedido aos servidores militares pelas Leis nºs 8.622/1993 e 8.627/1993, estende-se aos servidores civis do poder executivo, observadas as eventuais compensações decorrentes dos reajustes diferenciados concedidos pelos mesmos diplomas legais.

Súmula Vinculante nº 52 - Ainda quando alugado a terceiros, permanece imune ao IPTU o imóvel pertencente a qualquer das entidades referidas pelo art. 150, VI, "c", da CRFB, desde que o valor dos aluguéis seja aplicado nas atividades para as quais tais entidades foram constituídas.

Súmula Vinculante nº 53 - A competência da Justiça do Trabalho prevista no art. 114, VIII, da CRFB alcança a execução de ofício das contribuições previdenciárias relativas ao objeto da condenação constante das sentenças que proferir e acordos por ela homologados.

Súmula Vinculante nº 54 - (Debate de Aprovação pendente de publicação).

A medida provisória não apreciada pelo Congresso Nacional podia, até a EC nº 32/2001, ser reeditada dentro do seu prazo de eficácia de trinta dias, mantidos os efeitos de lei desde a primeira edição.

Súmula Vinculante nº 55 - O direito ao auxílio-alimentação não se estende aos servidores inativos.

Súmula Vinculante nº 56 - A falta de estabelecimento penal adequado não autoriza a manutenção do condenado em regime prisional mais gravoso, devendo-se observar, nesta hipótese, os parâmetros fixados no Recurso Extraordinário (RE) 641320.

Súmula Vinculante nº 57 - O princípio constitucional da individualização da pena impõe seja esta cumprida pelo condenado, em regime mais benéfico, aberto ou domiciliar, inexistindo vaga em estabelecimento adequado, no local da execução.

▪ *Pendente de publicação no Diário Oficial.*

Súmula Vinculante nº 50 – Norma legal que altera o prazo de recolhimento de obrigação tributária não se sujeita ao princípio da anterioridade.

Súmula Vinculante nº 51 – O reajuste de 28,86%, concedido aos servidores militares pelas Leis nº 8.622/1993 e 8.627/1993, estende-se aos servidores civis do poder executivo, observadas as eventuais compensações decorrentes dos reajustes diferenciados concedidos pelos mesmos diplomas legais.

Súmula Vinculante nº 52 – Ainda quando alugado a terceiros, permanece imune ao IPTU o imóvel pertencente a qualquer das entidades referidas pelo art. 150, VI, "c", da CF/88, desde que o valor dos aluguéis seja aplicado nas atividades para as quais tais entidades foram constituídas.

Súmula Vinculante nº 53 – A competência da Justiça do Trabalho prevista no art. 114, VIII, da CF/88 alcança a execução de ofício das contribuições previdenciárias relativas ao objeto da condenação constante das sentenças que proferir e acordos por ela homologados.

Súmula Vinculante nº 54 – (Debate de Aprovação pendente de publicação)

A medida provisória não apreciada pelo Congresso Nacional podia, até a EC nº 32/2001, ser reeditada dentro do seu prazo de eficácia de trinta dias, mantidos os efeitos de lei desde a primeira edição.

Súmula Vinculante nº 55 – O direito ao auxílio-alimentação não se estende aos servidores inativos.

Súmula Vinculante nº 56 – A falta de estabelecimento penal adequado não autoriza a manutenção do condenado em regime prisional mais gravoso, devendo-se observar, nesta hipótese, os parâmetros fixados no Recurso Extraordinário (RE) 641320.

Súmula Vinculante nº 57 – O princípio constitucional da individualização da pena impõe seja esta cumprida pelo condenado, em regime mais benéfico, aberto ou domiciliar, inexistindo vaga em estabelecimento adequado, no local da execução.

* Pendente de publicação no Diário Oficial.

PARTE III

Peças Práticas

1. Orientações gerais sobre a Petição Inicial

Conhecer bem a estrutura de uma petição inicial é ponto indispensável para o enfrentamento da segunda fase da OAB. Em Direito Constitucional não é diferente, eis que os remédios constitucionais, as ações de controle concentrado e a própria ação de conhecimento (pelo procedimento comum ordinário ou sumário) seguem as regras gerais do Código de Processo Civil. Arriscamos dizer que a estrutura lógica da petição inicial se aplica a qualquer petição do processo constitucional, mesmo no caso dos recursos.

Assim, antes de uma abordagem direta da estrutura da petição inicial, necessário se faz lembrar algumas regras básicas que devem ser respeitadas na elaboração das petições: linguagem; lógica e tamanho.

A petição inicial é um instrumento de comunicação da parte com o Poder Judiciário, e, por isso, deve-se utilizar linguagem formal e técnica. Por linguagem formal entende-se a utilização das regras da língua portuguesa, sem a utilização de termos coloquiais, gírias, abreviações e demais facilitadores que são empregados no dia a dia. Já a linguagem técnica é composta pelos termos científicos da ciência do direito, que demonstram o conhecimento técnico de quem elabora a petição.

A lógica deve considerar que quem ingressa com uma ação judicial espera por um resultado positivo. Esse resultado é fruto de uma construção "lógica", ou seja, os fatos narrados precisam estar alicerçados por fundamentos jurídicos que permitam que o juiz reconheça os pedidos ao final formulados.

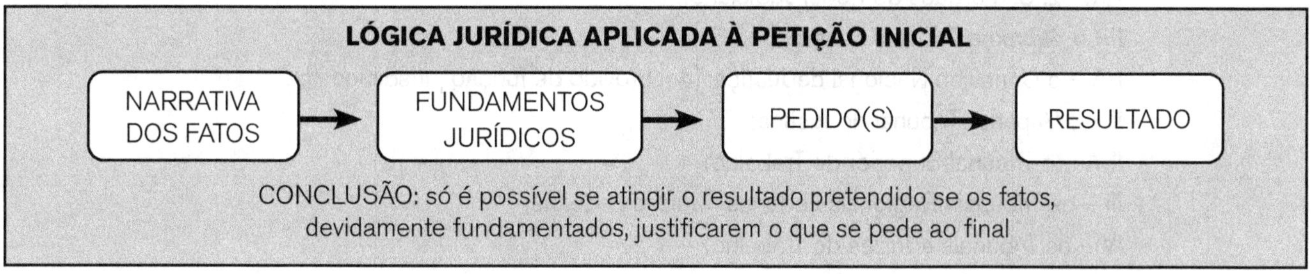

No tocante ao tamanho da petição, temos que ter em mente que a prova de segunda fase da OAB disponibiliza cinco páginas para a elaboração da peça. Trabalhar dentro deste parâmetro é o ideal.

Recomenda-se que a peça prática deva respeitar o limite mínimo de quatro páginas e, obviamente, o máximo de cinco. Ultrapassar os limites das folhas disponibilizadas inutiliza tal excedente, o que pode prejudicar, ou até mesmo desclassificar o candidato.

Quanto à petição inicial, devem ser respeitados os requisitos gerais dos arts. 319[10] e 320[11] do CPC, aplicáveis a qualquer petição inicial, independentemente do procedimento e do ramo do direito estudado – processo civil, processo do trabalho, processo tributário ou processo constitucional.

Esses requisitos, próprios do processo civil, formam a estrutura da petição inicial, que é assim composta:

10 Art. 319. A petição inicial indicará:
I – o juízo a que é dirigida;
II – os nomes, os prenomes, o estado civil, a existência de união estável, a profissão, o número de inscrição no Cadastro de Pessoas Físicas ou no Cadastro Nacional da Pessoa Jurídica, o endereço eletrônico, o domicílio e a residência do autor e do réu;
III – o fato e os fundamentos jurídicos do pedido;
IV – o pedido com as suas especificações;
V – o valor da causa;
VI – as provas com que o autor pretende demonstrar a verdade dos fatos alegados;
VII – a opção do autor pela realização ou não de audiência de conciliação ou de mediação.
§ 1º Caso não disponha das informações previstas no inciso II, poderá o autor, na petição inicial, requerer ao juiz diligências necessárias a sua obtenção.
§ 2º A petição inicial não será indeferida se, a despeito da falta de informações a que se refere o inciso II, for possível a citação do réu.
§ 3º A petição inicial não será indeferida pelo não atendimento ao disposto no inciso II deste artigo se a obtenção de tais informações tornar impossível ou excessivamente oneroso o acesso à justiça.

11 Art. 320. A petição inicial será instruída com os documentos indispensáveis à propositura da ação.

ESTRUTURA DA PETIÇÃO INICIAL:
a) endereçamento
b) preâmbulo (identificação das partes e da ação)
c) fatos
d) fundamentos
e) pedidos
f) requerimentos
g) valor da causa

a) endereçamento (art. 319, I, do NCPC): o endereçamento diz respeito ao juiz a quem a causa é dirigida. Trata-se, na realidade, da aplicação das regras de competência previstas no nosso ordenamento.

Sintetizar aqui as regras de competência parece ser tarefa árdua, mas, a princípio, temos que ter em mente a divisão do Judiciário brasileiro. A missão do candidato é descobrir para qual juízo enviar a sua petição.

Assim, de forma breve, faremos algumas observações sobre as regras de competência, levando-se em conta o novo Código de Processo Civil.

Em primeiro lugar, impende ressaltar que a estrutura do Poder Judiciário está prevista no art. 92 da CRFB/1988. Com exceção do Conselho Nacional de Justiça (CNJ), os demais órgãos do Judiciário têm o chamado Poder (dever) Jurisdicional.

> Art. 92. São órgãos do Poder Judiciário:
>
> I – o Supremo Tribunal Federal;
>
> I-A – o Conselho Nacional de Justiça; [desprovido de função jurisdicional];
>
> II – o Superior Tribunal de Justiça;
>
> II-A – o Tribunal Superior do Trabalho;
>
> III – os Tribunais Regionais Federais e Juízes Federais;
>
> IV – os Tribunais e Juízes do Trabalho;
>
> V – os Tribunais e Juízes Eleitorais;
>
> VI – os Tribunais e Juízes Militares;
>
> VII – os Tribunais e Juízes dos Estados e do Distrito Federal e Territórios.

Assim, repita-se: a missão do candidato é tentar descobrir onde ajuizar a sua ação ou endereçar o seu recurso.

Cada tribunal conta com competências próprias, definidas pela Constituição Federal. No entanto, após a verificação da possibilidade de a ação tramitar no judiciário brasileiro, convém aplicar as regras de competência, as quais representam a "medida da jurisdição".

Nosso judiciário separa, a princípio, a justiça em especializada e comum. Esse critério leva em conta o aspecto material, de modo que, se uma causa versar sobre as matérias especializadas, quais sejam, trabalhista, eleitoral e militar, esta tramitará no respectivo juízo ou tribunal.

Portanto, a primeira tarefa é verificar a matéria que trata a ação.

Caso não seja matéria trabalhista, eleitoral ou militar, caberá ao candidato verificar se a ação tramitará pela Justiça Federal ou Estadual. Segundo o ilustre processualista Daniel Amorim Assumpção Neves[12], "A Justiça Federal tem sua competência absoluta prevista pelos arts. 108 (TRF) e 109 (primeiro grau) da CRFB. A competência da Justiça Estadual é residual, ou seja, sendo de competência da justiça comum e não sendo de competência da Justiça Federal, será de competência da Justiça Estadual".

De forma bem objetiva, vale a leitura do art. 109 da CRFB:

> Art. 109. Aos juízes federais compete processar e julgar:
>
> I – as causas em que a União, entidade autárquica ou empresa pública federal forem interessadas na condição de autoras, rés, assistentes ou oponentes, exceto as de falência, as de acidentes de trabalho e as sujeitas à Justiça Eleitoral e à Justiça do Trabalho;
>
> II – as causas entre Estado estrangeiro ou organismo internacional e Município ou pessoa domiciliada ou residente no País;

12 NEVES, Daniel Amorim Assumpção. *Ações constitucionais*. Rio de Janeiro: Forense; São Paulo: Método, 2011. p. 127-8.

III – as causas fundadas em tratado ou contrato da União com Estado estrangeiro ou organismo internacional;

IV – os crimes políticos e as infrações penais praticadas em detrimento de bens, serviços ou interesse da União ou de suas entidades autárquicas ou empresas públicas, excluídas as contravenções e ressalvada a competência da Justiça Militar e da Justiça Eleitoral;

V – os crimes previstos em tratado ou convenção internacional, quando, iniciada a execução no País, o resultado tenha ou devesse ter ocorrido no estrangeiro, ou reciprocamente;

V-A – as causas relativas a direitos humanos a que se refere o § 5º deste artigo;

VI – os crimes contra a organização do trabalho e, nos casos determinados por lei, contra o sistema financeiro e a ordem econômico-financeira;

VII – os *habeas corpus*, em matéria criminal de sua competência ou quando o constrangimento provier de autoridade cujos atos não estejam diretamente sujeitos a outra jurisdição;

VIII – os mandados de segurança e os *habeas data* contra ato de autoridade federal, excetuados os casos de competência dos tribunais federais;

IX – os crimes cometidos a bordo de navios ou aeronaves, ressalvada a competência da Justiça Militar;

X – os crimes de ingresso ou permanência irregular de estrangeiro, a execução de carta rogatória, após o *exequatur*, e de sentença estrangeira, após a homologação, as causas referentes à nacionalidade, inclusive a respectiva opção, e à naturalização;

XI – a disputa sobre direitos indígenas.

§ 1º As causas em que a União for autora serão aforadas na seção judiciária onde tiver domicílio a outra parte.

§ 2º As causas intentadas contra a União poderão ser aforadas na seção judiciária em que for domiciliado o autor, naquela onde houver ocorrido o ato ou fato que deu origem à demanda ou onde esteja situada a coisa, ou, ainda, no Distrito Federal.

§ 3º Serão processadas e julgadas na justiça estadual, no foro do domicílio dos segurados ou beneficiários, as causas em que forem parte instituição de previdência social e segurado, sempre que a comarca não seja sede de vara do juízo federal, e, se verificada essa condição, a lei poderá permitir que outras causas sejam também processadas e julgadas pela justiça estadual.

§ 4º Na hipótese do parágrafo anterior, o recurso cabível será sempre para o Tribunal Regional Federal na área de jurisdição do juiz de primeiro grau.

§ 5º Nas hipóteses de grave violação de direitos humanos, o Procurador-Geral da República, com a finalidade de assegurar o cumprimento de obrigações decorrentes de tratados internacionais de direitos humanos dos quais o Brasil seja parte, poderá suscitar, perante o Superior Tribunal de Justiça, em qualquer fase do inquérito ou processo, incidente de deslocamento de competência para a Justiça Federal.

Sinceramente, esse é o dispositivo mais importante para leitura, pois a matéria constitucional é tratada com mais intensidade na Justiça Federal. Veja, por exemplo, que o inc. V-A do art. 109 trata da chamada "federalização das causas que versam sobre direitos humanos", o que se apresenta como um tema interessante a ser questionado pela banca.

Além desse, temos, por exemplo, o inc. XI do mesmo artigo, que trata das causas que envolvam questões indígenas. Enfim, o art. 109 talvez seja o mais importante, em se tratando de competência, para uma leitura detida.

No mais, em processo constitucional, notadamente no que se refere ao controle de constitucionalidade, há que se levar em conta as regras estabelecidas pela Constituição. Caso a afronta seja à Constituição Federal, o Tribunal guardião será o STF; caso o texto protegido seja a Constituição Estadual, o guardião será o respectivo Tribunal de Justiça.

Quanto à Lei Orgânica do Distrito Federal, no tocante às competências estaduais, é possível dizer que existe a possibilidade de o Tribunal de Justiça do DF seja o Tribunal competente para cuidar do controle de constitucionalidade.

Obs.: Atente-se para o fato de que as Leis Orgânicas municipais não recebem proteção desse porte. Não têm *status* constitucional. Não são consideradas constituições. Não sofrem controle de constitucionalidade. Se uma lei municipal ofender uma lei orgânica, não será considerada uma inconstitucionalidade.

Dessa maneira, aí vai um exemplo de endereçamento feito ao juiz federal de primeiro grau (petição inicial):

EXCELENTÍSSIMO SENHOR DOUTOR JUIZ FEDERAL DA ... VARA DA JUSTIÇA FEDERAL DE ...

Há diferença de endereçamento quando a competência for da Justiça Comum Estadual:

EXCELENTÍSSIMO SENHOR DOUTOR JUIZ DE DIREITO DA ... VARA DA COMARCA ... ESTADO DE ...

Observe-se que a vara é precedida de um espaço em branco (reticências, conforme o edital), haja vista não ser possível identificar qual será o juízo competente antes da distribuição da ação. Lembrando que distribuição é o ato de "entrega" ou "protocolo" da petição inicial no foro de competência, para que, imediatamente em seguida, permita a autuação do processo (formação física do instrumento processual).

O endereçamento para o STF, no caso de controle concentrado, ocorre da seguinte forma:

EXCELENTÍSSIMO SENHOR MINISTRO PRESIDENTE DO SUPREMO TRIBUNAL FEDERAL

Note-se que o endereçamento neste caso já é completo, não há necessidade de lacunas.

b) preâmbulo (art. 319, II, do NCPC): no preâmbulo indicam-se as partes e a ação proposta.

b.1) partes: a identificação das partes consiste na apresentação das pessoas (físicas ou jurídicas) envolvidas no litígio. As partes precisam ser qualificadas por nomes, prenomes, nacionalidade, estado civil, possível existência de união estável, profissão número de inscrição no Cadastro de Pessoas Físicas ou no Cadastro Nacional da Pessoa Jurídica, endereço eletrônico, domicílio e residência do autor e do réu.

Obs.: Note-se que o atual Código de Processo Civil traz duas novidades: identificar o estado civil pela existência de união estável (isso de forma mais expressa) e indicar o endereço eletrônico das partes (existem algumas peculiaridades sobre esse assunto, mas temos que, para a prova da OAB, basta mencionar "endereço eletrônico...").

Vale lembrar que, por parte do autor, não deve existir ausência de nenhum dos elementos de qualificação. Já por parte do réu, não sabendo o autor precisar algum elemento, poderá deixar de apresentá-lo e será possível a sua complementação no curso da ação.

Por fim, no que diz respeito à qualificação das partes, é imprescindível a leitura do art. 75 do novo Código de Processo Civil:

> Art. 75. Serão representados em juízo, ativa e passivamente:
>
> I – a União, pela Advocacia-Geral da União, diretamente ou mediante órgão vinculado;
>
> II – o Estado e o Distrito Federal, por seus procuradores;
>
> III – o Município, por seu prefeito ou procurador;
>
> IV – a autarquia e a fundação de direito público, por quem a lei do ente federado designar;
>
> V – a massa falida, pelo administrador judicial;
>
> VI – a herança jacente ou vacante, por seu curador;
>
> VII – o espólio, pelo inventariante;
>
> VIII – a pessoa jurídica, por quem os respectivos atos constitutivos designarem ou, não havendo essa designação, por seus diretores;
>
> IX – a sociedade e a associação irregulares e outros entes organizados sem personalidade jurídica, pela pessoa a quem couber a administração de seus bens;
>
> X – a pessoa jurídica estrangeira, pelo gerente, representante ou administrador de sua filial, agência ou sucursal aberta ou instalada no Brasil;
>
> XI – o condomínio, pelo administrador ou síndico.

Depreende-se da leitura anterior, por exemplo, que a União será representada pela Advocacia-Geral da União, diretamente ou mediante órgão vinculado. Daí, quando da qualificação da União, o candidato deve mencionar que esta é representada em juízo pela Advocacia-Geral da União ou pelo Advogado-Geral da União.

b.2) ação: quanto à nomenclatura a ser indicada, utiliza-se uma das ações indicadas nesta obra – conhecimento, Ação Direita de Inconstitucionalidade etc. A identificação da ação e seu acerto é denominada adequação da medida judicial, e possui relevante pontuação na OAB. Em regra, é assim que se apresenta o "preâmbulo":

> Mévio da Silva, nacionalidade ..., estado civil ..., profissão ..., portador da cédula de identidade RG nº ..., inscrito no CPF/MF sob o nº ..., residente e domiciliado na Rua ..., nº ..., bairro ..., cidade ... – UF ..., endereço eletrônico ..., neste ato representado por seu advogado devidamente constituído pelo incluso instrumento de mandato, com escritório profissional no endereço ... , local onde passará a receber intimações, vem, respeitosamente, à presença de Vossa Excelência, propor a presente AÇÃO ... em face da União Federal, pessoa jurídica de direito público interno, com sede em Brasília – DF, representado por seu procurador, pelos motivos de fato e de direito a seguir expostos.

Regra fundamental a ser seguida na elaboração da parte preambular da peça é não inventar dados! Isso pode gerar a identificação da peça e provocar a desclassificação do candidato. Quando o problema não fornecer a informação, use reticências, como no modelo acima.

É importante indicar o fundamento legal de previsão da respectiva ação a ser proposta, contido na Constituição Federal, no Código de Processo Civil ou em outro diploma legal.

É possível, ainda, o acréscimo do pedido de tutela de urgência como: "pedido de concessão de liminar", "medida cautelar" ou "pedido de antecipação de tutela", com base no disposto no novo Código de Processo Civil (arts. 300 e ss., ou das leis que tratam da ADI, ADC, ADO e ADPF), com o intuito de se obter uma medida imediata para obtenção do provimento final ou proteção do interesse *sub judice*.

c) fatos: os fatos é que vão permitir a compreensão do direito controverso a ser debatido na lide, e devem ser expostos de forma a se permitir ao julgador seu entendimento, para correta aplicação do direito correspondente. Por isso, devem ser apresentados em ordem cronológica e dentro de uma sequência lógica que possibilite a compreensão por parte de quem vai responder e decidir o litígio.

Antes de iniciar a descrição dos fatos, é importante observar as seguintes regras:

c.1) cronologia: o fato descreve um acontecimento, e para sua melhor compreensão é importante seguir a linha do tempo dos acontecimentos, razão pela qual sugerimos respeitar a cronologia dos fatos;

c.2) clareza: os fatos vão permitir ao julgador a compreensão do assunto levado a juízo, razão pela qual temos que redigir a petição inicial da forma mais clara possível;

c.3) precisão: sabemos que, logo após a descrição dos fatos, virão os fundamentos que justificam o direito pretendido. Assim, devemos narrar tais fatos de forma precisa, pensando na correspondência a ser formulada com o direito que será invocado;

c.4) estratificação: ao narrar os fatos, devemos estratificá-los, ou seja, dividi-los por assunto em parágrafos autônomos. Isso se justifica porque, quando se expõe um assunto, ele se subdivide em várias partes, de forma que cada parte que o compõe deva ser citada em um parágrafo correspondente. Lembre-se que, quanto maiores os parágrafos, maior a probabilidade de erros ortográficos ou incompreensão do assunto tratado, pela natural confusão possível gerada pela quantidade de linhas e palavras;

c.5) subtítulo: não é necessária a utilização de subtítulo "DOS FATOS" ou similar (como "BREVE DESCRIÇÃO DOS FATOS", "RESUMO DOS FATOS", entre outros) mas a sua utilização permite a separação do conteúdo da petição e a organização da peça. Exemplificativamente, tome-se a seguinte descrição dos fatos:

Dos Fatos

De início, esclarece o ora reclamante que ajuizou ação em face da Caixa Econômica Federal perante o competente Juizado Especial Federal ... . A pretensão consubstanciava-se na correção do FGTS, por conta dos expurgos inflacionários dos planos Collor e Verão I.

O pedido formulado foi julgado improcedente, de modo que o ora reclamante interpôs recurso para a Turma Recursal, sob o fundamento de que havia precedentes do Supremo Tribunal Federal reconhecendo a correção do Fundo de Garantia por Tempo de Serviço. Todavia, o recurso foi desprovido.

Em ato processual contínuo, o reclamante interpôs o competente Recurso Extraordinário, já que o tema já havia sido prequestionado, sob o fundamento de violação a dispositivo da Constituição. Apesar dos argumentos, o recurso não foi sequer admitido.

Diante de tal situação, a parte ora reclamante interpôs agravo de instrumento perante a referida Turma Recursal, no entanto, a tal recurso o Presidente daquela turma negou-lhe seguimento, tendo como fundamento o descabimento do recurso extraordinário nos juizados especiais.

Expostos os fatos, passemos aos fundamentos jurídicos da presente reclamação constitucional.

A partir da narrativa dos fatos deve-se, tecnicamente, nominar as partes. Em regra, nas petições iniciais se utiliza nomenclatura "autor" e "réu", mas podem ser utilizadas expressões diversas, de acordo com o tipo de ação. As expressões "impetrante" e "impetrado" servem para designar as partes dos remédios constitucionais. A expressão "reclamante", por exemplo, presta a designar quem faz uso da reclamação constitucional. O uso da terminologia adequada facilita o entendimento dos fatos e demonstra técnica jurídica.

Obs.: Importante fazer uso de um *parágrafo de ligação* ao final de cada tópico, como foi feito no exemplo acima: "Expostos os fatos, passemos aos fundamentos jurídicos da presente reclamação constitucional."

d) fundamentos: os fundamentos jurídicos correspondem às fontes de direito que justificam os pedidos formulados; algumas regras básicas devem ser observadas na escolha dos fundamentos utilizados. Existem duas modalidades de fundamentação: a *fundamentação jurídica* e a *fundamentação legal*. A fundamentação jurídica corresponde à teoria jurídica, e é descrita, em regra, pela doutrina e pela jurisprudência, mas, como o acesso à doutrina na prova da OAB não será possível, a fundamentação jurídica será feita com base na interpretação, explicação do dispositivo legal, ou da teoria que envolve o caso.

A fundamentação legal corresponde ao parágrafo, ao artigo, à lei que será apresentada na petição. Na prática forense, é desnecessário reproduzir a fundamentação legal, pois *jura novit curia* (o juiz conhece a lei). Para exame de ordem, devem ser expostas a fundamentação jurídica e a fundamentação, o que demonstra técnica do candidato.

e) pedidos: toda petição inicial conta com a formulação dos pedidos, sob dois aspectos: um de direito processual (imediato) e o outro de direito material (mediato).

e.1) pedido imediato: ao se elaborar o pedido, esperamos que seja julgada procedente a ação, portanto, de direito processual. Busca-se, numa ação de conhecimento, uma tutela específica, que pode ser condenatória, constitutiva (positiva ou negativa) ou declaratória.

Obs.: No caso da reclamação constitucional, como veremos, existe a possibilidade de cassação da decisão (judicial ou administrativa) atacada.

e.2) pedido mediato: representa a utilidade prática visada pelo autor, o bem que se pretende conseguir. Segundo José Carlos Barbosa Moreira, "... o pedido deve ser certo e determinado. É necessário precisar tanto o objeto imediato como o objeto mediato do pedido. Por exceção, admite a lei, em três hipóteses, a indeterminação do objeto mediato (não do imediato!), ou seja, a formulação de pedido genérico."[13]

e.3) pedidos alternativos: é possível se pedir uma coisa ou outra, de forma que um pedido anule o outro. Exemplificativamente citamos os casos de ações de indenização por dano moral, em que o autor sugere ao juiz condenar o réu a pagar determinada quantia, ou alternativamente valor que o magistrado entenda pru-

13 MOREIRA, José Carlos Barbosa. *O novo processo civil brasileiro*. 21. ed. São Paulo: Forense, 2001. p. 17.

dente arbitrar, ou seja, caso o juiz considere o pedido do autor, ele desconsiderará o pedido de arbitramento, ou vice-versa;

e.4) pedidos sucessivos: é possível em uma lide se formular mais de um pedido de direito material, como ocorre nos casos de divórcio, em que, além de se pedir a procedência da ação para "decretar o divórcio", se pede a seguir outras coisas, entre elas a "partilha de bens" do casal.

f) requerimentos: uma vez formulados os pedidos, passa-se à fase dos requerimentos.

> **Obs.:** É possível formular os requerimentos dentro do tópico dos pedidos, muito embora eles não se confundam.

Os requerimentos não se confundem com os pedidos, pois se encontram previstos em incisos distintos no art. 319 do NCPC (incs. IV, V, VI e VII), e possuem relação direta com a ação a ser proposta. A petição inicial do mandado de segurança, por exemplo, não contém requerimento de citação do réu, mas sim notificação da autoridade para que preste informações. Também no mandado de segurança há necessidade de intimação do membro do Ministério Público. As ações de procedimento especial também possuem suas peculiaridades que poderão interferir nos requerimentos.

> **Obs.:** O novo Código de Processo Civil (NCPC) acrescentou um requerimento importantíssimo ao rol dos que já existiam, qual seja, o da **opção pela realização de audiência de conciliação ou de mediação**. De agora em diante, não se pode esquecer de mencionar esse requerimento, mesmo que seja para informar sobre a impossibilidade de realização de tal audiência!

f.1) citação: toda ação exige a citação do réu, de forma que tal requerimento se tornou requisito legal. A citação é o ato pelo qual se chama o réu ao processo (art. 238 do NCPC), permitindo, assim, a formação da relação processual (autor, réu e Estado). O requerimento de citação deve respeitar as regras previstas nos arts. 238 a 259 do NCPC, e em regra é assim formulado:

> **IV – DOS REQUERIMENTOS**
>
> **Requer a citação do Réu, para que, querendo, responda a presente ação, sob pena de sofrer os efeitos da revelia.**

f.2) sucumbência: outro requerimento (ou pedido, dependendo da doutrina a ser adotada) a se fazer é o de condenação em honorários sucumbenciais e demais despesas processuais, assim sugerido:

> **Requer o autor seja o Réu condenado a pagar os honorários advocatícios, custas processuais e demais cominações de estilo, nos termos do art. 85 do NCPC.**

f.3) intimação do MP: para os feitos em que a lei determina a presença do Ministério Público (mandado de segurança, por exemplo), assim deve ser formulado:

> **Requer ainda seja intimado o ilustre membro do Ministério Público para acompanhar o presente feito, dentro de seus trâmites regulares.**

f.4) intimação processual: em regra, havendo um único advogado constituído nos autos, em nome dele serão emitidas as intimações de atos processuais; porém, havendo mais de um advogado, necessário que se faça a solicitação para identificação daquele em nome do qual deverão ser feitas as intimações. Em regra, assim se verifica o requerimento de intimação processual:

> **Requer sejam as intimações de atos processuais realizadas em nome do subscritor.**

f.5) outros requerimentos específicos: existem ainda requerimentos que são inerentes ao caso específico da ação judicial tratada, entre os quais podem ser citados:

> **REQUERIMENTOS ESPECÍFICOS:**
> a) requerimento de assistência judiciária gratuita;
> b) requerimento de intimação de atos judiciais;
> c) requerimento de expedição de ofícios;
> d) requerimento para autorização de depósito.

f.6) provas: concluindo os requerimentos, por último é fundamental requerer a produção das provas que se pretende utilizar para comprovação dos fatos narrados. É importante destacar que a prova documental deve ser juntada pelo autor na própria petição inicial e para o réu na contestação. Em regra, assim se verifica o requerimento de provas:

> **Requer provar o alegado por todas as formas em direito admitidas, sem exclusão de nenhuma, em especial pelo depoimento pessoal do Réu, oitiva de testemunhas e outras que se fizerem necessárias à instrução do presente feito.**

Aqui cabe uma sugestão específica, haja vista que é muito comum nos vários manuais de prática jurídica a utilização do termo "protesta-se provar", que é desaconselhado por esta obra, em virtude de questionamentos judiciais de que "protestar" não tem o sentido de "requerer", mas apenas de dizer que aquele é o meio. Dessa forma, para se evitar qualquer argumentação no mesmo sentido, sugere-se a substituição do termo "protestar" por "requerer".

g) a opção do autor pela realização ou não de audiência de conciliação ou de mediação: conforme já observado, o novo Código de Processo Civil privilegia a solução dos conflitos pela autocomposição, que pode ocorrer pelo estímulo de um conciliador ou mediador. Assim, o candidato não pode se esquecer de formular um parágrafo para tratar de tal audiência, normalmente requerendo a realização de tal ato. No entanto, quando a ação não sugerir a realização dessa audiência, é necessário mencionar, ainda assim, sobre a falta de interesse do autor.

Há certas demandas de natureza constitucional que não são suscetíveis de acordo, não sendo possível a autocomposição. Exemplo disto são as ações de controle concentrado, em que o "litígio" versa sobre justamente a defesa da supremacia constitucional. Não é passível de transação, acordo, a constitucionalidade de leis e atos normativos. Dessa forma, nestes casos, incide o inc. II do § 4º do art. 334 do NCPC, que dispensa a audiência de conciliação e mediação nos casos em que não for possível a autocomposição. Nestas ações, portanto, em que não há possibilidade de composição, transação, entendemos que não há necessidade de haver a manifestação do autor, na petição inicial, a respeito da opção em realização ou não de audiência de conciliação ou de mediação.

h) valor da causa: finalizando a petição inicial, é necessário que se atribua um valor à causa, devendo-se respeitar as regras previstas nos arts. 291 e ss. do NCPC, ou previsão em legislação especial de acordo com o caso. Em regra, assim se verifica a atribuição ao valor da causa:

> **Atribui-se à causa o valor de R$ 2.100,00 (dois mil e cem reais) para fins de alçada, sem prejuízo do mais que vier a ser apurado no curso da ação.**

i) formalidades: ao se encerrar uma petição inicial, conclui-se o documento com formalidades técnicas, que não estão necessariamente previstas na legislação, assim formuladas:

> **Termos em que,**
> **pede deferimento.**
>
> **Local..., data....**
>
> **ADVOGADO...**
> **OAB ...**

2. Ação Direta de Inconstitucionalidade (genérica) – ADI

Fundamento Constitucional e Legal

Fundamento Constitucional: art. 102, I, *a*, § 2º:

> Art. 102. Compete ao Supremo Tribunal Federal, precipuamente, a guarda da Constituição, cabendo-lhe:
>
> I – processar e julgar, originariamente:
>
> *a)* a ação direta de inconstitucionalidade de lei ou ato normativo federal ou estadual e a ação declaratória de constitucionalidade de lei ou ato normativo federal;
>
> (...)
>
> § 2º As decisões definitivas de mérito, proferidas pelo Supremo Tribunal Federal, nas ações diretas de inconstitucionalidade e nas ações declaratórias de constitucionalidade produzirão eficácia contra todos e efeito vinculante, relativamente aos demais órgãos do Poder Judiciário e à administração pública direta e indireta, nas esferas federal, estadual e municipal.

Regulamentação legal

A ação direta de inconstitucionalidade, assim como a ação direta de inconstitucionalidade por omissão e a ação declaratória de constitucionalidade, é regulamentada pela Lei nº 9.868, de 10 de novembro de 1999.

A estrutura da citada lei pode assim ser dividida:

a) arts. 2º a 12: regulamentação da ADI;
b) arts. 12-A a 12-H: regulamentação da ADO;
c) arts. 13 a 21: regulamentação da ADC;
d) arts. 22 a 31: disposições comuns a ADI, ADO e ADC.

Competência

Em se tratando de ação de controle concentrado de constitucionalidade, a competência é única e exclusiva do Supremo Tribunal Federal quando o parâmetro de constitucionalidade for a Constituição Federal, devendo ser julgada pelo pleno (devem participar do julgamento todos os 11 ministros do Supremo Tribunal Federal).

Parâmetro de controle

A ação direta de inconstitucionalidade tem como parâmetro de controle de constitucionalidade a própria Constituição Federal.

Obs.: A Constituição Federal assinala no art. 125, § 2º, que "cabe aos Estados a instituição de representação de inconstitucionalidade de leis ou atos normativos estaduais ou municipais em face da Constituição Estadual, vedada a atribuição de legitimação para agir a um único órgão".
Deste dispositivo podemos destacar alguns pontos que devem receber atenção do candidato:

- Trata-se de ação direta de inconstitucionalidade estadual – cujo parâmetro de constitucionalidade é a Constituição Estadual, e não a Federal;
- O órgão competente para o julgamento é o Tribunal de Justiça;
- Embora a Constituição Federal determine a instituição da ADI estadual pelas respectivas constituições estaduais, determina de antemão que haja uma pluralidade de legitimados para ação, em razão do princípio da simetria com a Constituição Federal.

Lei ou ato normativo impugnado		Parâmetro de controle de constitucionalidade
Lei Federal	X	Constituição Federal
Lei Estadual	X	Constituição Federal
Constituição Estadual	X	Constituição Federal
Lei Estadual	X	Constituição Estadual
Lei Municipal	X	Constituição Estadual
Lei Distrital (natureza Estadual)	X	Constituição Federal
Lei Distrital (natureza Municipal)	X	Lei orgânica do Distrito Federal

Finalidade

A ação direta de inconstitucionalidade é uma ação de controle concentrado de constitucionalidade que tem por finalidade expelir do sistema jurídico leis e atos normativos federais e estaduais contrários à Constituição Federal. Busca-se, assim, a declaração de inconstitucionalidade do ato normativo, com efeitos *erga omnes*.

Objeto da ADI

Podem ser objeto de ADI leis ou atos normativos *federais* e *estaduais*. "Com isso, utilizou-se o constituinte de formulação consideravelmente abrangente de todos dos *atos normativos primários* da União ou dos Estados".[14]

As leis e atos normativos distritais, em razão da natureza híbrida do Distrito Federal, poderão ser objeto de impugnação em face da Constituição Federal, desde que o ato normativo tenha sido produzido segundo a competência legislativa correspondente ao Estado-Membro.

> Apenas atos normativos podem ser impugnados por via da ação direta de inconstitucionalidade. Não se admite que seja proposta tendo em vista a declaração de inconstitucionalidade de um ato não normativo, como um ato administrativo.
>
> Quanto aos decretos, também é de se afastar o cabimento da ação direta de inconstitucionalidade, isso porque o STF entende que não se pode falar, tecnicamente, em inconstitucionalidade indireta. Esta seria, em realidade, um caso de ilegalidade e, nesses termos, terá de ser solucionada. Portanto, o decreto presidencial que viole lei (que é conforme a Constituição) e que, por via indireta, acabe também por violar a Constituição não será admitido a julgamento em sede de controle concentrado abstrato por via da ação direta de inconstitucionalidade.[15]

As espécies normativas primárias elencadas no art. 59 da CRFB podem, portanto, ser objeto de controle abstrato de constitucionalidade por meio da ação direta de inconstitucionalidade. Neste sentido, as normas constitucionais derivadas, provenientes de emendas constitucionais, também podem ser objeto de ADI.

Os tratados internacionais podem ser objeto de controle de constitucionalidade. Os tratados internacionais de direitos humanos, quando internalizados pelo procedimento do § 3º do art. 5º da CRFB, serão equivalentes à emenda constitucional, podendo ser o próprio parâmetro de constitucionalidade de leis ou atos normativos para ação direta de inconstitucionalidade.

As *medidas provisórias* podem ser objeto de controle abstrato de constitucionalidade. Deve o candidato estar atento a duas questões, no entanto:[16] a) caso a medida provisória tenha sido aprovada, convertendo-se em lei, é necessário o aditamento da inicial, para se impugnar a lei; b) caso a medida provisória tenha sido rejeitada, seja por decurso de prazo sem deliberação do Congresso Nacional, seja por rejeição expressa, a ação direta de inconstitucionalidade tem-se por prejudicada a ação.

Em relação aos decretos do chefe do Poder Executivo, há que se distinguir entre os *decretos chamados autônomos* e os regulamentares. Conforme assinala Alexandre de Moraes,

---

14 BRANCO, Paulo Gustavo Gonet; MENDES, Gilmar Ferreira. *Curso de direito constitucional*. 7. ed. São Paulo: Saraiva, 2012. p. 1.118.

15 TAVARES, André Ramos. *Curso de direito constitucional*. 8. ed. São Paulo: Saraiva, 2010. p. 326.

16 BRANCO, Paulo Gustavo Gonet; MENDES, Gilmar Ferreira. op. cit., p. 1.121.

> O Supremo Tribunal Federal, excepcionalmente tem admitido ação direta de inconstitucionalidade cujo objeto seja decreto, quando este, no todo ou em parte, manifestamente não regulamenta a lei, apresentando-se, assim, como *decreto autônomo*. Nessa hipótese, haverá a possibilidade de análise de compatibilidade diretamente com a Constituição Federal para verificar-se a observância do princípio da reserva legal.[17]

Os decretos regulamentares, no entanto, retiram a sua validade, existência da lei a ser regulamentada. São atos normativos secundários, são atos ou espécies normativas, com características de generalidade e abstração, de competência do Poder Executivo, sem a possibilidade de inovar o ordenamento jurídico, expedido para fiel execução da lei, à qual se vinculam e se subordinam, com a finalidade de uniformizar a aplicação da lei pela Administração Pública (art. 84, IV, da CRFB). Os atos normativos secundários estão sujeitos ao controle de legalidade, e não de constitucionalidade, e não podem ser objeto de ADI.

Também não pode ser objeto de questionamento por meio da ADI:

- *Direito pré-constitucional* – o Supremo Tribunal Federal estabeleceu critério segundo o qual somente atos normativos editados após a promulgação da Constituição de 1988 podem ser objeto de ação direta de inconstitucionalidade;
- *Projeto de lei e projeto de lei aprovada, mas não promulgada* – na realizada, projeto de lei e lei, embora aprovadas, mas não promulgadas, são atos legislativos imperfeitos, que ainda não ingressaram no ordenamento jurídico. A ADI não pode realizar controle de constitucionalidade preventivo;
- *Normas já revogadas ou de eficácia exaurida* – somente atos normativos vigentes podem ser objeto de controle abstrato de constitucionalidade;
- *Atos legislativos de efeito concreto* – o Supremo Tribunal Federal não admite a ação direta de inconstitucionalidade contra atos de efeitos concretos: "assim, tem-se afirmado que a ação direta é o meio pelo qual se procede ao controle de constitucionalidade das normas jurídicas *in abstracto*, não se prestando ela ao controle de atos administrativos que têm objeto determinado e destinatários certos, ainda que esses atos sejam editados sob a forma de lei – as leis meramente formais, porque têm forma de lei, mas seu conteúdo não encerra normas que disciplinam relações em abstrato".[18]

Legitimidade ativa

Os legitimados para a propositura da ADI estão elencados no art. 103 da CRFB, cujo rol é exaustivo:

1. Presidente da República;
2. Mesa do Senado Federal;
3. Mesa da Câmara dos Deputados;
4. Procurador Geral da República;
5. Partido Político com representação no Congresso Nacional;
6. Conselho Federal da OAB;
7. Mesa da Assembleia Legislativa ou da Câmara Legislativa do Distrito Federal;
8. Governador do Estado e do Distrito Federal;
9. Confederação sindical ou entidade de classe de âmbito nacional.

Segundo a jurisprudência sedimentada do Supremo Tribunal Federal, todos os legitimados possuem capacidade postulatória, com *exceção* dos partidos políticos e da Confederação sindical ou entidade de classe de âmbito nacional.

> **Obs.:** Caso o candidato se depare com um problema de segunda fase em que ação a ser proposta seja uma ADI, os legitimados possíveis poderão ser PARTIDO POLÍTICO COM REPRESENTAÇÃO NO CONGRESSO NACIONAL, CONFEDERAÇÃO SINDICAL ou ENTIDADE DE CLASSE DE ÂMBITO NACIONAL. Somente estes legitimados necessitam de representação por advogado.

17 MORAES, Alexandre de. *Direito constitucional*. 28. ed. São Paulo: Atlas, 2012. p. 771.
18 BRANCO, Paulo Gustavo Gonet; MENDES, Gilmar Ferreira. op. cit., 2012, p. 1.123.

Partidos políticos com representação no Congresso Nacional

Segundo o entendimento sedimentado no Supremo Tribunal Federal, a representatividade no Congresso Nacional ocorre com o preenchimento de, ao menos, uma cadeira na Câmara dos Deputados, *ou* no Senado Federal. A perda desta representatividade após a distribuição da ADI não retira a legitimidade do partido político.

Os partidos políticos possuem *legitimidade universal*, não havendo necessidade de demonstração da pertinência temática na petição inicial.

Confederação sindical e entidade de classe de âmbito nacional

O termo "entidade de classe" deve ser compreendido conforme o entendimento do Supremo Tribunal Federal no sentido de classe profissional:

> No que concerne a "entidade de classe" de âmbito nacional ("segunda parte", do inc. IX do art. 103 da CRFB), vem o STF emprestando-lhe compreensão sempre a partir da representação de interesses profissionais definidos. Não se trata, assim, apenas de classes, no mero sentido de um certo estrato ou segmento da sociedade, cumpre se informe a noção de "classe" de conteúdo, profissional ou econômico, determinado.[19]

Em relação ao termo "âmbito nacional", o Supremo Tribunal Federal tem exigido que a entidade de classe esteja presente em, pelo menos, um terço da federação, ou seja, em nove Estados, número que resulta da aplicação analógica da "Lei Orgânica dos Partidos Políticos" (art. 7º, § 1º, da Lei nº 9.096/1995). O Tribunal tem abrandado essa exigência, quando houver comprovação de que a categoria dos associados só exista em menos de nove estados.[20]

No que tange à configuração da Confederação Sindical, o Supremo Tribunal Federal tem reconhecido como tal apenas aquelas entidades que preenchem os requisitos do art. 535 da CLT. Dessa forma, não reconhece a legitimidade ativa às centrais sindicais ou de trabalhadores (CUT, CGT).[21]

A Lei nº 11.648, de 31 de março de 2008, alterou a Consolidação das Leis do Trabalho, para reconhecer formalmente as "centrais sindicais" como entidades de representação geral dos trabalhadores, constituídas em âmbito nacional. Em que pese a alteração legislativa, o Supremo Tribunal Federal tem mantido o entendimento de que essas entidades não se enquadram na categoria de entidades de âmbito nacional, ou confederação sindical.[22]

As confederações sindicais e entidades de classe de âmbito nacional não possuem legitimidade universal, *necessitam demonstrar, portanto, em sua inicial a pertinência temática.*

Pertinência Temática:[23] "Para alguns legitimados do art. 103 da CRFB, o Supremo Tribunal Federal exige a presença da chamada *pertinência temática*, definida como requisito objetivo da *relação de pertinência* entre a defesa do interesse específico do legitimado e o objeto da própria ação."[24]

Legitimidade passiva

Trata-se de ação de controle concentrado, de processo objetivo. A impugnação é da lei, em tese, de forma abstrata. Desta forma, não há réus no polo passivo da ação.

Da Petição Inicial

A petição inicial da ação direta de inconstitucionalidade deve ser endereçada ao Ministro Presidente do Supremo Tribunal Federal.

Além dos requisitos exigidos pelo art. 319 do NCPC, o art. 3º da Lei nº 9.868/1999 exige:

- A indicação dos dispositivos impugnados – a petição inicial da ADI deve indicar de forma inequívoca quais os dispositivos estão sendo impugnados ante a Constituição Federal. Da mesma forma, os dispositivos constitucionais tidos como violados devem ser apontados de forma expressa.

---

19 STF – ADI 894/DF – rel. Min. Néri da Silveira – *DJ* 20-4-1995. *Acompanhamento processual.* Disponível em: www.stf.jus.br/portal/processo/pesquisarProcesso.asp. Acesso em: 3 dez. 2012.

20 BRANCO, Paulo Gustavo Gonet; MENDES, Gilmar Ferreira. op. cit., p. 1.227.

21 STF – ADI 1.442/DF – Plenário – rel. Min. Celso de Mello – *DJ* 29-4-20025. *Acompanhamento processual.* Disponível em: www.stf.jus.br/portal/processo/pesquisarProcesso.asp. Acesso em: 3 dez. 2012.

22 STF – AgRg na ADI 4.224/DF – Plenário – rel. Min. Dias Toffoli – *DJ* 21-9-2011. Id. Ibid.

23 Sobre pertinência temática, conferir o que já foi exposto no capítulo sobre Processo Constitucional.

24 MORAES, Alexandre de. op. cit. p. 773.

- Fundamentos jurídicos dos pedidos em relação a cada uma das impugnações – a petição inicial deve demonstrar a inconstitucionalidade dos artigos violados. Deve haver a demonstração da inconstitucionalidade, seja ela formal, seja ela material.
- O Pedido com as suas especificações – requisito de toda petição inicial é o pedido, de forma inequívoca e expressa. Na ADI também deve haver o pedido expresso, que é a declaração de inconstitucionalidade da lei ou ato normativo impugnado. Além disso, se o autor deseja que o STF declare a inconstitucionalidade mediante interpretação conforme, sem redução de texto, deve assim pedir, de forma expressa na petição inicial. Se for o caso, deve haver pedido expresso de concessão de medida cautelar.

IMPORTANTE: no processo civil comum, a petição limita a atuação do Judiciário, que de regra está adstrito aos fatos e fundamentos jurídicos apresentados na inicial. A peça inaugural, portanto, delimita a atuação do Judiciário. Em se tratando de controle concentrado de constitucionalidade, no entanto, o Supremo Tribunal Federal não fica adstrito às argumentações apresentadas pelo autor na inicial da ADI. Pode o Supremo Tribunal Federal declarar a inconstitucionalidade por argumentos não apresentados pela inicial.

A inicial deverá ser instruída com os seguintes documentos:

- duas cópias da inicial;
- cópia da lei ou do ato normativo impugnado;
- documentos necessários para demonstração da impugnação;
- procuração, com poderes específicos (em se tratando de partidos políticos com representação no Congresso Nacional, Confederações sindicais e entidades de classe de âmbito nacional).

Indeferimento da Petição Inicial

O art. 4º da Lei nº 9.868/1999 disciplina a hipótese de indeferimento da petição inicial:

- quando a petição inicial for inepta;
- quando não fundamentada – deve haver a demonstração da inconstitucionalidade da lei ou atos normativos impugnados;
- quando manifestamente improcedente – a alegação de inconstitucionalidade de normas pré-constitucionais, normas já revogadas, por exemplo.

A rejeição, nestes casos, ocorrerá liminarmente pelo relator. Caberá, neste caso, recurso de agravo.

Desistência

O art. 5º veda de forma expressa a desistência da ação. Frisa-se, mais uma vez, não se trata de defesa de direitos subjetivos. Os entes elencados no rol do art. 103 são legitimados, autorizados a ajuizar a ADI, mas não configuram titulares de direitos a serem discutidos na ação. Desta forma, não se pode desistir de algo que não lhe pertence (a constitucionalidade ou inconstitucionalidade de atos normativos). Como guardião da Constituição, o Supremo Tribunal Federal processará a ação até o seu julgamento de mérito.

Amicus Curiae

A Lei nº 9.868/1999[25] introduziu a figura do *amicus curiae* na ação direita de inconstitucionalidade por meio do art. 7º:

> Art. 7º Não se admitirá intervenção de terceiros no processo de ação de inconstitucionalidade.

25 A Lei nº 9.868/1999, além de disciplinar o processamento da ação direta de inconstitucionalidade e da ação declaratória de constitucionalidade, produziu modificações também no controle difuso de constitucionalidade, inserindo a figura do *amicus curiae* no controle concreto, no incidente de inconstitucionalidade nos Tribunais. O NCPC disciplina o Incidente de Arguição de Inconstitucionalidade nos Tribunais nos arts. 948 a 950. A participação do *amicus curiae* nesse procedimento nos tribunais está previsto no art. 950, nos seguintes termos: "Remetida cópia do acórdão a todos os juízes, o presidente do tribunal designará a sessão de julgamento. § 1º As pessoas jurídicas de direito público responsáveis pela edição do ato questionado poderão manifestar-se no incidente de inconstitucionalidade se assim o requererem, observados os prazos e as condições previstos no regimento interno do tribunal. § 2º A parte legitimada à propositura das ações previstas no art. 103 da Constituição Federal poderá manifestar-se, por escrito, sobre a questão constitucional objeto de apreciação, no prazo previsto pelo regimento interno, sendo-lhe assegurado o direito de apresentar memoriais ou de requerer a juntada de documentos. § 3º Considerando a relevância da matéria e a representatividade dos postulantes, o relator poderá admitir, por despacho irrecorrível, a manifestação de outros órgãos ou entidades".

§ 1º (VETADO).

§ 2º O relator, considerando a relevância da matéria e a representatividade dos postulantes, poderá, por despacho irrecorrível, admitir, observado o prazo fixado no parágrafo anterior, a manifestação de outros órgãos ou entidades.

A princípio, a vedação do *caput* à intervenção de terceiros pode parecer contraditória com a autorização de intervenção do *amicus curiae*, no parágrafo segundo. No entanto, não há qualquer incongruência entre esta vedação e a permissão da manifestação do *amicus curiae*, uma vez que são institutos diversos, que não se confundem.

A intervenção de terceiros, nos moldes que o processo civil conhece (assistência, oposição, nomeação à autoria, denunciação da lide e chamamento ao processo), possui como fundamento um direito subjetivo ligado à lide que é levada ao conhecimento do Poder Judiciário. Em se tratando de controle abstrato de constitucionalidade, não há que se falar em direito subjetivo, tampouco em lide. Trata-se de um processo objetivo.

> A expressão "processo objetivo" é, em geral, associada à noção de que o Supremo Tribunal Federal, no exercício do controle concentrado da constitucionalidade, não "julga" nenhum interesse ou direito subjetivado, isto é, concretizado em uma específica relação jurídica que dá ensejo, por definição, ao nascimento de pretensões concretas. É nesse sentido que, usualmente, se veda a intervenção de terceiros naquelas ações, já que não há qualquer "interesse" ou "direito" pertencente individual e exclusivamente a quem quer que seja que possa ser usufruído diretamente a partir daquilo que é julgado. A lógica da vedação da intervenção de terceiros, destarte, toma como base de raciocínio o mesmo contexto que o Código de Processo Civil e, mais amplamente, toda a doutrina processual civil sempre levaram em consideração ao longo dos tempos para moldar, sistematizar e aplicar as modalidades de intervenção de terceiros, qual seja, a existência de um específico "interesse" ou "direito" de um terceiro que deriva, direta ou indiretamente, da demanda pendente entre duas outras pessoas. Trata-se, pois, de um "interesse" ou de um "direito" concreto, que tem dono, que tem titular.[26]

Não nos parece, portanto, que a figura do *amicus curiae* se apresente no controle concentrado de constitucionalidade como terceiro interveniente, nos termos da legislação processual civil brasileira. Nem mesmo na qualidade de assistente, uma vez que essa figura exige, nos termos do art. 119 do NCPC,[27] interesse jurídico. Esse interesse jurídico corresponde, conforme nosso entendimento, à defesa de interesse pessoal, subjetivo, que não se coaduna com o processo objetivo de controle concentrado de constitucionalidade.

O propósito teleológico da intervenção do *amicus curiae* no processo constitucional de controle concentrado não é a defesa de direitos próprios, subjetivos, mas a pluralização do debate constitucional e a legitimação das decisões proferidas pela jurisdição constitucional concentrada sob o ponto de vista democrático. Conforme Anna Candida da Cunha Ferraz, o *amicus curiae* qualifica-se "como fator de 'legitimação social', abrindo-se a possibilidade para que em controle concentrado intervenha a participação de entidades e instituições efetivamente representativas de interesses gerais da coletividade".[28]

Segundo entendimento firmado pelo Supremo Tribunal Federal, o *amicus curiae* poderá requerer o seu ingresso até a data em que o relator liberar o processo para pauta de julgamento.[29] O ingresso no *amicus curiae* garante a sua participação no processo por escrito, mediante memoriais e de sustentação oral.

Conforme a dicção da Lei nº 9.868/1999, o despacho do relator que admitir, ou não, o ingresso do *amicus curiae* é irrecorrível.

Procedimento

A ADI poderá ser processada pelo rito ordinário (com ou sem pedido de medida cautelar) ou pelo rito sumário.[30]

---

26 BUENO, Cassio Scarpinella. *Amicus curiae no processo civil brasileiro: um terceiro enigmático*. 3. ed. São Paulo: Saraiva, 2012. p. 152.

27 Art. 119: " Pendendo causa entre 2 (duas) ou mais pessoas, o terceiro juridicamente interessado em que a sentença seja favorável a uma delas poderá intervir no processo para assisti-la".

28 FERRAZ, Anna Candida da Cunha. O *amicus curiae* e a democratização e a legitimação da jurisdição constitucional. *Revista Mestrado em Direito*, Osasco, v. 9, 2008, p. 67.

29 STF – QO em Agravo de Instrumento na ADI 4.071/DF – rel. Min. Menezes de Direito. *Acompanhamento processual*. Disponível em: www.stf.jus.br/portal/processo/pesquisarProcesso.asp. Acesso em 3 dezembro 2012.

30 O NCPC extinguiu o procedimento ordinário e sumário. A Lei nº 9.868/1999, no entanto, estabelece dois procedimentos para o processamento da ADI, que a doutrina denomina em rito ordinário e sumário. É importante, portanto, não confundir os ritos

Procedimento Ordinário sem pedido de medida cautelar:

- Recebimento da Inicial;
- Pedido de Informações do relator às autoridades ou órgãos responsáveis pela edição da lei ou ato normativo impugnado (art. 6º);
- Informações no prazo de 30 dias (parágrafo único, art. 6º);
- Manifestação do Advogado-Geral da União – 15 dias (art. 8º);
- Manifestação do Procurador-Geral da República – 15 dias (art. 8º);
- Relatório do relator, com cópia para os demais ministros (art. 9º);
- Julgamento (arts. 22 e 23).

Procedimento Ordinário com pedido de medida cautelar:

- Recebimento da inicial;
- Pedido de Informações do relator às autoridades ou órgãos responsáveis pela edição da lei ou ato normativo impugnado a respeito do pedido de medica cautelar;
- Resposta das autoridades e órgãos responsáveis pela edição da lei ou ato normativo impugnado em 5 dias (art. 10);
- Manifestação do Advogado-Geral da União em 3 dias;
- Manifestação do Procurador-Geral da República em 3 dias;
- Julgamento da medida cautelar pelo pleno do STF;
- Pedido de informações do relator às autoridades ou órgãos responsáveis pela edição da lei ou ato normativo impugnado (art. 6º);
- Informações no prazo de 30 dias (parágrafo único, art. 6º);
- Manifestação do Advogado-Geral da União – 15 dias (art. 8º);
- Manifestação do Procurador-Geral da República – 15 dias (art. 8º);
- Relatório do relator, com cópia para os demais ministros (art. 9º);
- Julgamento do mérito da ADI (arts. 22 e 23).

Procedimento sumário (art. 12):

Havendo pedido de medida cautelar, o relator, em face da relevância da matéria e em razão do seu especial significado para a ordem social e a segurança jurídica, poderá processar a ADI pelo procedimento sumário. Neste caso o processamento da ação é mais célere, e o julgamento da medida cautelar é realizado com o do mérito.

- Recebimento da inicial com despacho do relator determinando o seu processamento pelo rito sumário;
- Informações dos órgãos e autoridades responsáveis pela edição do ato impugnado em 10 dias;
- Manifestação do Advogado-Geral da União em 5 dias;
- Manifestação do Procurador-Geral da República em 5 dias;
- Julgamento do mérito (arts. 22 e 23).

Apurações fáticas (art. 9º):

A Lei nº 9.868/1999 possibilita ao relator esclarecer matéria ou circunstância de fato ou de notória insuficiência de informação nos autos. Antes de levar o processo à pauta de julgamento, o relator poderá:

- requisitar informações adicionais, designar perito ou comissão de peritos para que emita parecer sobre a questão;
- fixar data para, em audiência pública, ouvir depoimentos de pessoas com experiência e autoridade na matéria;
- solicitar informações aos Tribunais Superiores, aos Tribunais Federais e aos Tribunais Estaduais acerca da aplicação da norma impugnada no âmbito de sua jurisdição.

Função do Procurador-Geral da República:

Art. 103, § 1º, da CRFB determina: "O Procurador-Geral da República deverá ser previamente ouvido nas ações de inconstitucionalidade e em todos os processos de competência do Supremo Tribunal Federal".

---

ordinário e sumário da Lei da ADI com os procedimentos do antigo CPC.

Além de legitimado para propositura da ADI, o Procurador-Geral da República deve atuar no feito, com função fiscalizadora da lei, na qualidade de *custos legis*.

Ainda que tenha proposto a ação pugnando pela declaração de inconstitucionalidade, pode em seu parecer posterior, em razão da sua função fiscalizadora e da independência funcional do Ministério Público, opinar pela improcedência da ADI.

Função do Advogado-Geral da União

Art. 103, § 3º, da CF: "Quando o Supremo Tribunal Federal apreciar a inconstitucionalidade, em tese, de norma legal ou ato normativo, citará, previamente, o Advogado-Geral da União, que defenderá o ato ou texto impugnado".

O Advogado-Geral da União atua como curador do princípio da presunção de legalidade dos atos normativos impugnados pela ação direta de inconstitucionalidade. Atua como defensor *legis*. A sua função é defender a constitucionalidade da lei ou ato normativo impugnado.

IMPORTANTE: O STF entende que o Advogado-Geral da União está isento de defender a constitucionalidade de lei ou ato diante de situações em que o tribunal já havia fixado entendimento pela inconstitucionalidade. ADI 1.616-4/PE – Pleno – rel. Min. Maurício Corrêa – *DJ* 24-8-2001, ADI 2.687-9/PA – Pleno – rel. Min. Nelson Jobim – *DJ* 6-6-2003.

Medida Cautelar (arts. 10 a 12)

Presentes o *periculum in mora* e o *fumus boni iuris*, é possível a concessão de medida cautelar para suspender a vigência da norma impugnada, objeto da ação direita de inconstitucionalidade, até a decisão final.

Presentes, no mínimo, 8 ministros (art. 10 c/c art. 22), a medida cautelar deve ser concedida pela maioria absoluta do tribunal (6 ministros).

Quando a medida cautelar for concedida por decisão monocrática, deverá ser referendada pelo pleno do STF.

A concessão da medida cautelar implica a suspensão da vigência da norma impugnada até decisão final da ADI. Esta decisão tem eficácia *erga omnes* com efeitos *ex nunc*, salvo se o Tribunal entender que deva ter eficácia retroativa.

A concessão da medida cautelar torna aplicável legislação anterior, caso existente, salvo disposição contrária do Tribunal.

ATENÇÃO: O candidato deverá estar atento, sempre que o caso prático mencionar que a peça cabível deverá observar a "tutela de urgência", devendo constar da inicial o pedido de medida cautelar.

Decisão de mérito

O art. 22 da Lei nº 9.868/1999 exige quórum de 8 ministros para a instalação da sessão de julgamento da ADI.

A decisão de mérito pela inconstitucionalidade, ou constitucionalidade, deverá ser proferida pela maioria absoluta dos membros do STF (6 votos), conforme determinação do art. 23.

O art. 24 da Lei nº 9.868/1999 explicita o caráter ambivalente entre a ação direta de inconstitucionalidade e a ação declaratória de constitucionalidade:

> Art. 24. Proclamada a constitucionalidade, julgar-se-á improcedente a ação direta ou procedente eventual ação declaratória; e, proclamada a inconstitucionalidade, julgar-se-á procedente a ação direta ou improcedente eventual ação declaratória.

A improcedência da ADI equivale à proclamação de procedência da ADC, e vice-versa.

Efeitos da declaração de inconstitucionalidade

Declarada a inconstitucionalidade da norma objeto da ADI pelo Tribunal, esta declaração tem eficácia *erga omnes* com efeitos *ex tunc*.

O Tribunal, no entanto, por maioria de *dois terços* de seus membros (8 ministros) por razões de *segurança jurídica* ou de *excepcional interesse social*, poderá modular os efeitos da decisão, restringindo os efeitos da declaração de inconstitucionalidade ou decidir que ela só tenha eficácia a partir de seu trânsito em julgado (eficácia *ex nunc*), ou de outro momento que venha a ser fixado (eficácia *pro futuro*).

O art. 26 da Lei nº 9.868/1999 determina a irrecorribilidade da decisão que declarar a inconstitucionalidade ou constitucionalidade da norma impugnada:

> A decisão que declarar a constitucionalidade ou a inconstitucionalidade da lei ou do ato normativo em ação direta ou em ação declaratória é irrecorrível, ressalvada a interposição de embargos declaratórios, não podendo, igualmente, ser objeto de ação rescisória.

ESTRUTURA DA PETIÇÃO INICIAL DA ADI	
Endereçamento:	Excelentíssimo Senhor Ministro Presidente do Supremo Tribunal Federal
Legitimação Ativa:[31]	▪ Partido político com representação no Congresso Nacional; ▪ Confederação Sindical e Entidades de Classe de âmbito nacional – demonstração da pertinência temática.
Legitimação Passiva:	Em se tratando de processo objetivo, não há polo passivo.
Fundamentação:	Demonstração da inconstitucionalidade da norma ou do ato impugnado – inconstitucionalidade material, formal ou superveniente; Indicação da norma impugnada, com cópia da mesma instruindo a inicial; Indicação dos dispositivos e princípios constitucionais violados pela norma impugnada.
Da Liminar:	Demonstração da necessidade de concessão de medida cautelar para suspender a vigência da norma impugnada; Demonstração do "periculum in mora" e do "fumus boni iuris"
Requerimentos:	▪ Intimação das autoridades e órgãos responsáveis pela emissão do ato normativo impugnado para que prestem informações; ▪ A citação do Advogado-Geral da União para defesa do ato impugnado; ▪ A intimação do Procurador-Geral da República para que se manifeste no feito.
Pedido:	▪ A concessão da medida cautelar, suspendendo os efeitos da norma impugnada até o julgamento de mérito; ▪ No mérito, a procedência da ação direta de inconstitucionalidade, declarando-se inconstitucional a norma impugnada.

CASO PRÁTICO
(VII Exame unificado) O Estado KWY editou norma determinando a gratuidade dos estacionamentos privados vinculados a estabelecimentos comerciais, como supermercados, hipermercados, *shopping centers*, determinando multas pelo descumprimento, estabelecendo gradação nas punições administrativas e delegando ao PROCON local a responsabilidade pela fiscalização dos estabelecimentos relacionados no instrumento normativo. Tício, contratado como advogado júnior da Confederação Nacional do Comércio, é consultado sobre a possibilidade de ajuizamento de medida judicial, apresentando seu parecer positivo quanto à matéria, pois referida lei afrontaria a Constituição Federal. Em seguida, diante desse pronunciamento, a Diretoria autoriza a propositura da ação judicial constante do parecer. Na qualidade de advogado elabore a peça cabível, observando: a) Competência do Juízo; b) Legitimidade ativa e passiva; c) Fundamentos de mérito constitucionais e legais vinculados; d) Requisitos legais da peça; e) Tutela de urgência.

31 Conforme já explicitado, o art. 103 da CRFB disciplina outros legitimados. No entanto, os demais não necessitam de representação por advogado, razão pela qual não estão destacados nesta estrutura de petição inicial.

ESQUELETO DA PEÇA
Endereçamento: Ministro Presidente do Supremo Tribunal Federal.
Resumo dos Fatos: Legislação estadual que determina a gratuidade de estacionamento em estabelecimentos privados vinculados a estabelecimento comerciais.
Ação: Ação direta de inconstitucionalidade.
Legitimidade ativa: Confederação Nacional do Comércio – necessidade de demonstração da pertinência temática.
Legitimidade passiva: processo objetivo, não há réus.
Fundamentos: inconstitucionalidade formal – incompetência legislativa, uma vez que é de competência do Congresso Nacional legislar sobre Direito Civil, conforme art. 22, I, da CRFB.
Inconstitucionalidade material: violação ao direito de propriedade, art. 5º, XXII, da CRFB.
Medida cautelar: demonstração do *periculum in mora* e do *fumus boni iuris* para a suspensão da norma questionada até decisão final.
Requerimentos: a) notificação do Governador do Estado e da Assembleia Legislativa do Estado para prestarem informações; b) citação do Advogado-Geral da União; c) manifestação do Procurador-Geral da República.
Pedido: concessão da medida cautelar nos termos do art. 10 da Lei nº 9.868/1999; declaração de inconstitucionalidade da lei estadual.

MODELO

Excelentíssimo Senhor Ministro Presidente do Supremo Tribunal Federal

Confederação Nacional do Comércio, confederação sindical de âmbito nacional, inscrita no CNPJ/MF sob o nº. ..., com sede na rua ..., nº. ..., bairro ..., cidade ... – Estado ..., endereço profissional ..., por seu advogado que esta subscreve, conforme o incluso instrumento de procuração, com endereço eletrônico..., local indicado para receber intimações, vem, respeitosamente, à presença de Vossa Excelência, propor a presente

AÇÃO DIRETA DE INCONSTITUCIONALIDADE COM PEDIDO DE CAUTELAR

com fundamento nos artigos 103, IX, e 102, I, a, da Constituição Federal e na Lei nº 9.868/1999, em face da Lei ... editada pelo Estado KWY, nos termos a seguir expostos.

Da Legitimidade Ativa da Requerente

A requerente tem legitimidade ativa para a propositura da presente ação direta de inconstitucionalidade. É confederação sindical de âmbito nacional, autorizada pelo artigo 103, inciso IX, da Constituição Federal a ajuizar perante o Supremo Tribunal Federal a ação direta de inconstitucionalidade.

Conforme se depreende dos seus atos constitutivos, que instruem a presente inicial, a requerente é confederação sindical de âmbito nacional ligada à atividade comercial. Há pertinência temática, entre a atividade desenvolvida pela autora e a norma objeto de questionamento na presente ação direta de inconstitucionalidade. A norma impugnada ofende o direito de propriedade dos estabelecimentos comerciais, impondo a eles o custo do estacionamento gratuito, em desacordo com as normas constitucionais.

Da Inconstitucionalidade da Lei Estadual ...

O Estado KWY editou a Lei ... determinando a gratuidade dos estacionamentos privados vinculados a estabelecimentos comerciais, tais como supermercados, hipermercados, shopping centers, determinando multas pelo descumprimento, estabelecendo gradação nas punições administrativas e delegando ao PROCON local a responsabilidade pela fiscalização dos estabelecimentos relacionados na referida lei.

Ocorre, entretanto, que referida lei estadual editada pelo Estado KWY padece de vício insanável: vício de inconstitucionalidade.

Trata-se de norma editada por Estado-membro da Federação, passível, portanto, de impugnação pela ação direta de inconstitucionalidade, nos termos do artigo 102, I, "a", da Constituição Federal.

A inconstitucionalidade da norma questionada é patente, tanto do ponto de vista formal quanto material.

A Assembleia Legislativa do Estado KWY, ao editar norma determinando a gratuidade de estabelecimentos comerciais, invade competência legislativa da União.

Assim dispõe o artigo 22, inciso I, da Constituição Federal de 1988:

> "Compete privativamente à União legislar sobre:
>
> I – direito civil, comercial, penal, processual, eleitoral, agrário, marítimo, aeronáutico, espacial e do trabalho."

A matéria regulada pela norma impugnada, Direito Civil, é de competência privativa da União. Não há autorização constitucional para que os Estados-membros da Federação legislem sobre o tema, obrigando a gratuidade dos estabelecimentos comerciais.

A norma impugnada, ao ser editada pelo Estado-membro da Federação, em nítida usurpação de competência, nasce maculada pelo vício de inconstitucionalidade formal.

Há que se frisar a inexistência de lei complementar autorizando o Estado KWY a legislar sobre o assunto, nos termos do parágrafo único do artigo 22 da Constituição Federal.

Patente, portanto, a inconstitucionalidade formal por vício de competência legislativa, da norma impugnada, objeto da presente ação direta de inconstitucionalidade.

Não bastasse a o vício formal da norma impugnada, esta também padece do vício material, tendo em vista que a sua disposição contraria o texto constitucional.

A Constituição Federal de 1988 consagra, de forma expressa, no inciso XXII do artigo 5º o direito de propriedade:

> "É garantido o direito de propriedade".

Norma que obriga estabelecimentos comerciais a fornecer estacionamento gratuito ao público em geral retira do seu proprietário a liberdade de usar, gozar e fruir do bem sobre o qual recai o direito de propriedade.

A norma impugnada, portanto, invade a liberdade e autonomia do proprietário sobre o bem sobre o qual recai a propriedade privada.

Inconstitucional, portanto, a norma estadual impugnada nesta ação direta de inconstitucionalidade, pois é materialmente incompatível com o texto constitucional.

Da Medida Cautelar

É necessária a concessão de medida cautelar para suspender os efeitos da lei estadual impugnada até a decisão final desta ação direta de inconstitucionalidade, sob pena de danos irreversíveis ao Estado democrático de direito.

O "periculum in mora" se faz presente, uma vez que, se a tutela de urgência não for concedida, suspendendo os efeitos da lei impugnada, os estabelecimentos comerciais sofrerão prejuízos financeiros decorrentes da lei inconstitucional.

O "fumus boni iuris", por seu turno, resta evidente pela inconstitucionalidade da norma estadual objeto da presente ação direta de inconstitucionalidade, seja do ponto de vista formal, seja do ponto de vista material.

Presentes, portanto, os requisitos de tutela de urgência para a suspensão dos efeitos da Lei ... em razão da sua inconstitucionalidade, com eficácia "erga omnes" e efeito retroativo, nos termos do parágrafo 1º do artigo 11 da Lei nº 9.868/1999.

Do Pedido

Ante a inconstitucionalidade formal e material da Lei ... , a Confederação Nacional do Comércio requer a concessão da medida cautelar nos termos acima formulados para suspender os efeitos da norma impugnada.

Requer, ainda, sejam solicitadas informações às autoridades competentes, ao governador e à Assembleia Legislativa do Estado KWX, nos termos do artigo 6º da Lei nº 9.868/1999, bem como a intervenção do Procurador-Geral da República e do Advogado-Geral da União, conforme dispõem os parágrafos 1º e 3º do artigo 103 da Constituição Federal de 1988.

Ao final, a Confederação Nacional do Comércio requer seja a presente ação direta de inconstitucionalidade julgada procedente, declarando a inconstitucionalidade da Lei ....

Dá-se à causa, para efeitos procedimentais, o valor de ... .

Termos em que,
pede deferimento.

Local e data

Advogado
OAB nº ...

3. Ação Direta de Inconstitucionalidade por Omissão – ADO

Fundamento Constitucional

Fundamento Constitucional: art. 102, I, "a", § 2º, art. 103, § 2º:

> Art. 102: Compete ao Supremo Tribunal Federal, precipuamente, a guarda da Constituição, cabendo-lhe:
>
> I – processar e julgar, originariamente:
>
> a) a ação direta de inconstitucionalidade de lei ou ato normativo federal ou estadual e a ação declaratória de constitucionalidade de lei ou ato normativo federal;
>
> (...)
>
> § 2º: As decisões definitivas de mérito, proferidas pelo Supremo Tribunal Federal, nas ações diretas de inconstitucionalidade e nas ações declaratórias de constitucionalidade produzirão eficácia contra todos e efeito vinculante, relativamente aos demais órgãos do Poder Judiciário e à administração pública direta e indireta, nas esferas federal, estadual e municipal. (...)
>
> Art. 103, § 2º – Declarada a inconstitucionalidade por omissão de medida para tornar efetiva norma constitucional, será dada ciência ao Poder competente para a adoção das providências necessárias e, em se tratando de órgão administrativo, para fazê-lo em trinta dias.

Regulamentação legal

A ação direta de inconstitucionalidade por omissão, assim como a ação direta de inconstitucionalidade e a ação declaratória de constitucionalidade, é regulamentada pela Lei nº 9.868, de 10 de novembro de 1999.[32]

A estrutura da citada lei pode assim ser dividida:

a) arts. 2º a 12: regulamentação da ADI;

b) arts. 12-A a 12-H: regulamentação da ADO;

c) arts. 13 a 21: regulamentação da ADC;

d) arts. 22 a 31: disposições comuns a ADI, ADO e ADC.

Competência

Em se tratando de ação de controle concentrado de constitucionalidade, a competência é única e exclusiva do Supremo Tribunal Federal, devendo ser julgada pelo pleno (devem participar do julgamento todos os 11 ministros do Supremo Tribunal Federal).

Finalidade

A ação direta de inconstitucionalidade por omissão é espécie do gênero ação direta de inconstitucionalidade. No entanto, deve ser estudada e compreendida nas suas peculiaridades. A finalidade na ADO não é a declaração de inconstitucionalidade de uma lei ou ato normativo, mas a declaração de uma inconstitucionalidade por omissão. José Afonso da Silva anota que a inconstitucionalidade por omissão:

> Verifica-se nos casos em que não sejam praticados atos legislativos ou administrativos requeridos para tornar plenamente aplicáveis normas constitucionais. Muitas delas, de fato, requerem uma lei ou uma providência administrativa ulterior para que os direitos ou situações nelas previstos se efetivem na prática. A Constituição, por exemplo, prevê o direito de participação dos trabalhadores nos lucros e na gestão das empresas, *conforme definido em lei*, mas, se esse direito não se realizar, por *omissão* do legislador em produzir a lei aí referida e necessária à plena aplicação da norma, tal omissão se caracterizará como inconstitucional. Ocorre, então, o pressuposto para a propositura de uma *ação de inconstitucionalidade por omissão*, visando obter do legislador a elaboração da lei em causa.[33]

32 A Lei nº 9.868/1999 sofreu profundas modificações com a inclusão dos arts. 12-A a 12-H pela Lei nº 12.063, de 2009, disciplinando a ação direta de inconstitucionalidade por omissão.

33 SILVA, José Afonso da. *Curso de direito constitucional positivo*. 33. ed. São Paulo: Malheiros Editores, 2010. p. 47-48.

Legitimidade ativa

Conforme dispõe o art. 12-A da Lei nº 9.868/1999, os legitimados ativos para a propositura da ADO são os entes elencados pelo art. 103 da CRFB.

> Art. 12-A. Podem propor a ação direta de inconstitucionalidade por omissão os legitimados à propositura da ação direta de inconstitucionalidade e da ação declaratória de constitucionalidade.

As mesmas observações realizadas em relação aos legitimados para a propositura da ADI devem ser observadas para a propositura da ADO, em especial no que diz respeito a legitimação universal/necessidade de demonstração de pertinência temática e capacidade postulatória.

Legitimidade passiva

Trata-se de ação de controle concentrado, de processo objetivo. Desta forma, não há réus no polo passivo da ação.

Objeto da ADO

Conforme assinalam Gilmar Ferreira Mendes e Paulo Gustavo Gonet Branco, "o objeto desse controle abstrato da inconstitucionalidade é a mera inconstitucionalidade morosa dos órgãos competentes para a concretização da norma constitucional".[34] Assinalam ainda, os autores, que o texto constitucional não deixa dúvidas de que a omissão diz respeito "não só à atividade legislativa, mas também à atividade tipicamente administrativa que pudesse, de alguma maneira, afetar a efetividade de norma constitucional".[35]

Da Petição Inicial

A petição inicial da ação direta de inconstitucionalidade por omissão deve ser endereçada ao Ministro Presidente do Supremo Tribunal Federal.

Além dos requisitos exigidos pelo art. 319 do NCPC, o art. 3º da Lei nº 9.868/1999 exige, conforme art. 12-B:

- a demonstração da omissão inconstitucional, total ou parcial, quanto ao cumprimento de dever constitucional de legislar ou quanto à adoção de providência de índole administrativa, e a sua fundamentação;
- A indicação do Poder Público omisso;
- O pedido, com suas especificações.

A inicial deverá ser instruída com os seguintes documentos:

- duas cópias da inicial;
- documentos necessários para demonstração da impugnação;
- Procuração, com poderes específicos (em se tratando de partidos políticos com representação no Congresso Nacional, Confederações sindicais e entidades de classe de âmbito nacional).

Indeferimento da Petição Inicial

O art. 12-C da Lei nº 9.868/1999 disciplina as hipóteses de indeferimento da petição inicial:

- quando a petição inicial for inepta;
- quando não fundamentada – deve haver a demonstração da inconstitucionalidade por omissão;
- quando manifestamente improcedente.

A rejeição, nestes casos, ocorrerá liminarmente pelo relator. Caberá, neste caso, recurso de agravo.

Desistência

O art. 12-D veda de forma expressa a desistência da ação.

Amicus Curiae

A ação direta de inconstitucionalidade por omissão é espécie do gênero ação direta de inconstitucionalidade. Não há nenhum impedimento legal, portanto, para a participação do *amicus curiae* no processamento na ADO. Neste sentido, ADO 22/DF, rel. Min. Carmem Lúcia.

---

34 BRANCO, Paulo Gustavo Gonet; MENDES, Gilmar Ferreira. op. cit., p. 1.157.

35 Ibid., p. 1.158.

Procedimento

O art. 12-E da Lei nº 9.868/1999 determina que se aplicam ao procedimento da ação direta de inconstitucionalidade por omissão, no que couber, as regras procedimentais da ação direta de inconstitucionalidade.

O parágrafo primeiro autoriza que os demais legitimados que não tenham ingressado com a ação possam, querendo, manifestar-se, por escrito, sobre o objeto da ação e pedir a juntada de documentos reputados úteis para o exame da matéria, no prazo das informações, bem como apresentar memoriais. Atuam, neste caso, como *amicus curiae*.

A participação do Advogado-Geral da União não é obrigatória, tendo em vista que não há ato normativo a ser defendido. No entanto, entendendo o relator que a sua manifestação seja relevante, pode solicitar o seu pronunciamento pelo prazo de 15 dias.

O Procurador-Geral da República se manifestará também no prazo de 15 dias, na qualidade de *custos legis*, ainda que seja o autor da ADO.

Medida Cautelar (arts. 12-F e 12-G da Lei nº 9.868/1999)

> Art. 12-F. Em caso de excepcional urgência e relevância da matéria, o Tribunal, por decisão da maioria absoluta de seus membros, observado o disposto no art. 22, poderá conceder medida cautelar, após a audiência dos órgãos ou autoridades responsáveis pela omissão inconstitucional, que deverão pronunciar-se no prazo de 5 (cinco) dias.
>
> § 1º A medida cautelar poderá consistir na suspensão da aplicação da lei ou do ato normativo questionado, no caso de omissão parcial, bem como na suspensão de processos judiciais ou de procedimentos administrativos, ou ainda em outra providência a ser fixada pelo Tribunal.
>
> § 2º O relator, julgando indispensável, ouvirá o Procurador-Geral da República, no prazo de 3 (três) dias.
>
> § 3º No julgamento do pedido de medida cautelar, será facultada sustentação oral aos representantes judiciais do requerente e das autoridades ou órgãos responsáveis pela omissão inconstitucional, na forma estabelecida no Regimento do Tribunal.
>
> Art.12-G. Concedida a medida cautelar, o Supremo Tribunal Federal fará publicar, em seção especial do Diário Oficial da União e do Diário da Justiça da União, a parte dispositiva da decisão no prazo de 10 (dez) dias, devendo solicitar as informações à autoridade ou ao órgão responsável pela omissão inconstitucional, observando-se, no que couber, o procedimento estabelecido na Seção I do Capítulo II desta Lei.

Conforme assinala Alexandre de Moraes,[36] a doutrina e o Supremo Tribunal Federal sempre entenderam ser incompatível com o objeto da ADO a concessão de liminar. A decisão de mérito proferida pelo judiciário em sede de controle concentrado da omissão inconstitucional não pode suprir a ausência normativa. Entretanto, a Lei nº 12.063/2009 introduziu a possibilidade de concessão de medida cautelar, que poderá consistir em:

a) suspensão da aplicação da lei ou do ato normativo questionado, somente em se tratando de omissão parcial;
b) suspensão de processos judiciais ou de procedimentos administrativos;
c) quaisquer outras providências a serem fixadas pelo Supremo Tribunal Federal.

Decisão de mérito

O art. 22 da Lei nº 9.868/1999 exige quórum de 8 ministros para a instalação da sessão de julgamento da ADO.

A decisão de mérito pela inconstitucionalidade por omissão deverá ser proferida pela maioria absoluta dos membros do STF (6 votos), conforme determinação do art. 23 da referida lei.

Efeitos da declaração de inconstitucionalidade por omissão

Conforme estabelecido no art. 12-H, o Supremo Tribunal Federal, declarando a inconstitucionalidade por omissão, por ausência de medida legal que torne efetiva norma constitucional, deverá dar ciência ao Poder ou órgão responsável para:

a) Em se tratando de órgão administrativo, as providências deverão ser adotadas no prazo de 30 (trinta) dias, ou em prazo razoável a ser estipulado excepcionalmente pelo Tribunal, tendo em vista as circunstâncias específicas do caso e o interesse público envolvido;

---

36 MORAES, Alexandre de. op. cit., p. 810.

b) Em se tratando de Poder Legislativo: "ciência para adoção das providências necessárias, sem prazo preestabelecido. Nesta hipótese, o Poder Legislativo tem a oportunidade e a conveniência de legislar, no exercício constitucional de sua função precípua, não podendo ser forçado pelo Poder Judiciário a exercer seu múnus, sob pena de afronta a separação dos Poderes, fixada pelo art. 2º da CRFB. Como não há fixação de prazo para a adoção das providências cabíveis, igualmente, não há possibilidade de responsabilização dos órgãos legislativos. Declarada, porém, a inconstitucionalidade e dada ciência ao Poder Legislativo, fixa-se judicialmente a ocorrência da omissão, com efeitos retroativos *ex tunc* e *erga omnes*, permitindo-se sua responsabilização por perdas e danos, na qualidade de pessoa de direito público da União Federal, se da omissão ocorrer qualquer prejuízo."[37]

O art. 26 da Lei nº 9.868/1999 determina a irrecorribilidade da decisão que declarar a inconstitucionalidade ou constitucionalidade da norma impugnada:

> A decisão que declarar a constitucionalidade ou a inconstitucionalidade da lei ou do ato normativo em ação direta ou em ação declaratória é irrecorrível, ressalvada a interposição de embargos declaratórios, não podendo, igualmente, ser objeto de ação rescisória.

ESTRUTURA DA PETIÇÃO INICIAL DA ADO	
Endereçamento:	Excelentíssimo Senhor Ministro Presidente do Supremo Tribunal Federal.
Legitimação Ativa:[38]	Partido político com representação no Congresso Nacional; Confederação Sindical e Entidades de Classe de âmbito nacional – demonstração da pertinência temática.
Legitimação Passiva:	Em se tratando de processo objetivo, não há polo passivo.
Fundamentação:	Demonstração da inconstitucionalidade por omissão – total ou parcial; Indicação do órgão público ou Poder responsável pela omissão inconstitucional; Indicação do dispositivo constitucional que depende de medida normativa para que tenha plena efetividade.
Requerimentos:	Intimação das autoridades e órgãos responsáveis pela omissão inconstitucional para que prestem informações; A intimação do Advogado-Geral da União para manifestar-se, caso seja este o entendimento do relator; A intimação do Procurador-Geral da República para que se manifeste no feito.
Pedido:	Em se tratando de omissão de órgão administrativo: A declaração de inconstitucionalidade por omissão, determinando que o órgão adote as providências necessárias em 30 dias para afastar a inconstitucionalidade por omissão. Em se tratando de omissão do Poder Legislativo: A declaração de inconstitucionalidade por omissão e a ciência ao Poder Legislativo para que tome as providências necessárias para afastar a omissão normativa.

CASO PRÁTICO
A Confederação Nacional dos Trabalhadores na Saúde – CNTS congrega em seus quadros profissionais da saúde, tanto da rede pública, como privada. Embora a Constituição Federal vede a adoção de critérios diferenciados para a concessão de aposentadoria, consagra aposentadoria especial para servidores portadores de deficiência física, que exerçam atividades de risco, e cujas atividades sejam exercidas sob condições especiais que prejudiquem a saúde ou a integridade física, nos termos definidos em leis complementares, nos termos do § 4º do art. 40 da CRFB. A imensa maioria dos profissionais que integram a citada Confederação Nacional exercem suas atividades em contado com agentes nocivos causadores de moléstias humanas, bem como materiais e objetos contaminados. Muito embora façam jus à aposentadoria especial especificada no texto constitucional, não podem requerê-la, pois ainda não fora promulgada a lei complementar capaz de tornar efetiva a aposentadoria especial consagrada no § 4º do art. 40 da Constituição. A CNTS lhe procura, como advogado, questionando a medida judicial cabível à espécie, para que o Congresso Nacional fosse, ao menos, cientificado da ausência da regulamentação legal que impede a eficácia de norma constitucional que prevê a aposentadoria especial. Na qualidade de advogado da Confederação Nacional dos Trabalhadores na Saúde redija a petição inicial da ação cabível, atentando, necessariamente, para os seguintes aspectos: a) competência do órgão julgador; b) legitimidade ativa e passiva; c) argumentos de mérito; d) adequação do pedido; e) requisitos formais da peça judicial proposta.

37 Ibid., p. 809.

38 Conforme já explicitado, o art. 103 da CRFB disciplina outros legitimados. No entanto, os demais não necessitam de representação por advogado, razão pela qual não estão destacados nesta estrutura de petição inicial.

ESQUELETO DA PEÇA

Endereçamento: Ministro Presidente do Supremo Tribunal Federal.

Resumo dos fatos: Embora o § 4º do artigo 40 da Constituição Federal preveja aposentadoria especial para servidores que exerçam atividades que prejudiquem a saúde ou a integridade física, nos termos de lei complementar. Grande parte dos membros da Confederação exerce atividade que os expõem a riscos à saúde. Não há, no entanto, lei complementar regulamentando o direito em questão.

Ação: Ação direta de inconstitucionalidade por omissão.

Legitimidade ativa: Confederação Nacional dos Trabalhadores da Saúde – necessidade de demonstração da pertinência temática.

Legitimidade passiva: processo objetivo, não há réus.

Fundamentos: inconstitucionalidade por omissão. O § 4º do art. 40 é uma norma constitucional de eficácia limitada. Os servidores públicos que exercem sua função expostos ao risco não podem aposentar-se por esta aposentadoria especial diante da ausência de lei. A ausência de lei regulamentadora de norma constitucional, impedindo esta de produzir seus efeitos, gera uma inconstitucionalidade por omissão.

Requerimentos: a) notificação do Congresso Nacional para prestarem informações; b) manifestação do Procurador-Geral da República.

Pedido: declaração da inconstitucionalidade por omissão e ciência do Congresso Nacional para a realização da lei.

MODELO

Excelentíssimo Senhor Ministro Presidente do Supremo Tribunal Federal

Confederação Nacional dos Trabalhadores da Saúde – CNTS, confederação sindical de âmbito nacional, inscrita no CNPJ/MF sob o nº. ..., com sede na rua ..., nº. ..., bairro ..., cidade ... – Estado ..., endereço eletrônico..., por seu advogado que esta subscreve, conforme o incluso instrumento de procuração, com endereço ..., local indicado para receber intimações, vem, respeitosamente, à presença de Vossa Excelência, propor a presente

AÇÃO DIRETA DE INCONSTITUCIONALIDADE POR OMISSÃO

com fundamento nos arts. 102, I, 103, IX, e 103, § 2º, da CRFB e na Lei nº 9.868/1999, em face da ausência de Lei Complementar regulamentando o § 4º do art. 4º da CRFB, nos termos a seguir expostos.

Da Legitimidade Ativa da Requerente

A requerente tem legitimidade ativa para a propositura da presente ação direta de inconstitucionalidade por omissão. É confederação sindical de âmbito nacional, autorizada pelo artigo 103, inciso IX, da Constituição Federal a ajuizar perante o Supremo Tribunal Federal a ação direta de inconstitucionalidade por omissão.

Conforme se depreende dos seus atos constitutivos, que instruem a presente inicial, a requerente é confederação sindical de âmbito nacional ligada à atividade da saúde. Há pertinência temática, entre a atividade desenvolvida pela autora e o objeto da presente ação de controle de inconstitucionalidade por omissão. Grande parte de seus associados são profissionais da saúde ligados ao serviço público que, no desempenho de suas funções, estão em contato com agentes nocivos causadores de moléstias humanas, bem como materiais e objetos contaminados. Não podem, no entanto, gozarem do direito fundamental consagrado pelo § 4º do artigo 40 da Constituição Federal em razão da omissão legislativa.

Da Inconstitucionalidade por omissão

O § 4º do artigo 40 da Constituição Federal de 1988 consagra aposentadoria especial para portadores de deficiência; pessoas que exerçam atividade de risco; e pessoas que exerçam atividade sob condições especiais que prejudiquem a saúde ou a integridade física, nos seguintes termos:

> "§ 4º: É vedada a adoção de requisitos e critérios diferenciados para a concessão de aposentadoria aos abrangidos pelo regime de que trata esse artigo, ressalvados, nos termos definidos em lei complementares, os casos dos servidores:
>
> I – portadores de deficiência;
>
> II – Que exerçam atividade de risco;
>
> III – cujas atividades sejam exercidas sob condições especiais que prejudiquem a saúde ou a integridade física."

A norma constitucional em questão, conforme a clássica classificação de José Afonso da Silva, é uma norma constitucional de eficácia limitada. A sua eficácia depende de uma lei infraconstitucional que regulamente o direito fundamental em questão. Sem a lei complementar exigida pelo texto constitucional não há como o servidor público gozar do direito a aposentadoria especial.

A omissão legislativa por parte do Congresso Nacional gera a inconstitucionalidade por omissão.

O texto constitucional como um direito fundamental, a aposentadoria especial em razão de atividades exercidas sob condições especiais que prejudiquem a saúde ou a integridade física do servidor público, o que é o caso de grande parte dos profissionais da saúde que compõem os quadros associativos da autora. A omissão constitucional, no entanto, impede o gozo deste direito por parte dos servidores públicos.

Há, portanto, evidente inconstitucionalidade por omissão, em razão da inexistência de lei complementar regulamentando o inciso III do § 4º do artigo 40 da Constituição Federal.

Do Pedido

Ante inconstitucionalidade por omissão de lei complementar para tornar efetivo o inciso III do § 4º do artigo 40 da Constituição Federal, a Confederação Nacional dos Trabalhadores da Saúde – CNTS requer sejam solicitadas informações ao Congresso Nacional, bem como a intervenção do Procurador-Geral da República e do Advogado-Geral da União, nos termos do artigo 12-E da Lei nº 9.868/1999.

Ao final, a Confederação Nacional dos Trabalhadores da Saúde – CNTS requer seja a presente ação direta de inconstitucionalidade por omissão julgada procedente, dando ciência ao Congresso Nacional da referida omissão legislativa para que tome as providências para afastar a omissão normativa.

Dá-se à causa, para efeitos procedimentais, o valor de ... .

Termos em que,
pede deferimento.

Local ... data ...

Advogado ...
OAB nº ...

4. Ação Declaratória de Constitucionalidade – ADC

Fundamento Constitucional e Legal

Fundamento Constitucional: art. 102, I, "a", § 2º:

> Art. 102: Compete ao Supremo Tribunal Federal, precipuamente, a guarda da Constituição, cabendo-lhe:
>
> I – processar e julgar, originariamente:
>
> a) a ação direta de inconstitucionalidade de lei ou ato normativo federal ou estadual e a ação declaratória de constitucionalidade de lei ou ato normativo federal;
>
> (...)
>
> § 2º: As decisões definitivas de mérito, proferidas pelo Supremo Tribunal Federal, nas ações diretas de inconstitucionalidade e nas ações declaratórias de constitucionalidade produzirão eficácia contra todos e efeito vinculante, relativamente aos demais órgãos do Poder Judiciário e à administração pública direta e indireta, nas esferas federal, estadual e municipal.

Regulamentação legal

A ação declaratória de constitucionalidade, assim como a ação direta de inconstitucionalidade genérica e a ação direta de inconstitucionalidade por omissão, é regulamentada pela Lei nº 9.868, de 10 de novembro de 1999.

A estrutura da citada lei pode assim ser dividida:

a) arts. 2º a 12: regulamentação da ADI;
b) arts. 12-A a 12-H: regulamentação da ADO;
c) arts. 13 a 21: regulamentação da ADC;
d) arts. 22 a 31: disposições comuns a ADI, ADO e ADC.

Competência

Em se tratando de ação de controle concentrado de constitucionalidade, a competência é única e exclusiva do Supremo Tribunal Federal quando o parâmetro de constitucionalidade for a Constituição Federal, devendo ser julgada pelo pleno (devem participar do julgamento todos os 11 ministros do Supremo Tribunal Federal).

Finalidade

As leis e os atos normativos gozam de presunção de constitucionalidade. Esta presunção, no entanto, é relativa. Pairando sobre a norma controvérsia judicial relevante quanto à sua constitucionalidade, a ação declaratória de constitucionalidade tem por finalidade colocar fim a esta controvérsia.

Esta ação busca do Supremo Tribunal Federal uma declaração com eficácia *erga omnes*, tornando a presunção que antes era relativa em absoluta.

Controvérsia Judicial

Paulo Gustavo Gonet Branco e Gilmar Mendes esclarecem que só há que se cogitar em uma ação de controle abstrato para declarar a constitucionalidade de uma norma se sobre ela houver um "estado de incerteza gerado por dúvidas ou controvérsias sobre a legitimidade da lei".[39]

Pronunciamentos contraditórios acerca da constitucionalidade da lei em sede de jurisdição comum demonstram este estado de incerteza e dúvidas sobre a lei. Conforme já salientado, a declaração de inconstitucionalidade no sistema difuso, incidental, produz efeitos apenas *intra partes*. O magistrado, ao declarar a lei inconstitucional, não a retira do mundo jurídico, apenas deixa de aplicá-la no caso concreto. Há a possibilidade, portanto, de decisões emanadas de vários órgãos do Poder Judiciário contraditórias em relação à constitucionalidade de determinada norma.

39 BRANCO, Paulo Gustavo Gonet; MENDES, Gilmar Ferreira. op. cit., p. 1.144.

Há que se esclarecer que a divergência, controvérsia doutrinária acerca da constitucionalidade de determinada lei, não enseja a propositura da ação declaratória de constitucionalidade, pois não obsta a aplicação da lei.

> "Assim, a exigência de *demonstração de controvérsia judicial* há de ser entendida, nesse contexto, como atinente à *existência de controvérsia jurídica* relevante, capaz de afetar a presunção de legitimidade da lei e, por conseguinte, a eficácia da decisão legislativa".[40]

Objeto da ADC

Podem ser objeto de ADC leis ou atos normativos *federais*. A Constituição não possibilitou a ação declaratória de constitucionalidade de leis e atos normativos Estaduais, Distritais e Municipais.

Conforme assinala Alexandre de Moraes:

> A ação direta de inconstitucionalidade, a partir da edição da Lei nº 9.868/1999, tem natureza dúplice, pois sua decisão de mérito acarreta os mesmos efeitos, seja pela procedência (inconstitucionalidade), seja pela improcedência (constitucionalidade), desde que proclamada pela maioria absoluta dos ministros do Supremo Tribunal Federal.

Dessa forma, é possível afirmar que as ações diretas de inconstitucionalidade e declaratórias de constitucionalidade são "ações de sinais trocados", pois ambas têm natureza dúplice e a procedência de uma equivale – igualmente – à improcedência da outra e vice-versa.[41]

Desta forma, têm por objeto na ação declaratória de constitucionalidade as mesmas espécies normativas da ação direta de inconstitucionalidade, desde que expedidas no âmbito da competência da União.

Legitimidade ativa

Os legitimados para a propositura da ADC estão elencados no art. 103 da CRFB, cujo rol é exaustivo. São os mesmos legitimados para a propositura da ADI:

1. Presidente da República;
2. Mesa do Senado Federal;
3. Mesa da Câmara dos Deputados;
4. Procurador-Geral da República;
5. Partido Político com representação no Congresso Nacional;
6. Conselho Federal da OAB;
7. Mesa da Assembleia Legislativa ou da Câmara Legislativa do Distrito Federal;
8. Governador do Estado e do Distrito Federal;
9. Confederação sindical ou entidade de classe de âmbito nacional.

CUIDADO!!!: O candidato deve estar atento, embora o art. 13 da Lei nº 9.868/1999 legitime para a propositura da ADC somente o Presidente da República, a mesa da Câmara dos Deputados, a mesa do Senado Federal e o Procurador da República, a EC nº 45 de 2004 equiparou o rol de legitimados para ADI e ADC.

As mesmas observações realizadas em relação aos legitimados para a propositura da ADI devem ser observadas para a propositura da ADC, em especial no que diz respeito a legitimação universal/necessidade de demonstração de pertinência temática e capacidade postulatória.

Legitimidade passiva

Trata-se de ação de controle concentrado, de processo objetivo. Busca-se a declaração de constitucionalidade de lei federal. Não há réus no polo passivo.

40 Ibid., p. 1.146.
41 MORAES, Alexandre de. op. cit., p. 762.

Da Petição Inicial

A petição inicial da ação declaratória de constitucionalidade deve ser endereçada ao Ministro Presidente do Supremo Tribunal Federal.

Além dos requisitos exigidos pelo art. 319 do NCPC, o art. 14 da Lei nº 9.868/1999 exige:

- A indicação dos dispositivos da lei ou ato normativo questionados – a petição inicial deve destacar de forma expressa os dispositivos da lei ou ato normativo sobre o qual recai o pedido de declaração de constitucionalidade.
- Fundamentos jurídicos dos pedidos em relação a cada um dos questionamentos – a petição inicial deve demonstrar a constitucionalidade dos dispositivos questionados.
- O Pedido com as suas especificações – requisito de toda petição inicial é o pedido, de forma inequívoca e expressa. Na ADC também deve haver o pedido expresso, que é a declaração de constitucionalidade da lei ou ato normativo questionado. Além disso, se o autor deseja que o STF declare a constitucionalidade mediante interpretação conforme, sem redução de texto, deve assim pedir, de forma expressa na petição inicial. Se for o caso, deve haver pedido expresso de concessão de medida cautelar.

IMPORTANTE: no processo civil comum, a petição limita a atuação do Judiciário, que de regra está adstrito aos fatos e fundamentos jurídicos apresentados na inicial. A peça inaugural, portanto, delimita a atuação do Judiciário. Em se tratando de controle concentrado de constitucionalidade, no entanto, o Supremo Tribunal Federal não fica adstrito às argumentações apresentadas pelo autor na inicial da ADC. Pode o Supremo Tribunal Federal declarar a inconstitucionalidade por argumentos não apresentados pela inicial.

A inicial deverá ser instruída com os seguintes documentos:

- duas cópias da inicial;
- cópia da lei ou do ato normativo questionado;
- documentos necessários para demonstração constitucionalidade da lei questionada;
- Procuração, com poderes específicos (em se tratando de partidos políticos com representação no Congresso Nacional, Confederações sindicais e entidades de classe de âmbito nacional).

Embora o parágrafo único do art. 14 não mencione, a petição inicial da ADC deve estar instruída da documentação que demonstre a controvérsia judicial, como, por exemplo, cópia das decisões de tribunais de diversos Estados da Federação.

Indeferimento da Petição Inicial

O art. 15 da Lei nº 9.868/1999 disciplina as hipóteses de indeferimento da petição inicial:

- quando a petição inicial for inepta;
- quando não fundamentada – deve haver a demonstração da constitucionalidade da lei ou atos normativos questionados, bem como demonstrada a controvérsia judicial;
- quando manifestamente improcedentes – a alegação de constitucionalidade de normas pré-constitucionais, normas já revogadas, por exemplo.

A rejeição, nestes casos, ocorrerá liminarmente pelo relator. Caberá, neste caso, recurso de agravo.

Desistência

O art. 16 veda de forma expressa a desistência da ação. Frisa-se, mais uma vez, não se trata de defesa de direitos subjetivos. Os entes elencados no rol do art. 103 da CFRB são legitimados, autorizados a ajuizar a ADC, mas não configuram titulares de direitos a serem discutidos na ação. Desta forma, não se pode desistir de algo que não lhe pertence (a constitucionalidade ou inconstitucionalidade de atos normativos). Como guardião da Constituição, o Supremo Tribunal Federal processará a ação até o seu julgamento de mérito.

Amicus Curiae

A Lei nº 9.868/1999, a exemplo da disciplina legal destinada à ação direta de inconstitucionalidade, no seu art. 18, prescreveu que "não se admitirá intervenção de terceiros no processo de ação declaratória de constitucionalidade". Percebe-se, nitidamente, que esse dispositivo equivale ao *caput* do art. 7º do mesmo diploma legal. A Lei nº 9.868/1999 não traz, para a ação declaratória de constitucionalidade, no entanto, a possibilidade de intervenção do *amicus curiae*, como fez no § 2º do art. 7º.

O dispositivo legal que permitia a presença do *amicus curiae* no processo constitucional da ação declaratória de constitucionalidade (com redação idêntica ao § 2º do art. 7º) foi objeto de veto presidencial.[42]

No entanto, entendemos que a ausência de previsão legislativa expressa não constitui óbice para a participação do instituto do *amicus curiae* na ação declaratória de constitucionalidade.

A ação direta de inconstitucionalidade e a ação declaratória de constitucionalidade são ações que se equivalem. Em razão da "*causa petenti* aberta"[43] nas ações de controle concentrado de constitucionalidade, a procedência de uma equivale a improcedência da outra. São ações de "sinal trocado", de *caráter dúplice*:

> Além de sua semelhança estrutural ("sinal trocado"), cada uma das ações é de *caráter dúplice* (ambivalente). Podem resultar na decisão de inconstitucionalidade e também na declaração-confirmação de constitucionalidade. [...] a ADIn julgada improcedente não se limita a indeferir o pedido. Ao mesmo tempo, a ADC indeferida não se limita a negar a confirmação da inconstitucionalidade. Declara a inconstitucionalidade da norma. Com uma terminologia mais popular, ambas as ações funcionam como "facas de dois gumes", tendo um resultado mais forte que a simples negação do pedido.[44]

Desta forma, o § 2º do art. 7º da Lei nº 9.868/1999 pode ser aplicado, de forma analógica, a permitir que no processamento da ação declaratória de constitucionalidade haja a intervenção do *amicus curiae*. Conforme assinalam Gilmar Mendes e Ives Gandra da Silva Martins, "essa natureza idêntica recomenda a adoção de procedimentos assemelhados numa e noutra ação."[45]

Conforme assinala Cassio Scarpinella Bueno, "a utilidade da intervenção do *amicus curiae* deriva muito mais do próprio sistema constitucional e de um novo paradigma de interpretação, compreensão e sistematização do direito, do que, propriamente, do texto (expresso) da lei."[46]

A aplicação do instituto do *amicus curiae* no processo constitucional da ação declaratória de constitucionalidade decorre de uma interpretação sistemática da Lei nº 9.868/1999. Desta forma, aplica-se à ADC as mesmas regras pertinentes à ADI em relação a prazo para ingresso, momento processual de manifestação, sustentação oral e capacidade recursal.

Procedimento

O procedimento da ADC é disciplinado pelos arts. 19 e 20 da Lei nº 9.868/1999.

- Recebimento da inicial;
- Manifestação do Procurador-Geral da República na função de *custos legis*;
- Possibilidade de apurações fáticas, a critério do relator;
- Julgamento do mérito.

Apurações fáticas (art. 20)

A Lei nº 9.868/1999 possibilita ao relator esclarecer matéria ou circunstância de fato ou de notória insuficiência de informação nos autos. Antes de levar o processo à pauta de julgamento, o relator poderá:

- requisitar informações adicionais, designar perito ou comissão de peritos para que emita parecer sobre a questão;
- fixar data para, em audiência pública, ouvir depoimentos de pessoas com experiência e autoridade na matéria;
- solicitar informações aos Tribunais Superiores, aos Tribunais federais e aos Tribunais estaduais acerca da aplicação da norma impugnada no âmbito de sua jurisdição.

---

42 A redação do § 2º do art. 18, objeto de veto presidencial, era a seguinte: "O relator, considerando a relevância da matéria e a representatividade dos postulantes, poderá, por despacho irrecorrível, admitir, observado o prazo estabelecido no parágrafo anterior, a manifestação de outros órgãos ou entidades".

43 O Supremo Tribunal Federal não fica restrito aos argumentos apresentados na petição inicial para proceder ao controle de constitucionalidade: "É interessante notar que, a despeito da necessidade legal da indicação dos fundamentos jurídicos na petição inicial, não está o STF a eles vinculado na apreciação que faz da constitucionalidade dos dispositivos questionados (princípio *da causa petendi* aberta). MENDES, Gilmar Ferreira; MARTINS, Ives Gandra da Silva. op. cit., p. 241.

44 DIMOULIS, Dimitri; LUNARDI, Soraya. *Curso de processo constitucional*. 1. ed. São Paulo: Atlas, 2011. p. 144.

45 MENDES, Gilmar Ferreira; MARTINS, Ives Gandra da Silva. *Controle concentrado de constitucionalidade: comentários à Lei nº 9.868, de 10-11-1999*. 2. ed. São Paulo: Saraiva, 2005. p. 379.

46 BUENO, Cassio Scarpinella. op. cit., p. 187.

Função do Procurador-Geral da República

Art. 103, § 1º, da CRFB: "O Procurador-Geral da República deverá ser previamente ouvido nas ações de inconstitucionalidade e em todos os processos de competência do Supremo Tribunal Federal".

Além de legitimado para propositura da ADC, o Procurador-Geral da República deve atuar no feito, com função fiscalizadora da lei, na qualidade de *custos legis*.

Ainda que tenha proposto a ação pugnando pela declaração de inconstitucionalidade, pode em seu parecer posterior, em razão da sua função fiscalizadora e da independência funcional do Ministério Público, opinar pela improcedência da ADC.

Função do Advogado-Geral da União

Em se tratando de ação de controle abstrato com pedido de declaração de constitucionalidade, não há participação do Advogado-Geral da União. A sua função na ADI é a de *defensor legis* da norma impugnada. A ADC não há norma impugnada, não há norma a ser defendida, tendo em vista que o próprio autor da ação já defende a constitucionalidade da lei ou ato normativo objeto da ação.

Medida Cautelar (art. 21)

Presentes o *periculum in mora* e o *fumus boni iuris*, é possível a concessão de medida cautelar para suspender o julgamento dos processos que envolvam a aplicação da lei ou do ato normativo objeto da ação até o seu julgamento.

Presentes, no mínimo, 8 ministros (art. 21 c/c art. 22), a medida cautelar deve ser concedida pela maioria absoluta do tribunal (6 ministros).

Quando a medida cautelar for concedida por decisão monocrática, deverá ser referendada pelo pleno do STF.

A concessão da medida cautelar implica determinação para os juízes e tribunais inferiores que suspendam o andamento dos processos em que envolvam a aplicação da norma objeto da ação declaratória de constitucionalidade.

Concedida a cautelar, a decisão que a concedeu deve ser publicada em 10 dias, devendo o Supremo Tribunal Federal julgar o mérito da ação declaratória de constitucionalidade no prazo de 180 dias, sob pena de perda da eficácia da medida cautelar.

> **ATENÇÃO:** O candidato deverá estar atento sempre que o caso prático mencionar que a peça cabível deverá observar a "tutela de urgência", devendo constar da inicial o pedido de medida cautelar.

Decisão de mérito

O art. 22 da Lei nº 9.868/1999 exige quórum de 8 ministros para a instalação da sessão de julgamento da ADC.

A decisão de mérito pela inconstitucionalidade, ou constitucionalidade, deverá ser proferida pela maioria absoluta dos membros do STF (6 votos), conforme determinação do art. 23.

O art. 24 da Lei nº 9.868/1999 explicita o caráter ambivalente entre a ação direta de inconstitucionalidade e a ação declaratória de constitucionalidade:

> Art. 24. Proclamada a constitucionalidade, julgar-se-á improcedente a ação direta ou procedente eventual ação declaratória; e, proclamada a inconstitucionalidade, julgar-se-á procedente a ação direta ou improcedente eventual ação declaratória.

A improcedência da ADI equivale à proclamação de procedência da ADC, e vice-versa.

Efeitos da declaração de inconstitucionalidade

Declarada a inconstitucionalidade da norma objeto da ADC pelo Tribunal, esta declaração tem eficácia *erga omnes* com efeitos *ex tunc*.

O Tribunal, no entanto, por maioria de *dois terços* de seus membros (8 ministros) por razões de *segurança jurídica* ou de *excepcional interesse social*, poderá modular os efeitos da decisão, restringindo os efeitos da declaração de inconstitucionalidade ou decidir que ela só tenha eficácia a partir de seu trânsito em julgado (eficácia *ex nunc*), ou de outro momento que venha a ser fixado (eficácia *pro futuro*).

A decisão de procedência, declarando a constitucionalidade da norma, tem eficácia *erga omnes*, tornando definitiva a presunção de constitucionalidade da lei.

O art. 26 da Lei nº 9.868/1999 determina a irrecorribilidade da decisão que declarar a inconstitucionalidade ou constitucionalidade da norma impugnada:

> A decisão que declarar a constitucionalidade ou a inconstitucionalidade da lei ou do ato normativo em ação direta ou em ação declaratória é irrecorrível, ressalvada a interposição de embargos declaratórios, não podendo, igualmente, ser objeto de ação rescisória.

ESTRUTURA DA PETIÇÃO INICIAL DA ADC	
Endereçamento:	Excelentíssimo Senhor Ministro Presidente do Supremo Tribunal Federal.
Legitimação Ativa:[47]	Partido político com representação no Congresso Nacional; Confederação Sindical e Entidades de Classe de âmbito nacional – demonstração da pertinência temática.
Legitimação Passiva:	Em se tratando de processo objetivo, não há polo passivo.
Fundamentação:	Indicação da norma questionada, demonstrando a sua constitucionalidade. Demonstração da controvérsia judicial acerca da constitucionalidade de determinada norma.
Da Liminar:	Demonstração da necessidade de concessão de medida cautelar para suspender os processos em instâncias inferiores onde envolvam a aplicação da norma questionada, objeto de declaração de constitucionalidade; Demonstração do *periculum in mora* e do *fumus boni iuris*.
Requerimentos:	A intimação do Procurador-Geral da República para que se manifeste no feito;
Pedido:	A concessão da medida cautelar, determinando os juízes e tribunais inferiores que suspendam o processo onde envolva a aplicação da norma impugnada, até o julgamento final; No mérito, a procedência da ação declaratória de constitucionalidade, declarando-se constitucional a norma questionada.

CASO PRÁTICO
O Congresso Nacional aprovou, e o Presidente da República sancionou a Lei Complementar "X", modificando dispositivos "xyz" do Código Civil. Um ano após, o Presidente da República edita medida provisória "W" modificando novamente o Código Civil, alterando a redação dos dispositivos "xyz" com a redação dada pela Lei Complementar "X". Em sede de controle concreto de constitucionalidade alguns juízes e tribunais da Federação têm declarado inconstitucional referida medida provisória "W". A fundamentação para referida declaração incidental de inconstitucionalidade tem como fundamento o art. 62, § 1º, III, da CRFB. O diretório nacional do partido "XPTÓ", partido político que possui um único deputado federal na Câmara dos Deputados lhe procura, na qualidade de advogado, com a intenção de ajuizar medida judicial que coloque fim à controvérsia judicial sobre a constitucionalidade da medida provisória "W" em vigor, com a declaração de sua constitucionalidade. Na qualidade de advogado elabore a peça cabível, observando: a) Competência do Juízo; b) Legitimidade ativa e passiva; c) Fundamentos de mérito constitucionais e legais vinculados; d) Requisitos legais da peça; e) Tutela de urgência.

ESQUELETO DA PEÇA
Endereçamento: Ministro Presidente do Supremo Tribunal Federal. **Resumo dos Fatos:** Os artigos "xyz" do Código Civil foram modificados pela Lei Complementar "X". Posteriormente, a medida provisória "W" modificou os mesmos dispositivos do Código Civil. Há uma controvérsia judicial acerca da constitucionalidade da medida provisória "W". **Ação:** Ação declaratória de constitucionalidade.

47 Conforme já explicitado, o art. 103 da CRFB disciplina outros legitimados. No entanto, os demais não necessitam de representação por advogado, razão pela qual não estão destacados nesta estrutura de petição inicial.

ESQUELETO DA PEÇA

Legitimidade ativa: Partido Político "XPTÓ", que possui representação no Congresso Nacional.

Legitimidade passiva: processo objetivo, não há réus.

Fundamentos: constitucionalidade da medida provisória "W". O Código Civil é de competência legislativa federal (art. 22, I, da CRFB). Não é, no entanto, matéria sujeita ao procedimento legislativo de lei complementar, mas de lei ordinária. Embora aprovada sob a rubrica de lei complementar, na sua essência é uma lei ordinária. Desta forma, pode ser alterada por medida provisória. A medida provisória "W" é, portanto, constitucional.

Medida Cautelar: demonstração do *periculum in mora* e do *fumus boni iuris* para que o Supremo Tribunal Federal determine que os juízes e os tribunais suspendam o julgamento dos processos que envolvam a aplicação da medida provisória "W" até o julgamento definitivo da ação declaratória de constitucionalidade.

Requerimentos: intervenção do Procurador-Geral da República.

Pedido: concessão da medida cautelar nos termos do art. 21 da Lei nº 9.868/1999; declaração de constitucionalidade da lei estadual.

MODELO

Excelentíssimo Senhor Ministro Presidente do Supremo Tribunal Federal

Partido Político "XPTÓ", pessoa jurídica de direito privado, inscrita no CNPJ/MF sob o nº. ..., e no Tribunal Superior Eleitoral sob o nº ..., por seu Diretório Nacional, com sede na rua ..., nº ..., bairro ..., cidade ... – Estado ..., endereço eletrônico ..., por seu advogado que esta subscreve, conforme o incluso instrumento de procuração, com endereço ..., local indicado para receber intimações, vem, respeitosamente, à presença de Vossa Excelência, , propor a presente

AÇÃO DECLARATÓRIA DE CONSTITUCIONALIDADE COM PEDIDO DE CAUTELAR

com fundamento nos arts. 103, VIII, e 102, I, "a", da CRFB e na Lei nº 9.868/1999, em defesa da Medida Provisória "X", nos termos a seguir expostos.

Da Legitimidade Ativa do Requerente

O requerente é legitimado ativo para a propositura da presente ação declaratória de constitucionalidade. Possui representante no Congresso Nacional, em especial na Câmara dos Deputados, uma vez que o deputado ... é filiado ao partido autor da presente ação declaratória de constitucionalidade.

Conforme entendimento pacificado neste Supremo Tribunal Federal, os partidos políticos com representação no Congresso Nacional possuem pertinência temática universal para a propositura das ações diretas de controle de constitucionalidade.

Da Controvérsia Judicial acerca da Constitucionalidade da Medida Provisória "W"

A Medida Provisória "W", objeto da presente ação declaratória de constitucionalidade, modificou os dispositivos "xyz" do Código Civil Brasileiro. Ocorre, entretanto, que estes dispositivos legais, há um ano, haviam tido a sua redação determinada pela Lei Complementar "X".

Instalou-se na Federação, mediante o controle incidental de constitucionalidade das leis controvérsia a respeito da constitucionalidade da Medida Provisória "W".

Não obstante alguns juízes e tribunais estejam aplicando a Medida Provisória para a solução dos litígios que são apresentados perante o Poder Judiciário, outros juízes e tribunais têm afastado a norma, sob o argumento da sua inconstitucionalidade.

Conforme é possível perceber pelas decisões que acompanham esta inicial, os juízes e tribunais que decidem pela inconstitucionalidade da Medida Provisória "W" têm assim decidido com base na inconstitucionalidade formal nos termos do artigo 62, § 1º, III, da Constituição Federal.

A controvérsia constitucional demonstrada autoriza a presente ação declaratória de constitucionalidade. A Medida Provisória "W", no entanto, é perfeitamente compatível com a Constituição Federal, não havendo inconstitucionalidade.

Da Constitucionalidade da Medida Provisória "W"

A Lei Complementar é espécie normativa primária destinada a matérias determinadas de forma específica pela Constituição Federal. É o Poder Constituinte quem determina quais os assuntos devam ser legislados por meio de Lei Complementar, não cabendo ao legislador infraconstitucional decidir de forma diversa.

A competência legislativa para a elaboração do Código Civil, como Direito Civil, é determinada pelo inciso I do artigo 22 da Constituição Federal. Não há neste dispositivo constitucional nenhuma determinação para que fosse por meio de lei complementar. O Direito Civil não é, portanto, matéria reservada à lei complementar, mas sim à lei ordinária.

Não obstante o Código Civil brasileiro tenha sido modificado por espécie normativa sob a rubrica de "lei complementar 'x'", na sua essência esta norma na realidade é uma lei ordinária. Ainda que tenha sido publicada e promulgada como lei complementar, na sua essência não o é, porque disciplina matéria que não é destinada à lei complementar, mas à lei ordinária.

Desta forma, a Medida Provisória "W", ao alterar os dispositivos "xyz" do Código Civil, cuja redação havia sido determinada pela Lei Complementar "X", não violou o disposto no inciso III do § 1º do artigo 62 da Constituição Federal, uma vez que a Lei Complementar "X" é, na realidade, uma lei ordinária.

Não há que se falar, portanto, de inconstitucionalidade da Medida Provisória "W".

Da Medida Cautelar

É necessária a concessão de medida cautelar para determinar que os juízes e tribunais suspendam o julgamento dos processos que envolvam a aplicação da Medida Provisória "W" até o julgamento definitivo da presente ação declaratória de constitucionalidade, sob pena de danos irreversíveis ao Estado democrático de direito.

O "periculum in mora" se faz presente, uma vez que, se a tutela de urgência não for concedida, os juízes e tribunais inferiores, motivados pela controvérsia constitucional que se instaurou sobre a constitucionalidade da norma questionada, poderão deixar de aplicá-la na solução dos casos concretos, por meio do controle difuso de constitucionalidade.

O "fumus boni iuris", por seu turno, resta evidente pela constitucionalidade da norma objeto da presente ação declaratória de constitucionalidade, uma vez que o direito civil não é matéria reservada de lei complementar.

Presentes, portanto, os requisitos de tutela de urgência para a suspensão do julgamento dos processos que envolvam a aplicação da Medida Provisória "W" até a decisão de mérito da presente ação declaratória de constitucionalidade, nos termos do artigo 21 da Lei nº 9.868/1999.

Do Pedido

Ante a constitucionalidade da Medida Provisória "W", o partido "XPTÓ" requer a concessão da medida cautelar nos termos acima formulados para suspender os julgamentos dos feitos onde se discute a aplicação da norma questionada.

Requer a intervenção do Procurador-Geral da República e do Advogado-Geral da União, conforme dispõe o § 1º do artigo 103 da Constituição Federal de 1988, e o artigo 19 da Lei nº 9.868/1999.

Ao final, o partido "XPTÓ" requer seja a presente ação declaratória de constitucionalidade julgada procedente, declarando a constitucionalidade da Medida Provisória "W".

Dá-se à causa, para efeitos procedimentais, o valor de ... .

Termos em que,
pede deferimento.

Local ..., data ...

Advogado ...
OAB nº ...

5. Arguição de Descumprimento de Preceito Fundamental – ADPF

Fundamento Constitucional e Legal

Fundamento Constitucional: art. 102, § 1º:

> § 1º A arguição de descumprimento de preceito fundamental, decorrente desta Constituição, será apreciada pelo Supremo Tribunal Federal, na forma da lei.

Regulamentação legal:

O § 1º do art. 102 da CRFB é norma de eficácia limitada. Não produz efeitos enquanto não for regulamentada pela norma infraconstitucional reclamada pela própria Constituição. Esta regulamentação ocorreu com a promulgação da Lei nº 9.882/1999, que regulamenta o processamento da Arguição de Descumprimento de Preceito Fundamental.

Competência

Conforme estabelecido no § 1º do art. 102 da CRFB e do art. 1º da Lei nº 9.882/1999, é competente para processamento e julgamento da Arguição de Descumprimento de Preceito Fundamental o Supremo Tribunal Federal.

Preceito fundamental

O que é preceito fundamental? O constituinte originário não definiu o conteúdo da expressão "preceito fundamental", deixando para o legislador tal tarefa. A Lei nº 9.882/1999, no entanto, também não o fez. Restam à doutrina e à jurisprudência a difícil missão de explicar o conteúdo da expressão em questão.

Uadi Lammêgo Bulos assevera que:

> Qualificam-se de fundamentais os grandes preceitos que informam o sistema constitucional, que estabelecem comandos basilares e imprescindíveis à defesa dos pilares da manifestação constituinte originária.
>
> Podem ser consideradas *preceitos fundamentais* as diretrizes insculpidas no pórtico do art. 1º da Constituição de 1988, quais sejam, a soberania, a cidadania, a dignidade da pessoa humana, os valores sociais do trabalho, da livre iniciativa, do pluralismo político. [48]

Paulo Roberto de Figueiredo Dantas esclarece que:

> Preceitos fundamentais são os princípios e regras da Constituição que tratam da organização fundamental do ente estatal, e que podem ser denominadas de normas materialmente constitucionais, que disciplinam temas essencialmente constitucionais.
>
> Podem ser definidos, portanto, como os princípios e regras da Constituição indispensáveis à caracterização e existência do ente estatal, notadamente as relativas aos seus princípios fundamentais, à sua estrutura, forma de Estado e de governo, regime político, modo de aquisição e exercício do poder, estabelecimento de seus órgãos e fixação de suas competências, cláusulas pétreas, além dos direitos e garantias fundamentais.[49]

Não é qualquer preceito constitucional, mas aquele que é fundamental para a configuração dos valores tutelados constitucionalmente.

Finalidade

Conforme assinala Paulo Hamilton Siqueira Junior, "a finalidade da arguição de descumprimento de preceito fundamental é a defesa da integridade e preservação da Constituição, no que se refere aos preceitos

48 BULOS, Uadi Lammêgo. *Curso de direito constitucional.* 4. ed. São Paulo: Saraiva, 2009. p. 243.

49 DANTAS, Paulo Roberto de Figueiredo. *Direito processual constitucional.* 2. ed. São Paulo: Atlas, 2010. p. 268.

fundamentais, evitando ou reparando lesões a princípios, direitos e garantias fundamentais previstos e consagrados no texto constitucional".[50]

ADPF autônoma

A doutrina denomina *ADPF autônoma* aquela disciplinada no art. 1º, *caput*, da Lei nº 9.882/1999:

> Art. 1º A arguição prevista no § 1º do art. 102 da Constituição Federal será proposta perante o Supremo Tribunal Federal, e terá por objeto *evitar* ou *reparar* lesão a preceito fundamental, resultante de *ato* do Poder Público (grifamos)

A arguição de descumprimento de preceito fundamental autônoma poderá ser preventiva ou repressiva, e terá como objeto ato do Poder Público. Será de caráter preventivo quando se destinar a evitar lesão a preceito fundamental consagrado na Constituição Federal por ato do Poder Público. Por seu turno, será repressiva quando tiver como finalidade reparar lesão já consumada de ato do Poder Público a preceito fundamental da Constituição.

ADPF por equiparação

A arguição por equiparação é aquela prevista no parágrafo único do art. 1º da Lei nº 9.882/1999:

> Parágrafo único. Caberá também arguição de descumprimento de preceito fundamental:
>
> I – quando for relevante o fundamento da *controvérsia constitucional* sobre lei ou ato normativo *federal*, *estadual* ou *municipal*, incluídos os *anteriores* à Constituição. (grifamos)

A ADPF por equiparação possibilita o controle abstrato de constitucionalidade de lei ou ato normativo, bem como atos da administração pública, de todas as esferas da Federação: federal, distrital, estadual e municipal, promulgados, inclusive, antes da Constituição Federal de 1988.

A doutrina denomina ADPF "por equiparação" a possibilidade da sua utilização como se fosse uma ação direta de inconstitucionalidade ou uma ação declaratória de constitucionalidade.

IMPORTANTE: A ação de controle concentrado que possibilita o controle de recepção e normas pré-constitucionais pela Constituição Federal de 1988 é a Arguição de Descumprimento de Preceito Fundamental.

Objeto da ADPF

Podem ser objeto de controle de constitucionalidade por meio de ADPF:

- Atos do Poder Público;
- Lei ou ato normativo Federal;
- Lei ou ato normativo Estadual;
- Lei ou ato normativo Distrital;
- Lei ou ato normativo Municipal.

Desde que violadores a preceito fundamental, e anteriores, ou não, à Constituição Federal de 1988.

Legitimidade ativa

O art. 2º da Lei nº 9.882/1999 disciplina que são legitimados para a propositura da arguição de descumprimento de preceito fundamental os mesmos legitimados para a ação direta de inconstitucionalidade:

1. Presidente da República;
2. Mesa do Senado Federal;
3. Mesa da Câmara dos Deputados;
4. Procurador-Geral da República;
5. Partido Político com representação no Congresso Nacional;
6. Conselho Federal da OAB;
7. Mesa da Assembleia Legislativa ou da Câmara Legislativa do Distrito Federal;
8. Governador do Estado e do Distrito Federal;
9. Confederação sindical ou entidade de classe de âmbito nacional.

50 SIQUEIRA JR, Paulo Hamilton. op. cit., p. 319.

As mesmas observações realizadas em relação aos legitimados para a propositura da ADI devem observadas para a propositura da ADPF, em especial no que diz respeito a legitimação universal/necessidade de demonstração de pertinência temática e capacidade postulatória.

Legitimidade passiva

Trata-se de ação de controle concentrado, de processo objetivo. Não há réus a serem indicados no polo passivo da arguição de descumprimento de preceito fundamental.

Da petição inicial

A petição inicial da arguição de descumprimento de preceito fundamental deve ser endereçada ao Ministro Presidente do Supremo Tribunal Federal.

Além dos requisitos exigidos pelo art. 319 do NCPC, o art. 3º da Lei nº 9.882/1999 exige:

- A indicação do preceito fundamental que se considera violado – o autor deve indicar de forma inequívoca o preceito constitucional fundamental supostamente violado;
- A indicação do ato questionado – a inicial deve individualizar o ato, seja ele do Poder Público, seja ele ato normativo de qualquer das esferas da federação violador do preceito fundamental;
- O pedido com as suas especificações – se presentes os requisitos, deve ser solicitada a concessão de medida cautelar; no mérito, é possível solicitar a declaração de constitucionalidade, de inconstitucionalidade, de recepção, ou não recepção de leis e atos normativos.
- Se for o caso, a comprovação da existência de controvérsia judicial relevante sobre a aplicação do preceito fundamental que se considera violado – se o pedido for para a declaração de constitucionalidade de lei, ato normativo eu ato do Poder Público, a semelhança do que ocorre com a ADC, deverá ser demonstrado relevante controvérsia judicial acerca do preceito fundamental que se considera violado.

IMPORTANTE: no processo civil comum, a petição limita a atuação do Judiciário, que de regra está adstrito aos fatos e fundamentos jurídicos apresentados na inicial. A peça inaugural, portanto, delimita a atuação do Judiciário. Em se tratando de controle concentrado de constitucionalidade, no entanto, o Supremo Tribunal Federal não fica adstrito às argumentações apresentadas pelo autor na inicial da ADPF. Pode o Supremo Tribunal Federal declarar a inconstitucionalidade por argumentos não apresentados pela inicial.

A inicial deverá ser instruída com os seguintes documentos:

- duas cópias da inicial;
- cópia do ato questionado;
- documentos necessários para demonstração da impugnação;
- procuração, com poderes específicos (em se tratando de partidos políticos com representação no Congresso Nacional, Confederações sindicais e entidades de classe de âmbito nacional).

Indeferimento da Petição Inicial

O art. 4º da Lei nº 9.882/1999 disciplina a hipótese de indeferimento da petição inicial:

- Quando não for o caso de arguição de descumprimento de preceito fundamental;
- Quando faltar um dos requisitos prescritos na Lei nº 9.882/1999;
- Quando a petição inicial for inepta.

A rejeição, nestes casos, ocorrerá liminarmente pelo relator. Caberá, neste caso, recurso de agravo.

Caráter subsidiário da ADPF

A arguição de descumprimento de preceito fundamental assume caráter subsidiário em relação às demais ações de controle concentrado, conforme determina o § 1º do art. 4º da Lei nº 9.882/1999:

> **§ 1º Não será admitida arguição de descumprimento de preceito fundamental quando houver qualquer outro meio eficaz de sanar a lesividade.**

A respeito da subsidiariedade adverte Paulo Roberto de Figueiredo Dantas:

> Entretanto, outra parte da doutrina, esta última já embasada na jurisprudência mais recente do Pretório Excelso, assevera que o caráter subsidiário da arguição de descumprimento de preceito fundamental deve levar em conta apenas os demais processos de natureza objetiva, ou seja, as ações que compõem o sistema de controle concentrado de constitucionalidade brasileiro, do qual também faz parte a ação ora em estudo.
>
> Assim, para essa corrente doutrinária, somente será cabível a utilização da arguição de descumprimento de preceito fundamental quando não houver, nos termos do art. 4º, § 1º, da lei de regência, outro meio eficaz de combater a lesão, dentre as ações constitucionais que compõem o controle concentrado, a saber: ação direta de inconstitucionalidade genérica, ação declaratória de constitucionalidade, ação direta de inconstitucionalidade interventiva e ação direta de inconstitucionalidade por omissão.[51]

Amicus Curiae

A Lei nº 9.882/1999 não prevê, de forma expressa, a intervenção do *amicus curiae*. Conforme assinala Cassio Scarpinella Bueno, não há "naquele diploma legislativo, com efeito, regra similar à constante do § 2º do art. 7º da Lei nº 9.868/99, para a ação direta de inconstitucionalidade".[52]

Cassio Scarpinella Bueno, contudo, não vê a ausência de previsão legal como óbice para a aplicação do instituto do *amicus curiae* no processamento da arguição de descumprimento de preceito fundamental:

> Considerando, contudo, que a arguição de descumprimento de preceito fundamental pode assumir feição de controle *abstrato e concentrado* de constitucionalidade e ter, por isso mesmo, efeitos *erga omnes* e efeitos vinculantes, não há como afastar a possibilidade de entidades de classe ou outros órgãos representativos de segmentos sociais pleitearem seu ingresso na qualidade de *amicus curiae*, fundamentando-se não só no art. 7º, § 2º, da Lei nº 9.868/1999, aplicável à espécie por evidente analogia, mas, superiormente, na ordem constitucional.[53]

A intervenção do *amicus curiae* é possível, portanto, em razão da aplicação analógica da Lei nº 9.868/1999 e, sobretudo, em razão à ordem constitucional que reclama uma pluralização do debate constitucional em sede de controle concentrado de constitucionalidade.

Procedimento (art. 5º)

- Recebimento da inicial;
- Prazo comum para manifestação acerca do pedido de liminar: órgãos ou autoridades responsáveis pelo ato impugnado, Advogado-Geral da União e Procurador-Geral da República;
- Julgamento da liminar;
- Informações dos órgãos e autoridades responsáveis pelos atos impugnados – prazo de 10 dias;
- Se o relator entender necessário, poderá solicitar novas informações; designar perito ou comissão de peritos para emitir parecer sobre a questão, designar data para audiência pública;
- Manifestação do Procurador-Geral da República – prazo de 5 dias.

Medida Cautelar (art. 6º da Lei nº 9.882/1999)

Presentes o *periculum in mora* e o *fumus boni iuris*, é possível a concessão de medida cautelar que poderá consistir na determinação de que juízes e tribunais suspendam o andamento de processo ou os efeitos de decisões judiciais, ou de qualquer outra medida que apresente relação com a matéria objeto da arguição de descumprimento de preceito fundamental, salvo se decorrentes da coisa julgada, até a decisão final.

Presentes, no mínimo, 8 ministros (art. 5º c/c art. 22), a medida cautelar deve ser concedida pela maioria absoluta do tribunal (6 ministros).

O § 1º do art. 5º estabelece que: "Em caso de extrema urgência ou perigo de lesão grave, ou ainda, em período de recesso, poderá o relator conceder a liminar, *ad referendum* do Tribunal Pleno."

---

51 DANTAS, Paulo Roberto de Figueiredo. op. cit., p. 276-277.
52 BUENO, Cassio Scarpinella. op. cit., p 190.
53 Ibid., p 191.

> **ATENÇÃO:** O candidato deverá estar atento sempre que o caso prático mencionar que a peça cabível deverá observar a "tutela de urgência", devendo constar da inicial o pedido de medida cautelar.

Decisão de mérito

O art. 8º da Lei nº 9.882/1999 exige quórum de 8 ministros para a instalação da sessão de julgamento da ADPF.

A decisão de mérito pela inconstitucionalidade ou constitucionalidade deverá ser proferida pela maioria absoluta dos membros do STF (6 votos).

Efeitos da declaração de inconstitucionalidade

Declarada a inconstitucionalidade da norma objeto da ADPF pelo Tribunal, esta declaração tem eficácia *erga omnes* com efeitos *ex tunc.*

O Tribunal, no entanto, por maioria de *dois terços* de seus membros (8 ministros) por razões de *segurança jurídica* ou de *excepcional interesse social*, poderá modular os efeitos da decisão, restringindo os efeitos da declaração de inconstitucionalidade ou decidir que ela só tenha eficácia a partir de seu trânsito em julgado (eficácia *ex nunc)*, ou de outro momento que venha a ser fixado (eficácia *pro futuro*), nos termos do art. 11 da Lei nº 9.882/1999.

O art. 12 da Lei nº 9.882/1999 determina a irrecorribilidade da decisão proferida em sede de arguição de descumprimento de preceito fundamental:

> A decisão que julgar procedente ou improcedente o pedido em arguição de descumprimento de preceito fundamental é irrecorrível não podendo ser objeto de ação rescisória.

Embora o dispositivo legal não tenha mencionado a possibilidade de embargos de declaração, o Supremo Tribunal Federal entende ser possível.[54]

ESTRUTURA DA PETIÇÃO INICIAL DA ADPF	
Endereçamento:	Excelentíssimo Senhor Ministro Presidente do Supremo Tribunal Federal.
Legitimação Ativa:[54]	▪ Partido político com representação no Congresso Nacional; ▪ Confederação Sindical e Entidades de Classe de âmbito nacional – demonstração da pertinência temática.
Legitimação Passiva:	▪ Em se tratando de processo objetivo, não há polo passivo.
Fundamentação:	▪ Indicação do preceito fundamental violado; ▪ A indicação do ato do Poder Público, da lei ou do ato normativo violador do preceito fundamental violado; ▪ Demonstração da divergência jurisprudencial, se for o caso.
Da Liminar:	▪ Demonstração da necessidade de concessão de medida cautelar para suspender: a) a vigência do ato do Poder Público; b) a vigência da norma impugnada; c) os processos em instâncias inferiores em que se discute a aplicação da lei ou ato normativo questionado pela ADPF; ▪ Demonstração do "periculum in mora" e do "fumus boni iuris".
Requerimentos:	▪ Intimação das autoridades e órgãos responsáveis pela emissão do ato normativo impugnado para que prestem informações; ▪ A intimação do Procurador-Geral da República para que se manifeste no feito;
Pedido:	▪ A concessão da medida cautelar, suspendendo os efeitos da norma impugnada até o julgamento de mérito; ▪ No mérito, a procedência da arguição de descumprimento de preceito fundamental, declarando-se: a) Constitucional / inconstitucional a norma impugnada; b) Recepcionada / não recepcionada a norma pré constitucional impugnada; c) Constitucional / constitucional o ato do Poder Público.

54 Conforme já explicitado, o art. 103 da CRFB disciplina outros legitimados. No entanto, os demais não necessitam de representação por advogado, razão pela qual não estão destacados nesta estrutura de petição inicial.

CASO PRÁTICO
Lei estadual, do Estado "W", publicada em 1987, estabeleceu que a remuneração dos servidores públicos ocupantes de cargo em comissão da autarquia "Y" devem ser remunerados por meio de múltiplos do salário mínimo, nacionalmente unificado. O partido político "X", que possui apenas um Senador da República no Senado Federal, entendendo que referida lei estadual contraria a Constituição Federal de 1988, pretende impugná-la, com efeitos *erga omnes*. Na qualidade de advogado(a) contratado(a) pelo partido político mencionado nessa situação hipotética, redija a peça jurídica mais adequada ao caso, de acordo com a jurisprudência majoritária do Supremo Tribunal Federal, atentando, necessariamente, para os seguintes aspectos: ▪ Competência do órgão julgador; ▪ Legitimidade ativa e passiva; ▪ Possibilidade de contestação judicial da constitucionalidade da referida lei estadual; ▪ Argumentos a favor da inconstitucionalidade da lei estadual; ▪ Requisitos formais da peça judicial proposta.

ESQUELETO DA PEÇA	
Endereçamento:	Ministro Presidente do Supremo Tribunal Federal.
Resumo dos Fatos:	Legislação estadual pré-constitucional que utiliza o salário mínimo com vinculação para salário de servidores da autarquia "Y".
Ação:	Arguição de Descumprimento de Preceito Fundamental.
Legitimidade ativa:	Partido Político "X" – um único Senador da República configura representação no Congresso Nacional.
Legitimidade passiva:	Processo objetivo, não há réus.
Fundamentos:	Incompatibilidade material da lei estadual com a Constituição Federal de 1988 – art. 7º, VII. Preceitos fundamentais violados: a) princípio da supremacia constitucional (recepção); b) princípio da igualdade (art. 5º, *caput)*. Em se tratando de lei pré-constitucional, não houve recepção da norma estadual pela Constituição Federal.
Medida Cautelar:	Demonstração do *periculum in mora* e do *fumus boni iuris* para a suspensão da norma questionada até decisão final.
Requerimentos:	a) notificação da Assembleia Legislativa do Estado para prestarem informações; b) manifestação do Procurador-Geral da República.
Pedido:	Concessão da medida cautelar nos termos do art. 5º da Lei nº 9.882/1999; declaração de não recepção da lei estadual pela Constituição Federal de 1988.

MODELO

Excelentíssimo Senhor Ministro Presidente do Supremo Tribunal Federal

Partido Político "X", pessoa jurídica de direito privado, inscrita no CNPJ/MF sob o nº ..., e no Tribunal Superior Eleitoral sob o nº ..., por seu Diretório Nacional, com sede na rua ..., nº. ..., bairro ..., cidade ... – Estado ..., endereço eletrônico ..., por seu advogado que esta subscreve, conforme o incluso instrumento de procuração, com endereço ..., local indicado para receber intimações, vem, respeitosamente, à presença de Vossa Excelência, propor a presente

ARGUIÇÃO DE DESCUMPRIMENTO DE PRECEITO FUNDAMENTAL COM PEDIDO DE CAUTELAR

com fundamento nos arts. 103, IX, e 102, § 1º, da CRFB e na Lei nº 9.882/1999, em face da Lei ... editada pelo Estado W, nos termos a seguir expostos.

Da Legitimidade Ativa do Requerente

O requerente é legitimado ativo para a propositura da presente arguição de descumprimento de preceito fundamental. Possui representante no Congresso Nacional, em especial no Senado Federal, uma vez que o senador ... é filiado ao partido autor da presente arguição de descumprimento fundamental.

Conforme entendimento pacificado neste Supremo Tribunal Federal, os partidos políticos com representação no Congresso Nacional possuem pertinência temática universal para a propositura das ações de controle abstrato de constitucionalidade.

Do cabimento da Arguição de Descumprimento de Preceito Fundamental

A presente ação de controle abstrato de constitucionalidade tem por objetivo a declaração de não recepção pela Constituição Federal de 1988 da Lei ... do Estado "W", que utiliza o salário mínimo como vinculação para os vencimentos dos servidores de determinada autarquia estadual.

A impugnação da referida norma estadual não pode ser realizada mediante ação direta de inconstitucionalidade, conforme entendimento sedimentado deste Supremo Tribunal Federal. A norma impugnada foi publicada em 1987, sendo, portanto, anterior à Constituição Federal de 5 de outubro de 1988.

Não há outro meio idôneo para realizar o controle de recepção da norma impugnada em questão, senão por meio da arguição de descumprimento de preceito fundamental. Presente, portanto, o requisito exigido pelo artigo 4º da Lei nº 9.882/1999.

Da não recepção da Lei ... – Violação a Preceitos Constitucionais

A lei Estadual ... de 1987 que ora se impugna se mostra incompatível do ponto de vista material com a Constituição Federal de 1988.

Referida norma estadual determina que a remuneração dos servidores públicos ocupantes de cargo em comissão de da autarquia "Y" seja por meio de múltiplos do salário mínimo, nacionalmente unificado.

O salário mínimo, no entanto, não pode ser utilizado como vinculação para qualquer que seja a finalidade, conforme o disposto no inciso VII do artigo 7º da Constituição Federal:

"Salário mínimo, fixado em lei, nacionalmente unificado, capaz de atender a suas necessidades vitais básicas e às de sua família com moradia, alimentação, educação, saúde, lazer, vestuário, higiene, transporte e previdência social, com reajustes periódicos que lhe preservem o poder aquisitivo, sendo vedada sua vinculação para qualquer fim;"

A Constituição Federal veda, portanto, de forma clara a utilização do salário mínimo como indexador de valores para qualquer finalidade, inclusive vencimento de servidores públicos.

A lei estadual ... de 1987 que vincula os vencimentos de determinada categoria de servidores públicos da autarquia "Y" a múltiplos do salário mínimo mostra-se incompatível com a Carta de 1988. Desta forma, não foi recepcionada pelo ordenamento jurídico constitucional inaugurado em 5 de outubro de 1988 pela Constituição Cidadã.

A não recepção ocorre pela afronta ao Estado Democrático de Direito e ao princípio constitucional da isonomia.

Do princípio do Estado Democrático de Direito, normatizado no artigo 1º da Constituição, decorre a supremacia das normas constitucionais. A Constituição, como expressão de vontade do poder constituinte originário, é o suporte de existência e validade de todo o ordenamento jurídico. Não há ordenamento jurídico que não esteja fundado, inaugurado na própria Constituição.

Desta forma, a Constituição inaugura um novo ordenamento jurídico, rompendo com o anterior. As normas anteriores à nova constituição, como é o caso na lei estadual impugnada, somente serão recebidas por este novo ordenamento jurídico se estiverem compatíveis com a nova Constituição.

Ademais, a lei estadual ... cria forma diferenciada de remuneração para determinados servidores autárquicos do Estado "W". Não há razoabilidade para a remuneração diferenciada, evidenciando verdadeiro privilégio em detrimento dos demais servidores, em flagrante afronta à Constituição Federal de 1988.

A lei estadual ... de 1987, portanto, é incompatível com a Constituição Federal de 1988, não tendo sido por esta recepcionada.

Da Medida Cautelar

É necessária a concessão de medida cautelar para suspender os efeitos da lei estadual impugnada até a decisão final desta arguição de descumprimento de preceito fundamental, sob pena de danos irreversíveis ao Estado Democrático de Direito.

O "periculum in mora" se faz presente, uma vez que, se a tutela de urgência não for concedida, suspendendo os efeitos da lei impugnada, os servidores da autarquia "Y" continuarão a receber remuneração baseada em afronta aos preceitos constitucionais invocados.

O "fumus boni iuris", por seu turno, resta evidente pela não recepção da norma estadual objeto da presente ação de arguição de descumprimento de preceito fundamental, em razão da evidente incompatibilidade com o teor do artigo 7º, inciso VII, da Constituição.

Presentes, portanto, os requisitos de tutela de urgência para a suspensão dos efeitos da Lei ... de 1987 em razão da sua não recepção com eficácia "erga omnes", nos termos do artigo 5º da Lei nº 9.882/1999.

Do Pedido

Ante a não recepção da Lei estadual ... de 1987, o partido político "X" requer a concessão da medida cautelar nos termos acima formulados para suspender os efeitos da norma impugnada até a decisão de mérito da presente arguição de descumprimento de preceito fundamental.

Requer, ainda, sejam solicitadas informações à autoridade competente, à Assembleia Legislativa do Estado W, nos termos do artigo 6º da Lei nº 9.882/1999, bem como a intervenção do Procurador-Geral da República, conforme dispõe o § 1º do artigo 103 da Constituição Federal de 1988.

Ao final, o partido político "X" requer seja a presente arguição de descumprimento de preceito fundamental julgada procedente, declarando a não recepção da Lei estadual ... de 1987 pela Constituição Federal de 1988.

Dá-se à causa, para efeitos procedimentais, o valor de ... .

Termos em que,
pede deferimento.

Local ..., data ...

Advogado ...
OAB nº ...

6. *Habeas Corpus*

Natureza jurídica

O *habeas corpus* é um remédio constitucional de Direito Processual Constitucional que tem por escopo proteger o *direito ambulatorial*, isto é, o *direito de ir, de vir e de permanecer*. É, acima de tudo, uma *garantia constitucional*.

Constitucionalmente, o remédio heroico do *habeas corpus* está previsto no art. 5º, LXVIII, da CRFB, pelo qual "conceder-se-á *habeas corpus* sempre que alguém sofrer ou se achar ameaçado de sofrer violência ou coação em sua liberdade de locomoção, por ilegalidade ou abuso de poder".

Apesar da classificação do *habeas corpus* como uma garantia constitucional, o instituto é tratado de forma pormenorizada no Código de Processo Penal. Apesar disso, este instituto não se limita à área penal, de modo que pode ser aplicado na área cível ou até mesmo na esfera trabalhista.

Nada obstante, a legislação infraconstitucional, especificamente o Código de Processo Penal, trata do assunto a partir do art. 647.

O referido diploma processual insere o instituto em título referente aos recursos, no entanto, o remédio tem natureza de ação autônoma, de caráter mandamental.

> Diversamente do recurso, que pressupõe a pendência de processo e, ainda, de uma decisão judicial a ser reapreciada na mesma relação jurídica processual, o *habeas corpus* pode ser impetrado ainda que não deflagrado qualquer processo, contra ato constritivo – ou sua mera ameaça – da liberdade de locomoção praticado por autoridade ou por particular. Ademais, o recurso destina à impugnação de decisão não definitiva, ao passo que o *habeas corpus* pode ser manejado mesmo em face de decisão já acobertada pelo manto da coisa julgada, podendo, ainda ser usado como substitutivo do recurso cabível, ou mesmo ser impetrado cumulativamente a ele.[55]

Assim, verificada a natureza jurídica do *habeas corpus*, passemos às espécies de tal instituto.

Espécies

Conforme já transcrito no item anterior, o próprio texto constitucional sugere a existência de *habeas corpus liberatório* ou *preventivo*.

A distinção é fácil: quando o sujeito já estiver privado de sua liberdade ambulatorial, o *habeas corpus* será *liberatório* (também pode ser chamado de *repressivo*). O objetivo da impetração será a obtenção do que se denomina *alvará de soltura*, ou *ordem liberatória*.

Por outro lado, *quando a constrição da liberdade de locomoção estiver na iminência de ocorrer*, estaremos diante de um *habeas corpus preventivo*. Neste caso, o impetrante buscará o *salvo-conduto*, conforme consta do § 4º do art. 660 do CPP, segundo o qual "se a ordem de *habeas corpus* for concedida para evitar ameaça de violência ou coação ilegal, dar-se-á ao paciente salvo-conduto assinado pelo juiz". Assim, o salvo-conduto se presta a *impedir a prisão ou a detenção* pelo motivo alegado.

Hipóteses de cabimento do *writ* constitucional

Conforme consta do art. 5º da CRFB, ou do art. 648 do CPP, as hipóteses de aplicação do instituto são as seguintes:

Em primeiro lugar, temos que considerar que o remédio se presta para salvaguardar a liberdade de locomoção, ambulatorial. Se não houver risco a tal liberdade, não há que se falar em *habeas corpus*. Existem outros institutos para a proteção de outros direitos constitucionais, conforme verificaremos ainda nesta obra.

Portanto, havendo restrição à liberdade de locomoção, ou mesmo risco iminente a tal liberdade, o instituto poderá ser utilizado. No processo penal, o remédio constitucional poderá ser amplamente aplicado, mas, tecnicamente, *não caberá habeas corpus* quando houver a possibilidade de se utilizar de uma *medida de contracautela*, a exemplo do *relaxamento de prisão*, da *liberdade provisória*, ou ainda da *revogação da preventiva*.

Assim, a utilização do *habeas corpus* deve ser de forma *subsidiária*, isto é, quando não couber nenhuma das contracautelas previstas no Código de Processo Penal, aí caberá o *habeas corpus*.

---

55 Ações Constitucionais, Gamil Föppel e Rafael Santana, In: DIDIER JR., Fredie (org). 4. ed. Ed. Jus Podivm, 2009. p. 38.

Aliás, o art. 647 do CPP autoriza a utilização do *habeas corpus* "sempre que alguém sofrer ou se achar na iminência de sofrer violência ou coação ilegal na sua liberdade de ir e vir, salvo nos casos de punição disciplinar". Mas, no artigo seguinte, 648, é possível identificar os *casos que são considerados coação ilegal à liberdade*.

A primeira hipótese prevista no artigo ocorre quando não houver *justa causa*. No processo penal, *justa causa* ocorrerá quando faltar tipicidade, indícios de autoria e a punibilidade. "Uma vez ausentes esses elementos, necessários para o indiciamento em inquérito ou oferecimento da denúncia, justifica-se o deferimento do *writ* para o trancamento do inquérito ou da ação penal."[56]

Exemplo clássico de trancamento de ação penal está no HC 22.824/SP, rel. Min. Paulo Galotti, em que estudantes de medicina foram acusados de homicídio de um calouro. Neste caso, o STJ entendeu que inexistia vinculação dos acusados através de prova testemunhal.

> **Obs.:** Tais hipóteses não afastam outras possibilidades de enquadramento do *habeas corpus*, desde que se identifique uma justa causa em sentido mais amplo, ou seja, que não se enquadre exatamente nas técnicas do processo penal.

As demais hipóteses estão também previstas no mesmo dispositivo legal. Quais sejam: quando alguém estiver preso por mais tempo do que determina a lei; quando quem ordenar a coação não tiver competência para fazê-lo; quando houver cessado o motivo que autorizou a coação; quando não for alguém admitido a prestar fiança, nos casos em que a lei a autoriza; quando o processo for manifestamente nulo; quando extinta a punibilidade.

Além dessas hipóteses, essencialmente penais, é possível identificarmos o cabimento do *writ* em caso de prisão civil ilegal. Hoje, temos que a prisão civil pode ocorrer nos casos de devedor de alimentos, especificamente no caso de execução pelo rito do art. 528, § 3º, do NCPC. É bom salientar que a prisão do depositário infiel não é mais possível, conforme Súm. Vinculante de nº 25 do STF.

Não caberá *habeas corpus* em vários casos, segundo a jurisprudência do Supremo Tribunal Federal, quais sejam:

1. Impugnar decisões do Plenário ou de qualquer das Turmas do STF, visto que esses órgãos, quando decidem, representam o próprio Tribunal;
2. Impugnar determinação de suspensão dos direitos políticos;
3. Impugnar pena advinda de decisão administrativa de caráter disciplinar, desde que não impliquem restrição à liberdade de locomoção;
4. Impugnar decisão condenatória à pena de multa, ou relativa a processo em curso por infração penal a que a pena pecuniária seja a única cominada;
5. Impugnar a determinação de quebra de sigilo telefônico, bancário ou fiscal, se desta medida não puder resultar condenação à pena privativa de liberdade;
6. Discutir o mérito das punições disciplinares militares;
7. Questionar afastamento ou perda de cargo público, bem assim contra a imposição da pena de exclusão de militar ou de perda de patente ou de função pública (Súm. nº 694 do STF);
8. Dirimir controvérsia sobre a guarda de filhos menores;
9. Discutir matéria objeto de processo de extradição, quando os fatos não são líquidos quanto à definição de crime;
10. O questionamento de condenação criminal quando já extinta a pena privativa de liberdade (Súm. nº 695 do STF);
11. Impedir o cumprimento de decisão que determina o sequestro de bens imóveis;
12. Discutir a condenação imposta em processo de *impeachment*, pela prática de crime de responsabilidade, visto que tal condenação, de natureza política, não põe em risco a liberdade de ir e vir da autoridade (conforme art. 52, parágrafo único, da CRFB);
13. Impugnar o mero indiciamento em inquérito policial, desde que presentes indícios de autoria de fato que configure crime em tese;

56 MACHADO, Antônio Alberto. *Curso de processo penal*. 4. ed. São Paulo: Atlas, 2012. p. 788.

14. Impugnar omissão de relator de extradição, se fundado em fato ou direito estrangeiro cuja prova não constava dos autos, nem foi ele provocado a respeito (Súm. nº 692 do STF).[57]

Não podemos esquecer de que, conforme salientam Vicente Paulo e Marcelo Alexandrino,[58] apesar de não caber *habeas corpus* contra punições disciplinares, art. 142, § 2º, da CRFB, a garantia constitucional será restringida *somente quanto ao mérito das punições disciplinares militares*, de modo que é possível que seja analisada a prisão, por meio de *habeas corpus*, que não observe pressupostos de legalidade, tais como a competência da autoridade militar para decretar a prisão, o cumprimento dos procedimentos estabelecidos no regulamento militar, a pena suscetível de ser aplicada ao caso concreto, entre outros casos.

Da competência/endereçamento

Para endereçar um *habeas corpus*, será necessário verificar quem é a autoridade coatora.

Uma vez identificada a autoridade coatora, a regra é que seja competente para processar e julgar o HC a autoridade imediatamente superior à coatora.

Necessário se faz verificar atentamente alguns artigos da Constituição da República Federativa do Brasil.

> Art. 102. Compete ao Supremo Tribunal Federal, precipuamente, a guarda da Constituição, cabendo-lhe:
>
> I – processar e julgar, originariamente: (...)
>
> d) o "habeas corpus", sendo paciente qualquer das pessoas referidas nas alíneas anteriores; o mandado de segurança e o "habeas data" contra atos do Presidente da República, das Mesas da Câmara dos Deputados e do Senado Federal, do Tribunal de Contas da União, do Procurador-Geral da República e do próprio Supremo Tribunal Federal; (...)
>
> i) o "habeas corpus", quando o coator for Tribunal Superior ou quando o coator ou o paciente for autoridade ou funcionário cujos atos estejam sujeitos diretamente à jurisdição do Supremo Tribunal Federal, ou se trate de crime sujeito à mesma jurisdição em uma única instância; (...)
>
> Art. 105. Compete ao Superior Tribunal de Justiça: (...)
>
> I – processar e julgar, originariamente: (...)
>
> c) os "habeas corpus", quando o coator ou paciente for qualquer das pessoas mencionadas na alínea "a", ou quando o coator for tribunal sujeito à sua jurisdição, Ministro de Estado ou Comandante da Marinha, do Exército ou da Aeronáutica, ressalvada a competência da Justiça Eleitoral; (...)
>
> Art. 108. Compete aos Tribunais Regionais Federais:
>
> I – processar e julgar, originariamente: (...)
>
> d) os "habeas corpus", quando a autoridade coatora for juiz federal; (...)
>
> Art. 109. Aos juízes federais compete processar e julgar: (...)
>
> VII – os "habeas corpus", em matéria criminal de sua competência ou quando o constrangimento provier de autoridade cujos atos não estejam diretamente sujeitos a outra jurisdição; (...)

Legitimidade de parte

Aqui vale mencionar que parte legítima para impetrar o *habeas corpus* pode ser qualquer pessoa, mesmo pessoa jurídica. Este será chamado de impetrante. No entanto, não devemos confundir impetrante com paciente.

> **Obs.:** A legitimação do *habeas corpus* é regida pelo princípio da universalidade, o qual determina que qualquer pessoa pode impetrar o *writ* constitucional. Além disso, o remédio heroico dispensa a capacidade civil.

Impetrante: é quem faz uso do *writ* constitucional para salvaguardar a liberdade de locomoção de outrem, ou até mesmo a própria liberdade.

57 PAULO, Vicente; ALEXANDRINO, Marcelo. *Direito constitucional descomplicado*. 5. ed. Rio de Janeiro: Forense; São Paulo: Método, 2010. p. 204.

58 Ibid., p. 205.

Paciente: é aquele que se beneficia do instituto, ou seja, o paciente é o que precisa do *remédio constitucional* em questão.

> **Obs.:** O paciente somente pode ser pessoa natural. Animais ou pessoas jurídicas não podem ser pacientes em *habeas corpus*.

A terceira figura da legitimidade é a autoridade coatora. Quem privou a pessoa natural da sua liberdade ambulatorial. Ela pode ser Pessoa de Direito Público ou de Direito Privado. Isso mesmo, um particular pode ser autoridade coatora num *habeas corpus*.

Lembre-se, no entanto, que o particular poderá incorrer em crime de *cárcere privado* quando afrontar a liberdade de locomoção de alguém. O exemplo mais clássico, e o que mais se esbarra nesta questão, é o do Diretor de Hospital particular que não autoriza a saída do paciente por conta de pendências financeiras. Aqui, pela maioria da doutrina, configura a hipótese de impetração de HC, mas uma simples comunicação à autoridade policial já bastaria para sanar o problema em questão. Evidentemente, isso não significa que no exame de ordem sua resposta seria a de comunicação à autoridade policial, mas de elaboração do *habeas corpus*.

Para se elaborar um *habeas corpus*, o candidato deverá ler atentamente os arts. 647 a 667 do CPP. No entanto, atenção especial deve ser dispensada ao art. 654, § 1º, deste diploma legal, o qual traça os requisitos formais gerais da "petição inicial".

> § 1º A petição de *habeas corpus* conterá:
>
> a) o nome da pessoa que sofre ou está ameaçada de sofrer violência ou coação e o de quem exercer a violência, coação ou ameaça;
>
> b) a declaração da espécie de constrangimento ou, em caso de simples ameaça de coação, as razões em que funda o seu temor;
>
> c) a assinatura do impetrante, ou de alguém a seu rogo, quando não souber ou não puder escrever, e a designação das respectivas residências.

Uma vez verificados todos os requisitos aqui expostos, a peça "atípica" nas provas da OAB será de fácil elaboração.

Tutela de urgência

É possível (e prudente) pleitear medida liminar em *habeas corpus*, para que se obtenha a tutela da liberdade o mais breve possível. Tal liminar pode ser alcançada com fundamento do art. 660, § 2º, do CPP, o qual preconiza que, "se os documentos que instruírem a petição evidenciarem a ilegalidade da coação, o juiz ou o tribunal ordenará que cesse imediatamente o constrangimento".

Dessa forma, vale inserir na peça a fundamentação da tutela de urgência.

Súmulas do Supremo Tribunal Federal relativas ao *habeas corpus*

Algumas súmulas são imprescindíveis no momento da elaboração da peça de *habeas corpus*, as quais serão abaixo transcritas.

Súmula nº 693: "Não cabe *habeas corpus* contra decisão condenatória a pena de multa, ou relativo a processo em curso por infração penal a que a pena pecuniária seja a única cominada".

Súmula nº 694: "Não cabe *habeas corpus* contra a imposição da pena de exclusão de militar ou de perda de patente ou de função pública".

Súmula nº 695: "Não cabe *habeas corpus* quando já extinta a pena privativa de liberdade".

Basicamente, temos que o heroico remédio constitucional deve respeitar determinadas balizas, sem as quais o *writ* poderá ser indeferido.

Nada obstante, vale trazer uma observação importante: não cabe *habeas corpus* em relação às punições disciplinares, conforme estabelece o art. 142, § 2º, da CRFB.

MODELO

Excelentíssimo Senhor Desembargador Presidente do Tribunal de Justiça do Estado de ... (conforme o caso apresentado)

(Nome do impetrante) ..., nacionalidade ..., estado civil ..., profissão ..., portador da cédula de identidade RG nº ..., inscrito no CPF/MF sob o nº ..., residente e domiciliado na Rua ..., bairro ..., cidade ..., Estado ..., endereço eletrônico ..., vem, perante Vossa Excelência, por intermédio de seu advogado que esta subscreve (mandato anexo), com escritório no endereço ..., local onde receberá todas as intimações processuais, com fundamento no art. 5º, inc. LXVIII, da CRFB, e arts. 647 e 648 do CPP, impetrar

"HABEAS CORPUS"

em favor de: qualificação completa ..., contra o ato do MM. Juiz de Direito da ... Vara Criminal de ..., pelos motivos de fato e de direito a seguir aduzidos.

I – DOS FATOS

"Neste momento da peça, descrever a situação apresentada no problema."

II – DO DIREITO

Mencionar o caso concreto submetendo-o ao artigo 5º, LXVIII, da CRFB.

Demonstrar que a coação que ensejou a impetração do "habeas corpus"...

III – DO PEDIDO

"Formular pedido de liminar, demonstrando o "fumus boni iuris" e o "periculum in mora".

Ante todo o exposto requer o impetrante que seja o presente "habeas corpus" julgado TOTALMENTE PROCEDENTE, determinando-se a expedição de alvará de soltura em favor do paciente e, após informações prestadas pela autoridade coatora, confirmando-se no julgamento do mérito, a sua liberdade.

Requer a juntada de todos os documentos capazes de comprovar a usurpação da liberdade do paciente.

Termos em que,
pede deferimento.

Local ..., data ...
Advogado ... OAB/UF ...

7. *Habeas Data*

Conceito e objeto

Importante remédio constitucional na transição de um regime autoritário para um regime democrático, o *habeas data* surge no Brasil a partir da Constituição Federal de 1988, no artigo 5º, LXXII, o qual se presta a assegurar o *conhecimento de informações relativas à pessoa do impetrante*, constantes de registros ou bancos de dados de entidades governamentais ou de caráter público, ou ainda para a *retificação de dados*, quando não se prefira fazê-lo por processo sigiloso, judicial ou administrativo.

Portanto, dois são os motivos que ensejam a impetração de um *habeas data*: 1) conhecimento de informações; e 2) retificação de dados.

Este remédio constitucional foi regulamentado pela Lei nº 9.507/1997, o que facilita bastante ao candidato na hora da prova, pois referida lei trata de forma pormenorizada o tema, o que sugere uma atenta leitura no momento da elaboração da peça.

A Lei do *habeas data* reforça o objeto, acrescentando hipótese, além daquela prevista na Constituição.

> Art. 7º Conceder-se-á *habeas data*:
>
> I – para assegurar o conhecimento de informações relativas à pessoa do impetrante, constantes de registro ou banco de dados de entidades governamentais ou de caráter público;
>
> II – para a retificação de dados, quando não se prefira fazê-lo por processo sigiloso, judicial ou administrativo;
>
> III – para a anotação nos assentamentos do interessado, de contestação ou explicação sobre dado verdadeiro mas justificável e que esteja sob pendência judicial ou amigável.

Conforme ressalta Pedro Lenza,[59] essa garantia não pode ser confundida com outros remédios constitucionais.

Essa garantia não se confunde com o direito de obter certidões (art. 5º, XXXIV, "b"), ou informações de interesse particular, coletivo ou geral (art. 5º, XXXIII). Havendo recusa no fornecimento de certidões (para a defesa de direitos ou esclarecimento de situações de interesse pessoal, próprio ou de terceiros), ou informações de terceiros o remédio próprio é o mandado de segurança, e não o *habeas data*. Se o pedido for para assegurar o conhecimento de informações relativas à pessoa do impetrante, como visto, o remédio será o *habeas data*.

Além da observação feita pelo festejado autor, temos que destacar que não se pode pleitear *habeas data* para pleitear acesso a autos de processos administrativos (HD 90/DF, rel. Ellen Gracie, 18-2-2010).

> **Obs.:** Não se pode requerer ou cumular, em sede de *habeas data*, pedido de indenização. Para cumular tais pedidos, é possível se fazer uso de uma ação de conhecimento, pelo procedimento comum.

Competência/Endereçamento

Mais uma vez, necessário se faz observar as regras contidas na Constituição Federal, especialmente aquelas que estão nos arts. 102, I, "d"; 105, I, "b"; 108, I, "c"; 109, VIII; 121, § 4º, V; e art. 125, § 1º. Apesar disso, o art. 20 da Lei nº 9.507/1997 traz as regras de competência:

> Art. 20. O julgamento do *habeas data* compete:
>
> I – originariamente:
>
> a) ao Supremo Tribunal Federal, contra atos do Presidente da República, das Mesas da Câmara dos Deputados e do Senado Federal, do Tribunal de Contas da União, do Procurador-Geral da República e do próprio Supremo Tribunal Federal;
>
> b) ao Superior Tribunal de Justiça, contra atos de Ministro de Estado ou do próprio Tribunal;

59 LENZA, Pedro. *Direito constitucional esquematizado*. 17. ed. São Paulo: Saraiva, 2013. p. 1.131.

c) aos Tribunais Regionais Federais contra atos do próprio Tribunal ou de juiz federal;

d) a juiz federal, contra ato de autoridade federal, excetuados os casos de competência dos tribunais federais;

e) a tribunais estaduais, segundo o disposto na Constituição do Estado;

f) a juiz estadual, nos demais casos;

Legitimidade

Pode impetrar *habeas data* aquele detentor da informação, seja pessoa física, seja pessoa jurídica. Importante aspecto deste remédio constitucional consiste em ser ele personalíssimo, ou seja, somente o próprio impetrante é quem pode fazer uso dele, seja para acessar suas informações, seja para corrigi-las.

> **Obs.:** Existe discussão a respeito de o *habeas data* poder ser impetrado pelos herdeiros legítimos do falecido, notadamente para defesa da honra e do nome da família ou do próprio falecido. Apesar de a jurisprudência já ter apontado para a possibilidade, constatamos que a FGV adota posicionamento de que a ação é personalíssima.

O sujeito passivo do *habeas data* é a entidade governamental ou de caráter público.

Importante anotar que a Lei nº 9.507/1997 considera de caráter público todo registro ou banco de dados contendo informações que sejam ou que possam ser transmitidas a terceiros ou que não sejam de uso privativo do órgão ou entidade produtora ou depositária das informações

Requisitos gerais da petição inicial

A petição de *habeas data* deve seguir os requisitos dos arts. 319 a 321[60] do NCPC, conforme o art. 8º da Lei nº 9.507/1997.

> Art. 8º A petição inicial, que deverá preencher os requisitos dos arts. 282 a 285 do CPC, será apresentada em duas vias, e os documentos que instruírem a primeira serão reproduzidos por cópia na segunda.
>
> Parágrafo único. A petição inicial deverá ser instruída com prova:
>
> I – da recusa ao acesso às informações ou do decurso de mais de dez dias sem decisão;
>
> II – da recusa em fazer-se a retificação ou do decurso de mais de quinze dias, sem decisão; ou
>
> III – da recusa em fazer-se a anotação a que se refere o § 2º do art. 4º ou do decurso de mais de quinze dias sem decisão.

Importante ressaltar que o *habeas data* é ação gratuita, mas, apesar disso, é necessário que seja atribuído valor à causa.

Tal gratuidade é encontrada no art. 5º, LXXVII, da CRFB, o qual preconiza que "são gratuitas as ações de *habeas corpus* e *habeas data*, e, na forma da lei, os atos necessários ao exercício da cidadania".

Além disso, o art. 21 da Lei nº 9.507/1997 estabelece: "São gratuitos o procedimento administrativo para acesso a informações e retificação de dados e para anotação de justificação, bem como a ação de *habeas data*".

No entanto, lembre-se de que a gratuidade mencionada na Constituição e reforçada na Lei nº 9.507/1997 não beneficia apenas as pessoas economicamente hipossuficientes, de modo que não há necessidade de se comprovar a condição de pobreza, na acepção jurídica do termo.

Tutela de urgência

Em cada caso deve sempre ser analisada a hipótese de se pleitear o instituto, em sentido amplo, da tutela de urgência. O atual Código de Processo Civil reforça, a partir do art. 300, que as tutelas de urgência

60 O art. 8º da Lei nº 9.507/1997 faz referência aos arts. 282 e ss. do antigo CPC. Referidos dispositivos correspondem aos arts. 319 a 321 do NCPC.

serão utilizadas "quando houver elementos que evidenciem a probabilidade do direito e o perigo de dano ou o risco ao resultado útil do processo".

Em outras palavras, podemos utilizar a tutela de urgência quando estiverem presentes o *fumus boni iuris* e o *periculum in mora*.

Requisitos finais

Na petição de *habeas data*, principalmente quando se está diante de um exame da OAB, é imprescindível a indicação de alguns elementos essenciais, além do tradicional pedido.

Em que pese ser um consectário natural, é salutar mencionar o conteúdo do art. 9º da Lei nº 9.507/1997, o qual preconiza que, "ao despachar a inicial, o juiz ordenará que se notifique o coator do conteúdo da petição, entregando-lhe a segunda via apresentada pelo impetrante, com as cópias dos documentos, a fim de que, no prazo de dez dias, preste as informações que julgar necessárias".

Por fim, dada a peculiaridade deste importante remédio constitucional, vale mencionar o art. 12 da Lei do *habeas data* para intimar o Ministério Público, o qual deverá se manifestar ao término do prazo estabelecido no art. 9º, no prazo de cinco dias.

O Ministério Público atuará, neste caso, como *custos legis*, ou seja, como fiscal da lei.

CASO PRÁTICO

(Exame 2010.3) Tício, brasileiro, casado, engenheiro, na década de setenta, participou de movimentos políticos que faziam oposição ao Governo então instituído. Por força de tais atividades, foi vigiado pelos agentes estatais e, em diversas ocasiões, preso para averiguações. Seus movimentos foram monitorados pelos órgãos de inteligência vinculados aos órgãos de Segurança do Estado, organizados por agentes federais. Após longos anos, no ano de 2010, Tício requereu acesso à sua ficha de informações pessoais, tendo seu pedido indeferido, em todas as instâncias administrativas. Esse foi o último ato praticado pelo Ministro de Estado da Defesa, que lastreou seu ato decisório, na necessidade de preservação do sigilo das atividades do Estado, uma vez que os arquivos públicos do período desejado estão indisponíveis para todos os cidadãos. Tício, inconformado, procura aconselhamentos com seu sobrinho Caio, advogado, que propõe apresentar ação judicial para acessar os dados do seu tio.

Na qualidade de advogado contratado por Tício, redija a peça cabível ao tema, observando: a) competência do juízo; b) legitimidade ativa e passiva; c) fundamentos de mérito constitucionais e legais vinculados; d) os requisitos formais da peça inaugural.

MODELO

EXCELENTÍSSIMO SENHOR MINISTRO PRESIDENTE DO SUPERIOR TRIBUNAL DE JUSTIÇA

Tício, brasileiro, engenheiro, casado, portador da cédula de identidade RG nº ..., inscrito no CPF/MF sob o nº ..., residente e domiciliado na ..., endereço eletrônico ..., por seu advogado inscrito na OAB/..., sob nº ..., que esta subscreve (instrumento de mandato incluso), com endereço na Rua ..., no bairro ..., ... (cidade), ...(Estado), local indicado para receber intimações, vem, respeitosamente, à presença de Vossa Excelência, com fundamento no art. 5º, inc. LXXII, da CRFB/1988 e Lei nº 9.507/1997, impetrar *HABEAS DATA* em face do ato do SENHOR MINISTRO DE ESTADO DA DEFESA (autoridade coatora), pelos motivos de fato e de direito a seguir aduzidos.

DOS FATOS

O impetrante atuou em movimentos políticos que faziam oposição ao Governo então instituído, na década de 1970, conforme descrito nos fatos, de modo que, por força de tais atividades, foi vigiado pelos agentes estatais e, em diversas ocasiões, foi preso para averiguações. Teve seus movimentos monitorados pelos órgãos de inteligência vinculados aos órgãos de Segurança do Estado, organizados por agentes federais.

No ano de 2010, o impetrante requereu acesso à sua ficha de informações pessoais, tendo sido o seu pedido indeferido em todas as instâncias administrativas.

Segundo o Ministro de Estado da Defesa, o seu ato se justificou na necessidade de preservação do sigilo das atividades do Estado, uma vez que os arquivos públicos do período desejado estão indisponíveis para todos os cidadãos. No entanto, tal negativa não deve ser mantida, conforme se comprovará nos argumentos que serão vistos a seguir.

DO DIREITO

A Constituição Federal de 1988, no art. 5º, inc. LXXII, estabelece que o *habeas data* tem a finalidade específica de assegurar o conhecimento de informações relativas à pessoa do Impetrante, constantes de registros ou banco de dados de entidades governamentais ou de caráter público, ou para a retificação de registros ou bancos de dados de entidades governamentais ou de caráter público, quando não se prefira fazê-lo por processo sigiloso, judicial ou administrativo.

A Lei nº 9.507/1997 regulamentou o direito de acesso a informações e disciplinou o rito processual do *habeas data*, estabelecendo, igualmente, em seu art. 7º, a finalidade de garantir, em favor da pessoa interessada, o exercício do direito de acesso, de retificação e de complementação das informações pessoais dos registros de caráter público.

Cumpre ressaltar que o Impetrante teve seus direitos fundamentais violados com a recusa, em todas as instâncias administrativas, de acesso à sua ficha de informações pessoais. Fica, desse modo, legitimado o Impetrante a figurar no polo ativo da presente ação, conforme se infere do art. 7º, inc. I, da Lei nº 9.507/1997.

O legitimado passivo, ora Impetrado, é o Senhor Ministro de Estado da Defesa, pois este negou o acesso às referidas informações, embasando sua decisão na preservação do sigilo das atividades do Estado, o que não se comprova, conforme será demonstrado.

Nada obstante, pelo fato de a autoridade coatora ser um Ministro de Estado, a competência para processar e julgar este *habeas data* é do Superior Tribunal de Justiça, nos termos do art. 105, I, *b*, da CF e do art. 20, I, *b*, da Lei nº 9.507/1997.

Por outro lado, nos termos do art. 8º, parágrafo único, da Lei nº 9.507/1997, fica comprovado o interesse de agir do Impetrante, legitimado do presente *habeas data*, pois junta-se cópia do anterior indeferimento do pedido de acesso à ficha das informações pessoais, no período em que o Impetrante foi monitorado pelos órgãos de inteligência vinculados aos órgãos de Segurança do Estado.

Como se verifica dos documentos juntados, a atitude da Autoridade Coatora viola, flagrantemente, o direito do Impetrante em ter acesso às suas informações pessoais e, portanto, de seu pessoal interesse, que estão nos arquivos públicos do período em que foi monitorado e preso para averiguações.

Assim, houve o desrespeito do direito constitucional expresso no art. 5º, inc. XXXIII, da CRFB, pois, ainda que haja a ressalva do sigilo imprescindível à segurança da sociedade e do Estado, não se pode confundir a preservação das atividades do Estado com o direito constitucional de ter-se acesso somente às suas informações pessoais de interesse claramente particular.

O sigilo estaria preservado e o respeito à Lei Maior também, pois o acesso pretendido é somente dos dados pessoais do Impetrante. Não houve e não há pedido para acesso de dados de terceiros constantes dos arquivos públicos do período desejado. Desse modo, o ora impetrado, ao supostamente cumprir seus deveres constitucionais (arts. 37, *caput*, e 87, parágrafo único, inc. IV, da CRFB), abusou de sua autoridade e feriu o fundamento maior da República Federativa do Brasil, qual seja, a Dignidade da Pessoa Humana (art. 1º, inc. III, da CRFB/1988).

Cumpre esclarecer que o Impetrante participou de movimentos políticos que faziam oposição ao Governo instituído na década de 1970, foi vigiado, monitorado e preso para averiguações.

Não se questiona a necessidade de preservação do sigilo das atividades do Estado ou o fato de os arquivos públicos do período desejado estarem indisponíveis para a consulta pública. O que não se pode aceitar é o aviltamento do direito constitucionalmente protegido de ter acesso às informações, pois hoje o que Tício pretende é ter acesso à sua ficha de informações pessoais que constam nos arquivos públicos e que dizem respeito a um período de sua história pessoal.

Assim, uma vez expostos os fatos e os fundamentos jurídicos desta demanda, passemos aos pedidos.

DO PEDIDO

Diante do exposto, requer o Impetrante que Vossa Excelência se digne a:

a) notificar o coator, o Senhor Ministro de Estado da Defesa, sobre os fatos narrados a fim de prestar as informações que entender necessárias (art. 9º da Lei nº 9.507/1997);

b) determinar a oitiva do representante do Ministério Público, para oferecer parecer, no prazo de cinco dias (art. 12 da Lei nº 9.507/1997);

c) julgar procedente o pedido, determinando ao Impetrado o fornecimento das informações pleiteadas, determinando o acesso à ficha de informações pessoais de Tício (art. 13 da Lei nº 9.507/1997);

d) informar que tem intenção na realização de audiência de conciliação/mediação, nos termos do art. 319, VII, do NCPC.

Dá-se à causa o valor de R$ ... (...).

Termos em que,
pede deferimento.

Local ... data...

Advogado...
OAB/UF...

8. Mandado de Injunção – MI

Conceito e objeto

O Mandado de Injunção está previsto na Constituição da República Federativa do Brasil de 1988 como remédio constitucional que tem como escopo combater a omissão inconstitucional, especificamente quando a falta de norma regulamentadora tornar inviável o exercício de direitos e liberdades constitucionais, bem como das prerrogativas inerentes à nacionalidade, à soberania e à cidadania, conforme dispõem o inc. LXXI do art. 5º da CRFB.

Anna Candida da Cunha Ferraz aduz que o Mandado de Injunção "se inscreve ao lado dos demais remédios constitucionais de proteção de direitos, integrando, portanto, a modalidade de controle difuso, da qual guarda as principais características, ainda que apresente particularidades próprias."[61]

O instituto busca evitar, pela via difusa de controle de constitucionalidade, que os preceitos constitucionais dependentes de regulamentação instituídos pelo constituinte originário sejam simplesmente esquecidos pelo Poder Legislativo, de maneira que, para que haja a concretização ou efetivação dos direitos fundamentais, no que se refere às **normas de eficácia limitada**, há a necessidade do fenômeno da integração normativa, o qual se realiza, exclusivamente, por uma ação estatal.

Obs.: A omissão inconstitucional pode ser total ou parcial. Nesse sentido, o par. ún., do art. 2º, da Lei do Mandado de Injunção (MI) considera parcial a regulamentação quando forem insuficientes as normas editadas pelo órgão legislador competente.

É interessante lembrar que as normas de eficácia limitada são aquelas, conforme evidencia Pedro Lenza[62], que, "de imediato, no momento em que a Constituição é promulgada (ou diante da introdução de novos preceitos por emendas à Constituição, ou na hipótese do art. 5º, § 3 º), não têm o condão de produzir todos os seus efeitos, precisando de uma lei integrativa infraconstitucional. São, portanto, de **aplicabilidade mediata** e **reduzida**, ou, segundo alguns autores, **aplicabilidade diferida**."

Ultrapassada essa questão, vale dizer que o texto originário da Constituição de 1988 previu o Mandado de Injunção em seu art. 5º, inc. LXXI. O texto constitucional prevê:

> LXXI - conceder-se-á mandado de injunção sempre que a falta de norma regulamentadora torne inviável o exercício dos direitos e liberdades constitucionais e das prerrogativas inerentes à nacionalidade, à soberania e à cidadania.

A grande novidade é que o Mandado de Injunção foi regulamentado pela Lei nº 13.300/2016.

Frise-se que a Lei nº. 8.038, de 28-5-1990, determina, em seu art. 24, par. ún., que "no mandado de injunção e no *habeas data*, serão observadas, no que couber, as normas do mandado de segurança, enquanto não editada **legislação específica**". No entanto, conforme já salientado, a legislação específica foi publicada em 23 de junho de 2016[63].

Obs.: A Lei do Mandado de Injunção, conforme art. 14, ainda utiliza como fonte subsidiária a Lei do Mandado de Segurança, bem como o Código de Processo Civil.

Vidal Serrano Nunes Júnior e Marcelo Sciorilli[64] salientam a abrangência do instituto do Mandado de Injunção, que não deve ser confundido com o objeto da Ação Direta de Inconstitucionalidade por Omissão – ADO.

> Cuida-se, portanto, de remédio constitucional aparelhável para a reivindicação judicial de direito constitucional subjetivo, cuja eficácia esteja sobrestada pela ausência de necessária norma regulamentar.

61 FERRAZ, Anna Candida da Cunha. Proteção jurisdicional da omissão inconstitucional dos poderes locais. *Revista Mestrado em Direito*, Osasco, v. 5, n. 5, p. 157-210, 2005.

62 LENZA, Pedro. *Direito constitucional esquematizado*. 17. ed. São Paulo: Saraiva, 2013. p. 220.

63 De acordo com o art. 15 da Lei do Mandado de Injunção, a lei entra em vigor na data de sua publicação.

64 NUNES JÚNIOR, Vidal Serrano; SCIORILLI, Marcelo. *Mandado de segurança: ação civil pública, ação popular, habeas data, mandado de injunção*. 2. ed. São Paulo: Ed. Verbatim, 2010. p. 187.

Sublinhe-se, nesse ponto, que o campo objetal do mandado de injunção é menor do que o da ação direta de inconstitucionalidade por omissão. Enquanto esta pode ser aforada diante de qualquer omissão constitucional, o mandado de injunção reclama a presença de direito subjetivo, de patamar constitucional, cujo exercício se veja obstaculizado pela ausência de norma regulamentar.

Assim, eis uma importante diferença entre os institutos do Mandado de Injunção e a Ação Direta de Inconstitucionalidade por Omissão, porquanto o campo de atuação do Mandado de Injunção é realmente menor. Deve estar ligado a um direito subjetivo não regulamentado. Além disso, não se concebe a ideia de que o Mandado de Injunção cuide de complementação legislativa não ligada a um direito, a exemplo da tipificação de crime de responsabilidade, conforme se extrai da Questão de Ordem no MI 624/MA, Pleno, rel. Min. Menezes Direito, *j.* 21.11.2007.

Por fim, a nova Lei do MI, em seu art. 2º, delimita o objeto do Mandado de Injunção, o qual será utilizado sempre que a falta total ou parcial de norma regulamentadora torne inviável o exercício dos direitos e liberdades constitucionais e das prerrogativas inerentes à nacionalidade, à soberania e à cidadania.

Competência

A Constituição Federal de 1988 estabelece a competência do Supremo Tribunal Federal, nos termos do art. 102, I, "q", para processar e julgar, originariamente, o Mandado de Injunção quando a elaboração da norma regulamentadora for atribuição do Presidente da República, do Congresso Nacional, da Câmara dos Deputados, do Senado Federal, das Mesas de uma dessas Casas Legislativas, do Tribunal de Contas da União, de um dos Tribunais Superiores, ou do próprio Supremo Tribunal Federal. Resta, subsidiariamente, ao Superior Tribunal de Justiça processar e julgar, originariamente, o Mandado de Injunção quando a elaboração da norma regulamentadora for atribuição de órgão, entidade ou autoridade federal, da administração direta ou indireta, excetuados os casos de competência do Supremo Tribunal Federal e dos órgãos da Justiça Militar, da Justiça Eleitoral, da Justiça do Trabalho e da Justiça Federal, conforme estabelece o art. 105, I, "h", da CRFB.

Ressalte-se, ainda, que ao Supremo Tribunal Federal compete julgar, em recurso ordinário, o Mandado de Injunção decidido em única instância pelos Tribunais Superiores, se a decisão for denegatória, conforme determina o art. 102, II, "a", da CRFB.

Diante desse quadro estabelecido pela Constituição Federal, nota-se que a competência para o processamento do Mandado de Injunção somente foi expressamente conferida aos Tribunais.

Vale dizer que a Lei do Mandado de Injunção não cuida do estabelecimento de novas competências, de modo que o candidato ao exame de ordem deverá observar as regras anteriormente trazidas, principalmente, pelo Texto Constitucional.

Legitimidade

Antes do advento da Lei nº 13.300/2016 havia certa insegurança no que se refere à legitimidade ativa para o Mandado de Injunção.

Segundo Carlos Augusto Alcântara Machado, a legitimidade ativa do Mandado de Injunção estende-se a qualquer pessoa portadora de direito fundamental, seja natural ou jurídica, pública ou privada, nacional ou estrangeira, de forma individual ou coletiva. Sendo certo ainda que partidos políticos e o Ministério Público também são legitimados ativos, incluindo-se até mesmo, por analogia ao Mandado de Segurança, os órgãos públicos despersonalizados e as chamadas universalidades patrimoniais, como espólio, herança jacente e massa falida.[65]

O art. 3º da Lei nº 13.300/2016 indica que são legitimadas para o Mandado de Injunção, **como impetrantes**, as **pessoas naturais ou jurídicas** que se afirmam titulares dos direitos, das liberdades ou das prerrogativas referidos no art. 2º, que trata da hipótese de cabimento desse remédio constitucional em evidência.

A nova lei sobre o Mandado de Injunção também regulamenta a **modalidade coletiva**. Logo no art. 1º é possível se vislumbrar tal possibilidade[66]. No entanto, é a partir do art. 12 que a Lei nº 13.300/2016 trata de forma pormenorizada sobre essa modalidade.

---

65 MACHADO, Carlos Augusto Alcântara. op. cit., p. 98.

66 Mesmo antes da edição da Lei nº 13.300/2016, havia entendimento doutrinário e jurisprudencial nesse sentido, conforme se pode verificar pelos ensinamentos do ilustre professor José Afonso da Silva, em seu *Curso de direito constitucional positivo*. op. cit., p. 187. Veja também o MI 472/DF, rel. Min. Celso de Mello.

Como primeiro legitimado "coletivo" a nova Lei do Mandado de Injunção aponta para o **Ministério Público**, especificamente nos casos em que a tutela requerida for especialmente relevante para a defesa da ordem jurídica, do regime democrático ou dos interesses sociais ou individuais indisponíveis.

Em segundo lugar, a Lei aponta para o **partido político com representação no Congresso Nacional**, para assegurar o exercício de direitos, liberdades e prerrogativas de seus integrantes ou relacionados com a finalidade partidária.

Obs.: Não confundir com a ADO. Note que o dispositivo prestigia os integrantes do partido político, ou aqueles que estejam relacionados com a finalidade partidária.

Em terceiro lugar, é parte legítima para impetrar Mandado de Injunção Coletivo **organização sindical, entidade de classe ou associação legalmente constituída e em funcionamento há pelo menos 1 (um) ano**, para assegurar o exercício de direitos, liberdades e prerrogativas em favor da totalidade ou de parte de seus membros ou associados, na forma de seus estatutos e desde que pertinentes a suas finalidades, dispensada, para tanto, autorização especial.

Em quarto lugar, a nova lei possibilita que a **Defensoria Pública** impetre Mandado de Injunção Coletivo, quando a tutela requerida for especialmente relevante para a promoção dos direitos humanos e a defesa dos direitos individuais e coletivos dos necessitados, na forma do inc. LXXIV do art. 5º da CRFB.

Por fim, o par. ún., do art. 12, da Lei nº 13.300/2016, salienta que os direitos, as liberdades e as prerrogativas protegidos por Mandado de Injunção Coletivo são os pertencentes, indistintamente, a uma coletividade indeterminada de pessoas ou determinada por grupo, classe ou categoria[67].

Veja abaixo o quadro sistemático dos legitimados ativos para o Mandado de Injunção Coletivo.

LEGITIMADO – MI COLETIVO	HIPÓTESE
▪ Ministério Público	▪ quando a tutela requerida for especialmente relevante para a defesa da ordem jurídica, do regime democrático ou dos interesses sociais ou individuais indisponíveis.
▪ Partido político com representação no Congresso Nacional	▪ para assegurar o exercício de direitos, liberdades e prerrogativas de seus integrantes ou relacionados com a finalidade partidária.
▪ Organização sindical, entidade de classe ou associação legalmente constituída e em funcionamento há pelo menos 1 (um) ano	▪ para assegurar o exercício de direitos, liberdades e prerrogativas em favor da totalidade ou de parte de seus membros ou associados, na forma de seus estatutos e desde que pertinentes a suas finalidades, dispensada, para tanto, autorização especial.
▪ Defensoria Pública	▪ quando a tutela requerida for especialmente relevante para a promoção dos direitos humanos e a defesa dos direitos individuais e coletivos dos necessitados, na forma do **inc. LXXIV do art. 5º da CRFB.**

Quanto ao polo passivo, a parte final do art. 3º destaca que poderão figurar **como impetrados** o Poder, o órgão ou a autoridade com atribuição para editar a norma regulamentadora.

67 Aqui cabe fazer menção ao art. 81 do Código de Defesa do Consumidor acerca de uma definição de direitos transindividuais:
"Art. 81. A defesa dos interesses e direitos dos consumidores e das vítimas poderá ser exercida em juízo individualmente, ou a título coletivo.
Parágrafo único. A defesa coletiva será exercida quando se tratar de:
I - interesses ou direitos difusos, assim entendidos, para efeitos deste código, os transindividuais, de natureza indivisível, de que sejam titulares pessoas indeterminadas e ligadas por circunstâncias de fato;
II - interesses ou direitos coletivos, assim entendidos, para efeitos deste código, os transindividuais, de natureza indivisível de que seja titular grupo, categoria ou classe de pessoas ligadas entre si ou com a parte contrária por uma relação jurídica base;
III - interesses ou direitos individuais homogêneos, assim entendidos os decorrentes de origem comum."

Efeitos do Mandado de Injunção

Os efeitos do Mandado de Injunção sempre causaram grande polêmica na seara jurídica. Isso porque tais efeitos afrontariam o princípio insculpido no art. 2º da CRFB (*tripartição de poderes – legislativo, executivo e judiciário*). A suposta colisão existiria entre a **função legislativa** e a **função judiciária**, por conta do chamado **ativismo judicial**.

A necessidade de intervenção do Poder Judiciário (pelo chamado ativismo judicial) ocorreu porque o Mandado de Injunção, por um longo período, era desprovido de eficácia, pois o STF adotava a teoria não concretista.

No entanto, com a ponderação das garantias constitucionais e o **bom** ativismo judicial, o Mandado de Injunção passou a ter, a partir de 2007, aplicação mais útil, notadamente pelo que se pode verificar pela jurisprudência do Supremo Tribunal Federal[68]. Os posicionamentos da Suprema Corte foram evoluindo. No início, a posição era **não concretista**, o que se assemelha hoje à ADO (Ação Direta de Inconstitucionalidade por Omissão), o que se justificava pela preservação da separação dos poderes. Posteriormente, a jurisprudência caminhou para um posicionamento **concretista**, tanto individual quanto geral (no MI Coletivo).

A nova Lei do Mandado de Injunção, em princípio, **sistematizou** a jurisprudência, conforme se verifica pelas hipóteses estampadas no art. 8º da Lei:

a) Caso seja reconhecida a mora legislativa, será deferida a injunção para determinar prazo razoável para que o impetrado promova a edição da norma regulamentadora. Esse posicionamento (não concretista) parece ser mais conservador, na medida em que o Judiciário não interfere na função legislativa do Estado.

b) Em segundo lugar, será deferida a injunção para estabelecer as condições em que se dará o exercício dos direitos, das liberdades ou das prerrogativas reclamados ou, se for o caso, as condições em que poderá o interessado promover ação própria visando a exercê-los, caso não seja suprida a mora legislativa no prazo determinado.

Obs.: Será dispensada a determinação de prazo razoável para edição da norma regulamentadora, quando comprovado que o impetrado deixou de atender, em Mandado de Injunção anterior, ao prazo estabelecido para a edição da norma.

- Note, portanto, que a peça processual de Mandado de Injunção deverá ter em seu "pedido" uma das hipóteses do art. 8º da Lei nº 13.300/2016.

No mais, quanto aos efeitos do Mandado de Injunção, vale ressaltar que a decisão terá eficácia subjetiva limitada às partes e produzirá efeitos até o advento da norma regulamentadora, o que significa que os efeitos ficam sob condição suspensiva: quando do surgimento da lei regulamentadora, a decisão perderá os seus efeitos. Na verdade, é possível dizer que a lei substituirá a decisão do Mandado de Injunção.

Todavia, poderá ser conferida eficácia *ultra partes* ou *erga omnes* à decisão, quando isso for inerente ou indispensável ao exercício do direito, da liberdade ou da prerrogativa objeto da impetração.

Obs.: De acordo com o art. 13 da nova lei, no Mandado de Injunção Coletivo, a sentença fará coisa julgada limitadamente às pessoas integrantes da coletividade, do grupo, da classe ou da categoria substituídos pelo impetrante, sem prejuízo do disposto nos §§ 1º e 2º do art. 9º.

É de extrema importância que o candidato mencione a intenção sobre tais efeitos em sua peça processual.

No mais, para efeito de elaboração do exame de ordem, o art. 11 da Lei do Mandado de Injunção (MI) destaca que a norma regulamentadora superveniente produzirá efeitos *ex nunc* em relação aos beneficiados por decisão transitada em julgado, salvo se a aplicação da norma editada lhes for mais favorável. A nova lei é bastante interessante nesse aspecto, principalmente levando-se em conta a ideia de retroatividade normativa.

68 MI 670, MI 721, MI 708, entre outros.

Considerações finais

Por fim, destaque-se que as formalidades da petição inicial de Mandado de Injunção deverão respeitar a Lei nº 13.300/2016 (Lei do MI), a Lei nº 12.016/2009 (Lei do Mandado de Segurança), bem como o Código de Processo Civil.

Portanto, por ser peça voltada a direitos civis, políticos e sociais, ligados intrinsecamente à área cível, o candidato deverá, por exemplo, colocar endereço eletrônico, valor da causa e demais requisitos.

CASO PRÁTICO
(Elaborado pelos Autores) Maria das Dores, brasileira, guarda civil metropolitana do Município X, do Estado Y da Federação. No exercício de suas atividades, utiliza uniformes, distintivos, colete balístico e armamento, conduz as viaturas da organização, executa atividades de policiamento preventivo e comunitário. Maria das Dores, portanto, se enquadra na hipótese prevista no inc. II, § 4º, do art. 40 da CRFB, fazendo jus à aposentadoria especial, por conta da atividade de risco. Ao requerer a sua aposentadoria, em condições especiais, nos termos da Carta Magna, teve o seu pedido negado, sob o argumento que referida aposentadoria, embora prevista na Constituição, não poderia ser concedida tendo em vista não haver Lei Complementar disciplinando a matéria. Diante da inércia legislativa que impede Maria das Dores de gozar direito previsto na Constituição Federal, ela lhe procura na qualidade de advogado(a). Na qualidade de advogado de Maria das Dores, promova a medida judicial cabível para que ela possa efetivamente exercer o seu direito a aposentadoria, em condições especiais, conforme o inc. II, § 4º, do art. 40 da CRFB.

ESQUELETO DA PEÇA	
Endereçamento:	Ministro Presidente do Supremo Tribunal Federal, art. 102, I, "q", da CRFB.
Resumo dos fatos:	O inc. II, § 4º, do art. 40 da CRFB prevê aposentadoria especial para servidores que exerçam atividades de risco, nos termos de lei complementar. Maria das Dores exerce atividade profissional em condições para a aposentadoria especial. Não há, no entanto, lei complementar regulamentando o direito em questão. A ausência legislativa acarreta a inconstitucionalidade por omissão. O remédio constitucional adequado diante da inconstitucionalidade por omissão, para garantir o exercício do direito constitucional, é o Mandado de Injunção.
Legitimidade ativa:	Maria das Dores.
Legitimidade passiva:	Presidente da República, nos termos do art. 102, I, "q", da CRFB.
Fundamentos:	Inconstitucionalidade por omissão. O inc. II, do § 4º, do art. 40 da CRFB é uma norma constitucional de eficácia limitada. Os servidores públicos que exercem sua função expostos ao risco não podem aposentar-se por conta da ausência de lei. A ausência de lei regulamentadora de norma constitucional, impedindo esta de produzir seus efeitos, gera uma inconstitucionalidade por omissão. Ação é o remédio constitucional cabível para assegurar o direito subjetivo da autora para ao exercício da aposentadoria especial.
Requerimentos:	a) notificação do Congresso Nacional para prestarem informações; b) manifestação do Procurador-Geral da República.
Pedido:	a) declaração da inconstitucionalidade por omissão, e ciência do Congresso Nacional para a realização da lei; b) que o STF estabeleça as condições para o exercício do direito à aposentadoria especial até o advento da norma regulamentadora.

Excelentíssimo Senhor Ministro Presidente do Supremo Tribunal Federal

Maria das Dores, brasileira, estado civil ..., guarda civil metropolitana no Município X, do Estado Y da Federação, portadora da cédula de identidade RG nº ..., inscrita no CPF/MF sob o nº ..., endereço eletrônico ..., por seu advogado que esta subscreve (mandato anexo), com endereço na ..., local onde receberá as intimações processuais, vem, perante Vossa Excelência, com fulcro no art. 5º, LXXI, da CRFB, e Lei nº 13.300/2016, impetrar

MANDADO DE INJUNÇÃO

em face do Presidente da República e do Congresso Nacional, pelos motivos de fato e de direito a seguir aduzidos.

PRELIMINARMENTE

a) Da competência

Questão preliminar de extrema importância está relacionada à competência do Supremo Tribunal Federal para julgamento da questão.

O caso cuida de uma omissão inconstitucional oriunda do art. 40, § 4º, II, da CRFB, para aposentadoria especial em decorrência da atividade de risco.

Em que pese a impetrante ser funcionária pública municipal, a competência para legislar sobre esse tema é da União, conforme se infere do art. 24, XVI, § 1º, da CRFB. Trata-se de competência concorrente, na qual a União tem competência para legislar de forma geral.

b) Do polo passivo

Esclarece a impetrante que o Presidente da República deve figurar no polo passivo desta ação, em conjunto com o Congresso Nacional, por conta de ser sua competência privativa, nos termos do art. 61, § 1º, da CRFB.

DOS FATOS

A impetrante, servidora pública, exerce a atividade de guarda civil metropolitana.

No exercício da sua função laboral, no exercício de suas atividades, utiliza uniformes, distintivos, colete balístico e armamento, conduz as viaturas da organização, executa atividades de policiamento preventivo e comunitário. Maria das Dores, portanto, se enquadra na hipótese prevista no inc. II, § 4º, do art. 40 da CRFB, fazendo jus à aposentadoria especial, por conta da atividade de risco.

Embora faça jus à aposentadoria especial, tendo em vista se enquadrar em situação prevista na norma constitucional, a impetrante se vê impedida de gozar o direito que a Constituição lhe assegura em face da mora do Congresso Nacional. O Poder Legislativo federal até o presente momento não editou Lei Complementar regulamentando o disposto no § 4º do art. 40 da CRFB.

Expostos os fatos, passemos à fundamentação jurídica do pedido.

DO DIREITO

O inc. II, do § 4º, do art. 40 da CRFB de 1988 consagra aposentadoria especial para portadores de deficiência; pessoas que exerçam atividade de risco; e pessoas que exerçam atividade sob condições especiais que prejudiquem a saúde ou a integridade física, nos seguintes termos:

> "§ 4º É vedada a adoção de requisitos e critérios diferenciados para a concessão de aposentadoria aos abrangidos pelo regime de que trata esse artigo, ressalvados, nos termos definidos em lei complementares, os casos dos servidores:
>
> I – portadores de deficiência;
>
> II – que exerçam atividade de risco;
>
> III – cujas atividades sejam exercidas sob condições especiais que prejudiquem a saúde ou a integridade física. "

A norma constitucional em questão, conforme a clássica classificação de José Afonso da Silva, é uma norma constitucional de eficácia limitada. A sua eficácia depende de uma lei infraconstitucional que regulamente o direito fundamental em questão.

A ausência da Lei Complementar exigida pelo texto constitucional viola direito constitucional subjetivo da impetrante, uma vez que a inconstitucionalidade por omissão torna inviável o exercício de direito constitucional, autorizando a impetração do presente remédio constitucional, nos termos dos arts. 2º e 3º da Lei nº 13.300/2016.

Embora o texto constitucional lhe assegure um direito subjetivo – aposentadoria em condições especiais –, a impetrante não pode exercê-lo por ausência de norma regulamentadora.

Há, portanto, evidente inconstitucionalidade por omissão, em razão da inexistência de lei complementar regulamentando o inc. II, do § 4º, do art. 40 da CRFB, lembrando que a exposição ao risco é evidente, pois, conforme já explanado, a impetrante utiliza uniformes, distintivos, colete balístico e armamento, conduz as viaturas da organização, executa atividades de policiamento preventivo e comunitário.

Expostos os fundamentos jurídicos, passemos aos pedidos.

DO PEDIDO

Ante todo o exposto requer a impetrante que seja o presente mandado de injunção julgado TOTALMENTE PROCEDENTE, reconhecendo o estado de mora legislativa, deferindo a injunção para:

a) determinar prazo para que o impetrado promova a edição de Lei Complementar regulamentando o direito constitucional subjetivo da impetrante.

b) a fixação das condições para o efetivo exercício ao direito de aposentadoria em condições especiais, no caso da mora legislativa não ser suprida pelo impetrado no prazo estabelecido por este Egrégio Tribunal.

Requer seja o impetrado intimado para prestar informações, nos termos do art. 5º da Lei nº 13.300/2016.

Requer, ainda, a intimação do Procurador-Geral da República para que se manifeste, nos termos do art. 7º da Lei nº 13.300/2016.

Dá-se à causa o valor de R$...

Termos em que,

pede deferimento.

Local ... data ...

Advogado ...

OAB/UF ...

9. Mandado de Segurança

Conceito e objeto

A incidência de mandado de segurança na segunda fase da OAB é consideravelmente alta. Isto porque o mandado de segurança é um remédio constitucional que amplia o rol de matérias a serem discutidas no mérito das peças. Além disso, de fato, este é um remédio constitucional com bastante utilização na vida prática.

O cerne do exame de ordem é, além de verificar a técnica de elaboração de peças processuais, aferir se o candidato conhece o direito material constitucional. Por isso, conhecer as peças que podem ser cobradas no exame da OAB não é suficiente. A preparação para o exame inclui também o estudo do direito material.

Aqui, trataremos do mandado de segurança com vistas a transmitir uma noção geral do instituto, principalmente quanto ao modo de elaboração.

Em primeiro lugar, cumpre esclarecer que o mandado de segurança está no rol das garantias constitucionais. Os direitos fundamentais farão parte, obviamente, do mérito do Mandado de Segurança.

Os direitos se distinguem das garantias porque estas últimas buscam instrumentalizar o direito eventualmente violado.

> **Obs.:** O Mandado de Segurança é uma garantia específica, um remédio constitucional.

A Constituição Federal, em seu art. 5º, LXIX e LXX, prevê o remédio constitucional denominado Mandado de Segurança:

> LXIX – conceder-se-á mandado de segurança para proteger direito líquido e certo, não amparado por "habeas corpus" ou "habeas data", quando o responsável pela ilegalidade ou abuso de poder for autoridade pública ou agente de pessoa jurídica no exercício de atribuições do Poder Público;
>
> LXX – o mandado de segurança coletivo pode ser impetrado por:
>
> a) partido político com representação no Congresso Nacional;
>
> b) organização sindical, entidade de classe ou associação legalmente constituída e em funcionamento há pelo menos um ano, em defesa dos interesses de seus membros ou associados;

O Mandado de Segurança é um remédio constitucional, tem natureza de ação (cível) e segue um rito célere, especial. É utilizado para proteger direito líquido e certo violado por ato de autoridade governamental ou de agente de pessoa jurídica privada que esteja no exercício de atribuição do Poder Público.

Poderá ser impetrado Mandado de Segurança quando o direito líquido e certo violado não for amparado por outros remédios constitucionais, tais como *habeas corpus*, *habeas data*, ação popular ou mandado de injunção.

Algumas situações afastam de plano a incidência do Mandado de Segurança:

a) Quando se tratar de ato do qual caiba recurso administrativo com efeito suspensivo, independentemente de caução;

b) Quando se tratar de decisão judicial da qual caiba recurso com efeito suspensivo;

c) Quando se tratar de decisão judicial transitada em julgado.

> **Obs.:** Não cabe Mandado de Segurança contra lei em tese, conforme Súm. nº 266 do STF.

Direito líquido e certo

Direito líquido e certo é aquele demonstrado de plano, sem a necessidade de dilação probatória. Não se pode cogitar a possibilidade de utilização de prova pericial no Mandado de Segurança.

> Segundo a melhor doutrina, a liquidez e a certeza do direito exigidas ao mandado de segurança referem-se, exclusivamente, aos fatos, que, por essa razão, deverão ser provados de maneira incontestável e clara pelo impetrante. Por mais tormentosa que seja a questão jurídica no caso concreto a esse respeito, jamais se retirarão essas características do direito do impetrante quando os fatos

estejam devidamente comprovados. Compreende-se que, por mais intrincada a questão de direito e por mais dúvidas que tal questão possa gerar no julgador, se a fundamentação fática da pretensão for demonstrada por prova documental, o direito alegado será líquido e certo, bastando ao julgador decidir se ele existe ou não existe.[69]

> **Obs.:** A exigência de liquidez e certeza recai apenas sobre a matéria de fato. Isto significa que tais requisitos não impedem a discussão de questões controvertidas em matéria de direito, ou seja, não há necessidade de o mérito do Mandado de Segurança estar pacificado nos Tribunais, tudo conforme Súm. nº 625 do STF.

Competência e Endereçamento

O Mandado de Segurança deve respeitar as regras de competência convencional, conforme já exposto nas regras gerais sobre a petição inicial. Apesar disso, é importante ressaltar que a definição da competência em Mandado de Segurança dependerá da autoridade coatora que praticou o ato objeto da impugnação.

> **Atenção!** Segundo a Súm. nº 267 do STF: "Não cabe mandado de segurança contra ato judicial passível de recurso ou correição".

- Caso a autoridade coatora seja autoridade estadual, dirigentes ou serventuários estaduais ou municipais, a competência será da *Justiça Estadual de primeiro grau (Juiz de Direito).*

> Excelentíssimo Senhor Doutor Juiz de Direito da ... Vara Cível do Foro da Comarca de ... UF ...

- Se a autoridade for federal, a competência será da *Justiça Federal (Juiz Federal).*

> Excelentíssimo Senhor Doutor Juiz Federal da ... Vara Cível Federal de ... da Seção Judiciária de ...

- Se o ato impugnado partir de um Juiz de Direito, a peça deverá ser endereçada ao competente *Tribunal de Justiça.*

> Excelentíssimo Senhor Desembargador Presidente do Tribunal de Justiça de ...

- Caso o ato impugnado parta de um Juiz Federal, a competência será do *Tribunal Regional Federal* competente.

> Excelentíssimo Senhor Desembargador Presidente do Tribunal Regional Federal da ... ª Região

- Se o ato impugnado tiver origem no Tribunal de Justiça, Tribunal Regional Federal, Superior Tribunal de Justiça ou Supremo Tribunal Federal, será competente o *Pleno ou Órgão Especial dos referidos Tribunais.*

> Excelentíssimo Senhor Desembargador da ...ª Câmara Cível do Tribunal ...

- As competências do STJ estão previstas no art. 105, I, da CRFB. Por exemplo, se o ato impugnado partir de um Ministro de Estado, a competência será do Superior Tribunal de Justiça.

> Excelentíssimo Senhor Ministro Presidente do Superior Tribunal de Justiça

- As competências do STF estão previstas no art. 102, I, da CRFB. Caso, por exemplo, o ato impugnado parta do Presidente da República, a competência será daquele Tribunal.

69 NEVES, Daniel Amorim Assumpção. *Ações constitucionais.* Rio de Janeiro: Forense; São Paulo: Método, 2011. p. 122.

Excelentíssimo Senhor Ministro Presidente do Supremo Tribunal Federal

Sujeito ativo

A Lei nº 12.016/2009, em seu art. 1º, dispõe:

> Art. 1º Conceder-se-á mandado de segurança para proteger direito líquido e certo, não amparado por *habeas corpus* ou *habeas data*, sempre que, ilegalmente ou com abuso de poder, *qualquer pessoa física ou jurídica* sofrer violação ou houver justo receio de sofrê-la por parte de autoridade, seja de que categoria for e sejam quais forem as funções que exerça.

No que tange ao mandado de segurança individual, o impetrante pode ser pessoa física, pessoa jurídica, órgão público ou ainda uma universalidade patrimonial privada (espólio, condomínio etc.). Vale dizer que, quanto ao Mandado de Segurança Individual impetrado por particular, não há limitação à legitimidade ativa, observando-se, evidentemente, os requisitos formais de cada pessoa.

O mandado de segurança coletivo (art. 5º, LXX, da CRFB) pode ser impetrado por partido político com representação no Congresso Nacional; por organização sindical; por entidade de classe e associação legalmente constituída a menos de um ano, em defesa dos interesses de seus membros e associados (art. 21 da Lei nº 12.016/2009).

Sobre o tema, duas súmulas do STF merecem destaque:

> Súm. nº 629 do STF: A impetração do mandado de segurança coletivo por entidade de classe em favor dos seus associados independe de autorização destes.

> Súm. nº 630 do STF: A entidade de classe tem legitimação para o mandado de segurança ainda quando a pretensão veiculada interesse apenas uma parte da categoria respectiva.

Obs.: O Ministério Público pode impetrar mandado de segurança em nome próprio, ou em nome daqueles cujos interesses, por força da função que exercem, lhe cumprem defender.

Sujeito passivo

O impetrado é a autoridade ou o agente coator. A pessoa que disponha de competência para corrigir a ilegalidade apontada. A pessoa que ordena ou omite a prática do ato impugnado.

Obs.: Nos órgãos colegiados, o coator é seu presidente.

O agente coator pode ser autoridade pública (as autoridades propriamente ditas, os dirigentes e administradores de autarquias e de entidades paraestatais) ou pode ser o agente de pessoa jurídica de direito privado que exerça atribuições de poder público. Os arts. 1º, § 1º, e 2º da Lei nº 12.016/2009 tratam do tema:

> Art. 1º (...)
>
> § 1º Equiparam-se às autoridades, para os efeitos desta Lei, os representantes ou órgãos de partidos políticos e os administradores de entidades autárquicas, bem como os dirigentes de pessoas jurídicas ou as pessoas naturais no exercício de atribuições do poder público, somente no que disser respeito a essas atribuições.
>
> (...)
>
> Art. 2º Considerar-se-á federal a autoridade coatora se as consequências de ordem patrimonial do ato contra o qual se requer o mandado houverem de ser suportadas pela União ou entidade por ela controlada.

Com relação à autoridade judiciária, a Súm. nº 267 do STF prescreve que não cabe MS contra ato judicial passível de recurso ou correição parcial. O art. 5º, II, da Lei nº 12.016/2009 reforça esse entendimento:

> Art. 5º Não se concederá mandado de segurança quando se tratar:
>
> I – de ato do qual caiba recurso administrativo com efeito suspensivo, independentemente de caução;
>
> II – de decisão judicial da qual caiba recurso com efeito suspensivo;
>
> III – de decisão judicial transitada em julgado.

Conforme visto no tópico "competência/endereçamento", a autoridade coatora influenciará diretamente sobre o endereçamento da petição.

> **Obs.:** Conforme Súm. nº 510, do STF, "praticado o ato por autoridade, no exercício de competência delegada, contra ela cabe o mandado de segurança ou a medida judicial".

O Mandado de Segurança é impetrado, e não ajuizado. A parte autora é denominada impetrante e a parte ré, impetrada.

Da liminar

Apesar do procedimento célere do mandado de segurança, a Lei nº 12.016/2009 prevê a possibilidade de liminar para tal remédio constitucional. O art. 7º, III, da Lei nº 12.016/2009 trata dos requisitos e da possibilidade de deferimento de medida liminar em mandado de segurança:

> Art. 7º Ao despachar a inicial, o juiz ordenará: (...)
>
> III – que se suspenda o ato que deu motivo ao pedido, quando houver *fundamento relevante* e do ato impugnado puder resultar a *ineficácia da medida*, caso seja finalmente deferida, sendo facultado exigir do impetrante caução, fiança ou depósito, com o objetivo de assegurar o ressarcimento à pessoa jurídica.

Portanto, resta clara a possibilidade de concessão de medida liminar, desde que se cumpram os requisitos do fundamento relevante (equiparado ao *fumus boni juris*) e a possibilidade da ineficácia da medida (*periculum in mora*). Basicamente, esses são os requisitos encontrados em pedidos liminares.

> **Obs.:** De acordo com o § 1º do referido art. 7º, da decisão do juiz de primeiro grau que conceder ou denegar a liminar caberá agravo de instrumento.

Vale ficar atento às restrições para a concessão de medidas liminares em sede de mandado de segurança, que se estendem ao instituto da tutela de urgência antecipada (art. 300, § 3º, do NCPC), especialmente aquela prevista no art. 7º, § 2º, da Lei nº 12.016/2009:

> § 2º Não será concedida medida liminar que tenha por objeto a compensação de créditos tributários, a entrega de mercadorias e bens provenientes do exterior, a reclassificação ou equiparação de servidores públicos e a concessão de aumento ou a extensão de vantagens ou pagamento de qualquer natureza.

Fique atento também à questão da caução para o pleito da medida liminar, pois o próprio inc. III do art. 7º da Lei nº 12.016/2009 permite tal possibilidade.

Prazo do mandado de segurança

O prazo para impetração é de 120 (cento e vinte) dias,[70] contados da ciência do ato impugnado (art. 23 da Lei nº 12.016/2009). Tal prazo não se interrompe pela apresentação de pedido de reconsideração em esfera administrativa, conforme Súm. nº 430 do STF: "Pedido de reconsideração na via administrativa não interrompe o prazo para o mandado de segurança".

---

70 De acordo com a Súm. nº 632 do STF, é constitucional lei que fixa o prazo de decadência para a impetração de mandado de segurança.

A partir dessa Súmula, é permitido afirmar que o prazo de 120 (cento e vinte) dias não se interrompe pela apresentação de reclamação administrativa, caso contrário o prazo previsto em lei poderia ser manipulado.

Demais considerações

Não há condenação em honorários no *writ*, segundo disposto no art. 25 da Lei nº 12.016/2009. O tema é pacífico nos tribunais, existindo duas súmulas a seu respeito: a Súm. nº 512 do STF e a Súm. nº 105 do STJ, que dispõem, respectivamente, o seguinte:

> Súm. nº 512 do STF. Não cabe condenação em honorários de advogado na ação de mandado de segurança.
>
> Súm. nº 105 do STJ. Na ação de mandado de segurança não se admite condenação em honorários advocatícios.

Especificamente para fins de exame de ordem, recomenda-se que o candidato siga os termos estritos da lei, não postulando a condenação da autoridade coatora no pagamento de honorários advocatícios, nos termos do art. 25 da Lei nº 12.016/2009.

A sentença que concede a segurança está sujeita a reexame obrigatório e ao recurso voluntário de apelação, mas admite execução provisória (art. 520 do NCPC). Da sentença que denega a segurança, cabe apelação, com efeito meramente devolutivo, e os demais recursos previstos no Código de Processo Civil.

Em caso de concessão da ordem, *a decisão não produz efeitos patrimoniais*, eis que o objeto do mandado de segurança é apenas a concessão da ordem para invalidar, revogar, rescindir ou anular o ato ilegal ou abusivo. Seus efeitos são *ex tunc* (retroativos).

> Súm. nº 271 do STF. Concessão de mandado de segurança não produz efeitos patrimoniais em relação a período pretérito, os quais devem ser reclamados administrativamente ou pela via judicial própria.

Em caso de denegação da ordem, caso não seja analisado o mérito, a sentença não faz coisa julgada, e é permitida a impetração de novo MS, conforme o art. 6º, § 6º, da Lei nº 12.016/2009. Julgado ou não o mérito, a denegação do MS não impede o ajuizamento de ação própria (Súm. nº 304 do STF).

> Súm. nº 304 do STF: Decisão denegatória de mandado de segurança, não fazendo coisa julgada contra o impetrante, não impede o uso da ação própria.

CASO PRÁTICO

(Exame 2010.2) Mévio de Tal, com quarenta e dois anos de idade, pretende candidatar-se a cargo vago, mediante concurso público, organizado pelo Estado X, tendo, inclusive, se matriculado em escola preparatória. Com a publicação do edital, é surpreendido com a limitação, para inscrição, dos candidatos com idade de, no máximo, vinte e cinco anos. Inconformado, apresenta requerimento ao responsável pelo concurso, que aduz o interesse público, tendo em vista que, quando mais jovem, maior tempo permanecerá no serviço público o aprovado no certame, o que permitirá um menor déficit nas prestações previdenciárias, um dos problemas centrais do orçamento do Estado na contemporaneidade. O responsável pelo concurso é o Governador do Estado X. Não há previsão legal para o estabelecimento de idade mínima, sendo norma constante do edital do concurso.

Não há necessidade de produção de provas e o prazo entre a publicação do edital e da impetração da ação foi menor que 120 (cento e vinte) dias.

Na qualidade de advogado contratado por Mévio, redigir a peça cabível ao tema, observando:

a) competência do Juízo;

b) legitimidade ativa e passiva;

c) fundamentos de mérito constitucionais e legais vinculados;

d) os requisitos formais da peça inaugural;

e) necessidade de tutela de urgência.

MODELO

EXCELENTÍSSIMO SENHOR DOUTOR DESEMBARGADOR PRESIDENTE DO TRIBUNAL DE JUSTIÇA DO ESTADO X

Mévio de Tal, nacionalidade..., estado civil..., profissão..., RG..., inscrito no CPF/MF sob o nº..., residente e domiciliado na Rua..., Bairro..., Cidade..., endereço eletrônico ..., por seu advogado inscrito na OAB/... sob o nº..., que esta subscreve (instrumento de mandato anexo), com endereço na Rua...,..., Bairro..., local indicado para receber intimações, vem, respeitosamente, à presença de Vossa Excelência, com fundamento no art. 5º, inc. LXIX, da CRFB/1988, art. 319 do NCPC e em conformidade com o art. 1º e ss. da Lei nº 12.016/2009, impetrar

MANDADO DE SEGURANÇA COM PEDIDO DE LIMINAR

em face do Governador do Estado X, pelos motivos a seguir expostos:

I – DOS FATOS

O Impetrante, atualmente com quarenta e dois anos de idade, pretendendo candidatar-se a cargo vago, mediante concurso público, foi surpreendido com a previsão do edital do concurso que estabelece para inscrição dos candidatos a idade de, no máximo, vinte e cinco anos. Esta previsão impede que o impetrante se candidate a referido cargo mediante concurso público. Inconformado, apresentou requerimento ao Governador do Estado X, responsável pelo concurso, que aduziu o interesse público, pois, quanto mais jovem for o candidato, mais tempo permanecerá no serviço público, se aprovado no certame, o que permitirá um menor déficit nas prestações previdenciárias.

Com fundamento na previsão editalícia do concurso, Mévio de Tal está sendo impedido de inscrever-se no certame, caracterizando um ato inconstitucional e abusivo.

Expostos os fatos que ensejaram a impetração do presente *writ*, passemos aos fundamentos jurídicos deste remédio constitucional.

II – DO DIREITO

De acordo com o inciso III do artigo 1º da Constituição Federal de 1988, a República Federativa do Brasil tem como fundamento basilar a dignidade da pessoa humana. Desse modo, todos os entes federativos, ao agir, devem respeitar os direitos e as garantias da pessoa humana, assegurando o mínimo necessário para sua existência.

Para a proteção dos trabalhadores urbanos e rurais, é proibido adotar critérios de admissão por motivo de idade (art. 7º, inc. XXX, da CRFB).

Nada obstante, o Texto Maior prevê que é vedado à União, aos Estados, ao Distrito Federal e aos Municípios criar distinções entre brasileiros ou preferências entre si (art. 19, "caput", inc. III). Por consequência, os entes federativos não podem estabelecer discriminações entre os nacionais, como ocorre no caso em voga. Além disso, no art. 37, "caput" e inc. I, da Constituição Federal vigente há a determinação de que a administração pública direta e indireta de qualquer dos entes federativos, inclusive os Estados-membros, deve respeitar, entre outros princípios, a legalidade, bem como assegurar que os cargos, os empregos e as funções públicas sejam acessíveis aos brasileiros que preencham os requisitos estabelecidos em lei.

Assim, o Edital que organiza o concurso para provimento de cargo vago exige, como requisito para inscrição no respectivo concurso público, que os candidatos tenham a idade de, no máximo, vinte e cinco anos.

Neste caso, há evidente desrespeito ao art. 37, inc. II, da Constituição Federal brasileira, que estabelece que a investidura em cargo ou emprego público depende de aprovação prévia em concurso público de provas ou de provas e títulos, de acordo com a natureza e a complexidade do cargo ou emprego, na forma prevista em lei, não havendo, para o caso em tela, previsão legal para o estabelecimento de idade máxima.

Desse modo, verifica-se que o Edital, que estabelece como critério de eliminação dos candidatos, já na fase de inscrição, o simples fato de terem idade superior a vinte e cinco anos, exorbitou a imposição constitucional que exige uma lei para estabelecer os critérios de ingresso e classificatórios de ingresso na carreira pública.

Por conta das regras estabelecidas no Edital, sob responsabilidade do Governador, o Impetrante teve negada a sua inscrição no concurso, pois já tem a idade de quarenta e dois anos. Tal situação afronta o princípio da razoabilidade e da proporcionalidade, que determina a utilização da ponderação e da lógica na aplicação das normas legais.

Admitir-se-ia a exigência de requisitos razoáveis e proporcionais para ingresso no serviço público previstos em lei, o que não ocorreu no presente caso, já que a restrição imposta e mantida pelo Governador do Estado X não respeita tais limites. Desse modo, o interesse público meramente financeiro ou orçamentário, sustentado por uma autoridade que preside um concurso público, não pode vedar a candidatura de pessoas com idade superior a prevista no edital.

Vale ressaltar que o impetrante teve negado seu pedido de inscrição no certame, de modo que tal situação afronta o princípio da razoabilidade e da proporcionalidade, pois inexiste uma correlação lógica entre o fator discriminador utilizado com a aptidão do Impetrante para o cargo. Ademais, eventuais déficits na Previdência devem ser dirimidos com uma melhor divisão e gerenciamento do orçamento público, e não com o cerceamento do direito constitucionalmente previsto. Portanto, não constando em lei os critérios, que devem ser razoáveis e proporcionais, a serem observados e que causem recusa a inscrição no certame, não pode o edital impor tal limitação de idade, uma vez que os incisos I e II do art. 37 da Constituição brasileira estabelecem uma reserva legal, e, portanto, apenas a lei pode determinar critérios específicos a serem observados e que, se descumpridos, podem acarretar a automática eliminação do concurso.

Ante o exposto, ficou demonstrado que a Autoridade Coatora desrespeitou direito líquido e certo do Impetrante ao impedir a sua inscrição no concurso de ingresso da carreira pública, ofendendo expressamente o disposto nos arts. 1º, inc. III, 7º, XXX, 19, inc. III e 37, incs. I e II, todos da CRFB/1988.

No Edital foram criadas restrições que não são razoáveis e não são proporcionais, devendo, desse modo, ser incidentalmente declarado inconstitucional, afastando-se sua aplicação e anulando o ato coator praticado, autorizando-se que o Impetrante se inscreva no concurso e realize as provas normalmente.

DA LIMINAR

O art. 7º, inc. III, da Lei nº 12.016/2009, que regulamenta o Mandado de Segurança, dispõe que a liminar será concedida, suspendendo-se o ato que deu motivo ao pedido quando for relevante o fundamento do pedido e do ato impugnado puder resultar a ineficácia da medida.

A relevância do fundamento pode ser entendida como a plausibilidade do direito invocado ou, na expressão latina, "fumus boni iuris". Já a ineficácia da medida, caso não seja deferida de imediato, refere-se ao chamado "periculum in mora".

Assim, estão presentes o "fumus boni iuris", pois a inconstitucionalidade é manifesta, uma vez que foi violada a determinação constitucional de que é uma lei quem deve estabelecer os requisitos para o ingresso na carreira pública, bem como o "periculum in mora", pois, não podendo sequer se inscrever, o Impetrante estará excluído definitivamente do concurso, justificando plenamente o pedido de liminar.

III – DO PEDIDO

Posto isso, requer o Impetrante a Vossa Excelência se digne:

a) conceder, liminarmente, a segurança requerida, expedindo ofício à Autoridade Coatora para suspender o ato abusivo previsto no edital do concurso e para cumprir as determinações legais (art. 9º da Lei nº 12.016/2009), possibilitando ao candidato, ora Impetrante, inscrever-se no concurso;

b) determinar a notificação pessoal da autoridade coatora, o Senhor Governador, para prestar informações no prazo legal de dez dias, como de direito, entregando-lhe a segunda via da petição inicial acompanhada dos documentos reproduzidos por cópia;

c) dar ciência do feito ao representante judicial da pessoa jurídica a qual está vinculada a autoridade coatora, nos termos do art. 7º, inc. III, da Lei nº 12.016/2009;

d) determinar a intimação do Ministério Público para oferecer parecer, nos termos do art. 12 da Lei nº 12.016/2009;

e) acatar as provas que demonstram o direito líquido e certo do Impetrante que acompanham a presente petição inicial, confirmando a prova pré-constituída como exigência no mandado de segurança (cópia do ato impugnado);

f) informar o impetrante que concorda com a realização de audiência de conciliação/mediação.

Requer, ao final, a concessão da segurança e a ratificação da liminar deferida permitindo a inscrição do candidato no concurso público e, assim, faça as provas normalmente.

Dá-se à causa, para efeitos fiscais e de alçada, o valor de R$ ...

Termos em que,
pede deferimento.

Local ... Data ...
Advogado...
OAB/UF ...

10. Ação Popular

Conceito e objeto

Controle Popular da Administração Pública (República = Responsabilidade dos gestores).

A Ação Popular caracteriza-se por ser uma forma direta de participação na vida política do Estado, ao lado do plebiscito, do referendo e da iniciativa popular de lei.

Pela Ação Popular, em linhas gerais, o cidadão busca proteger a coisa pública, de modo que, conforme o disposto no art. 5º, LXXIII:

> Qualquer cidadão é parte legítima para propor ação popular que vise a anular ato lesivo ao patrimônio público ou de entidade de que o Estado participe, à moralidade administrativa, ao meio ambiente e ao patrimônio histórico e cultural, ficando o autor, salvo comprovada má-fé, isento de custas judiciais e do ônus da sucumbência.

A Lei nº 4.717/1965 regulamenta a Ação Popular. Na verdade, referida lei foi *recepcionada* pela Constituição Federal de 1988, como também o foi pela Constituição de 1967. A Lei da Ação Popular (LAP), tratada do assunto de forma pormenorizada, a começar do seu art. 1º:

> Art. 1º Qualquer cidadão será parte legítima para pleitear a anulação ou a declaração de nulidade de atos lesivos ao patrimônio da União, do Distrito Federal, dos Estados, dos Municípios, de entidades autárquicas, de sociedades de economia mista (Constituição, art. 141, § 38), de sociedades mútuas de seguro nas quais a União represente os segurados ausentes, de empresas públicas, de serviços sociais autônomos, de instituições ou fundações para cuja criação ou custeio o tesouro público haja concorrido ou concorra com mais de cinquenta por cento do patrimônio ou da receita ânua, de empresas incorporadas ao patrimônio da União, do Distrito Federal, dos Estados e dos Municípios, e de quaisquer pessoas jurídicas ou entidades subvencionadas pelos cofres públicos.
>
> § 1º Consideram-se patrimônio público para os fins referidos neste artigo, os bens e direitos de valor econômico, artístico, estético, histórico ou turístico.

Resumidamente, pode-se dizer que a Ação Popular é cabível para anular ato lesivo aos seguintes bens ou interesses:

I) Patrimônio público ou de entidade de que o Estado participe;

II) Moralidade administrativa;

III) Meio ambiente;

IV) Patrimônio histórico e cultural.

> **Obs.:** Não estão sujeitos à Ação Popular atos políticos (ex.: declarar guerra, celebrar um tratado internacional) ou jurisdicionais.

Importante observação deve-se extrair da lição de Elpídio Donizetti[71] no que se refere ao alcance da Ação Popular:

> Por fim, saliente-se que, até aqui, foi utilizada tão somente a expressão *ato lesivo,* que, embora adotada pela Constituição e pela LAP, dá a equivocada noção de que a ação popular pode ser manejada apenas em face de conduta comissiva. Entende-se, todavia, que se de omissão da Administração Pública resultar lesão ao patrimônio público, à moralidade administrativa, ao meio ambiente ou ao patrimônio histórico e cultural, não há óbice algum à impugnação de tal conduta por meio da ação popular.

Assim, poderá ser ajuizada Ação Popular em caso de omissão da Administração Pública capaz de provocar lesão aos já citados institutos protegidos pela Constituição e pela LAP. Esse é o entendimento jurisprudencial:

> (...) 6. Contudo, a título de esclarecimento, buscando evitar possíveis aclaratórios, entendo que nos termos do art. 6º da Lei nº 4.717/1965 a ação popular deve ser proposta também contra a autorida-

71 DONIZETTI, Elpídio. *Ações constitucionais*. 2. ed. São Paulo: Atlas, 2010. p. 243.

de que for omissa na prática do ato impugnado, pois o legislador pretendeu alcançar, da forma mais abrangente possível, todos aqueles que de alguma forma contribuíram para a realização do ato impugnado na ação popular. (...) 7. Diante disso, dúvidas não pairam de que o Sr. Newton Cardoso, então Governador do Estado, enquadra-se, perfeitamente e obrigatoriamente, na condição de autoridade prevista em lei, revelando-se inequívoca a sua legitimidade passiva *ad causam* à luz do art. 6º da LAP, haja vista sua atuação omissiva, pois não desaprovou a concretização da transferência do controle acionário do Banco Agrimisa S/A.

STJ – REsp 295604/MG – 1ª Turma – rel. Min. Benedito Gonçalves – *DJe* 21-10-2010.

Obs.: Em se tratando de prova prática de Direito Constitucional, convém estudar bem o art. 37 da CRFB, e todos os seus incisos.

Os princípios constitucionais da Administração Pública são uma matéria indispensável para o estudo antes de realizar uma prova prática de Direito Constitucional.

Medidas cautelares e antecipatórias

Em sede de ação popular, é possível tomar medidas cautelares e até mesmo antecipatórias. Notadamente quando se tratar de defesa do patrimônio público, caberá liminar de suspensão do ato lesivo impugnado, conforme estabelece o art. 5º, § 4º, da LAP. Também será possível vislumbrar a aplicação dos instrumentos de tutela antecipada, os quais estão previstos no novo Código de Processo Civil, especificamente no art. 294 e ss.

Note, ainda, que o art. 14, § 4º, da LAP prevê também medida cautelar no sentido de que a parte condenada a restituir bens ou valores ficará sujeita ao sequestro e à penhora, desde a prolação da sentença condenatória.

Legitimidade

Polo ativo

Este tópico deve ser iniciado com a seguinte indagação: qualquer brasileiro pode propor Ação Popular?

A resposta é negativa. Para fazer uso desta ação é necessário ter a qualidade de *cidadão*, em *sentido estrito*: brasileiro nato ou naturalizado em pleno gozo de seus direitos políticos. A prova da cidadania se faz pela juntada do competente título de eleitor, ou documento que a ele corresponda, conforme preconiza o art. 1º, § 3º, da LAP.

Obs.: Até por uma consequência lógica, o STF editou a Súm. nº 365, pela qual fica ainda mais claro que não pode ajuizar Ação Popular pessoa jurídica.

Nesse sentido, não podem ajuizar Ação Popular aqueles que estiverem com seus direitos suspensos ou perdidos, na forma estabelecida pelo art. 15 da CRFB.

Nada obstante, segundo preconiza o § 5º do art. 6º da LAP, é facultado a qualquer cidadão habilitar-se como litisconsorte ou assistente do autor da ação popular.

Importante ressaltar que o Ministério Público não pode ajuizar Ação Popular, mas poderá figurar no polo ativo da ação em caso de desistência ou abandono da causa pelo autor, conforme art. 9º da Lei de Ação Civil Pública.

Polo passivo

Conforme dispõe o art. 6º da LAP, a ação será proposta contra as pessoas públicas ou privadas e as entidades referidas no art. 1º, contra as autoridades, funcionários ou administradores que houverem autorizado, aprovado, ratificado ou praticado o ato impugnado, ou que, por omissas, tiverem dado oportunidade à lesão, e contra os beneficiários diretos dele.[72]

---

72 "Art. 20. Para os fins desta lei, consideram-se entidades autárquicas:

a) o serviço estatal descentralizado com personalidade jurídica, custeado mediante orçamento próprio, independente do orçamento geral;

b) as pessoas jurídicas especialmente instituídas por lei, para a execução de serviços de interesse público ou social, custeados por tributos de qualquer natureza ou por outros recursos oriundos do Tesouro Público;

c) as entidades de direito público ou privado a que a lei tiver atribuído competência para receber e aplicar contribuições parafiscais."

A princípio, é importante notar a amplitude para o enquadramento do polo passivo da Ação Popular, sendo certo que a abertura tem o objetivo de proteger o patrimônio público daqueles que, de alguma maneira, infringiram os preceitos protegidos por este importante remédio constitucional.

Logo, é facilmente perceptível a possibilidade de litisconsórcio nas Ações Populares, de modo que até mesmo aqueles que se beneficiaram diretamente pela ação ou omissão poderão compor a lide.

A intervenção do Ministério Público

O Ministério Público exerce importante papel na Ação Popular, de modo que sua indicação na petição inicial é imprescindível.

Alguns dispositivos indicam que o Ministério Público funcionará como *custos legis* na Ação Popular, de modo que, além de fiscalizar os atos e prazos processuais, assumirá a ação em caso de desistência ou até mesmo de "absolvição de instância" (art. 9º da LAP).

Conforme o § 4º do art. 6º da LAP, o Ministério Público acompanhará a ação, cabendo-lhe apressar a produção da prova e promover a responsabilidade, civil ou criminal, dos que nela incidirem, sendo-lhe vedado, em qualquer hipótese, assumir a defesa do ato impugnado ou dos seus autores.

Competência

A fixação de competência ocorre pela origem do ato, conforme estabelece o art. 5º da LAP:

> Art. 5º Conforme a origem do ato impugnado, é competente para conhecer da ação, processá-la e julgá-la o juiz que, de acordo com a organização judiciária de cada Estado, o for para as causas que interessem à União, ao Distrito Federal, ao Estado ou ao Município.
>
> § 1º Para fins de competência, equiparam-se atos da União, do Distrito Federal, do Estado ou dos Municípios os atos das pessoas criadas ou mantidas por essas pessoas jurídicas de direito público, bem como os atos das sociedades de que elas sejam acionistas e os das pessoas ou entidades por elas subvencionadas ou em relação às quais tenham interesse patrimonial.
>
> § 2º Quando o pleito interessar simultaneamente à União e a qualquer outra pessoa ou entidade, será competente o juiz das causas da União, se houver; quando interessar simultaneamente ao Estado e ao Município, será competente o juiz das causas do Estado, se houver.
>
> § 3º A propositura da ação prevenirá a jurisdição do juízo para todas as ações, que forem posteriormente intentadas contra as mesmas partes e sob os mesmos fundamentos.

A Ação Popular é proposta, em regra, no juízo de primeiro grau, de acordo com as regras gerais de competência.

É indispensável a leitura do art. 109 da CRFB, o qual indica o ajuizamento da Ação Popular na Justiça Federal; no entanto, as Súm. nºˢ 508 e 556 do STF orientam em sentido contrário:

> Súm. nº 508: Compete à justiça estadual, em ambas as instâncias, processar e julgar as causas em que for parte o Banco do Brasil, S.A.
>
> Súm. nº 556: É competente a justiça comum para julgar as causas em que é parte sociedade de economia mista.

Outro ponto que deve ser destacado refere-se ao ajuizamento de Ação Popular para impugnar ato praticado pelo Presidente da República.

> AÇÃO ORIGINÁRIA. QUESTÃO DE ORDEM. AÇÃO POPULAR. COMPETÊNCIA ORIGINÁRIA DO SUPREMO TRIBUNAL FEDERAL: NÃO OCORRÊNCIA. PRECEDENTES. 1. A competência para julgar ação popular contra ato de qualquer autoridade, até mesmo do Presidente da República, é, via de regra, do juízo competente de primeiro grau. Precedentes. 2. Julgado o feito na primeira instância, se ficar configurado o impedimento de mais da metade dos desembargadores para apreciar o recurso voluntário ou a remessa obrigatória, ocorrerá a competência do Supremo Tribunal Federal, com base na letra *n* do inc. I, segunda parte, do art. 102 da CRFB. 3. Resolvida a Questão de Ordem para estabelecer a competência de um dos juízes de primeiro grau da Justiça do Estado do Amapá.
>
> (STF – QO em AO 859-0/AP – Plenário – rel. Min. Ellen Gracie – *DJ* 1º-8-2003)

Assim, não deverá ser ajuizada a referida ação conforme indicação da norma, mas sim na Justiça Comum (Federal).

Obs.: Ainda persiste a Ação Popular de competência originária no STF, mas somente nos casos do art. 102, I, "f" e "n", da CRFB.

Dos pedidos e demais requerimentos

Em primeiro lugar, o candidato deverá observar a necessidade de tutela de urgência (cautelar/antecipada). No mais, o pedido da Ação Popular deverá ser no sentido de invalidar o ato/omissão administrativo eivado, de modo que, processualmente, o pedido deverá ser constitutivo-negativo. Além disso, deverá ser formulado um pedido condenatório sempre que necessário. O caso prático que analisaremos a seguir servirá de parâmetro para tal formulação.

No mais, todos os requerimentos devem ser feitos, ou seja, o candidato deverá observar os requisitos do art. 319 do NCPC, de modo que a citação e as provas deverão ser requeridas.

Além disso, ressalte-se não haverá necessidade de recolhimento de custas processuais, conforme determina a própria Constituição Federal, no art. 5º, inc. LXXIII (é aconselhável mencionar tal gratuidade).

O candidato deverá atentar-se para a formulação de pedido para que o Ministério Público se manifeste nos autos.

Também deverá ser requerida a condenação da parte ré no pagamento de verba sucumbencial, apesar da gratuidade mencionada.

Vejamos um caso prático, a seguir.

CASO PRÁTICO
(VI Exame unificado) Esculápio da Silva, brasileiro, casado, engenheiro, domiciliado na capital do Estado de WYK, é comunicado por amigos que a Administração do Estado está providenciando um plano de obras custosas e pretendendo que elas sejam entregues, independentemente de licitação, a empresas com vínculos pessoais com dirigentes do seu partido político. Os valores correspondentes às obras são incluídos no orçamento, observado o devido processo legislativo. Quando da realização das obras, aduz a necessidade de urgência diante de evento artístico de grande repercussão a realizar-se em aproximadamente um ano, o que inviabilizaria a realização de procedimento licitatório e designa três empresas para repartir as verbas orçamentárias, cabendo a cada uma realizar parte da obra preconizada. As empresas Mastodonte S.A., Mamute S.A. e Dente de Sabre S.A. aceitam, de bom grado, o encargo e assinam os contratos com a Administração. O valor das obras corresponde a um bilhão de reais. Inconformado com esse fato, Esculápio da Silva, cidadão que gosta de participar ativamente da defesa da Administração Pública e está em dia com seus direitos políticos, procura orientação jurídica e, após, resolve ajuizar a competente ação. Na qualidade de advogado, elabore a peça cabível, observando: a) competência do juízo; b) legitimidade ativa e passiva; c) fundamentos de mérito constitucionais e legais vinculados; d) os requisitos formais da peça; e) tutela de urgência.

ESTRUTURA DA PEÇA – ESQUELETO
A ação popular pode ser proposta por qualquer cidadão para proteção contra atos que causem danos ao erário. No caso vertente, havendo irregularidades na licitação, possível a ação popular lastreada na violação dos princípios regentes da Administração Pública (art. 37, *caput*, da CRFB), quais sejam, moralidade, impessoalidade, moralidade, publicidade e eficiência, bem como o do inc. XXI ("ressalvados os casos especificados na legislação, as obras, serviços, compras e alienações serão contratados mediante processo de licitação pública que assegure igualdade de condições a todos os concorrentes, com cláusulas que estabeleçam obrigações de pagamento, mantidas as condições efetivas da proposta, nos termos da lei, o qual somente permitirá as exigências de qualificação técnica e econômica indispensáveis à garantia do cumprimento das obrigações"). O autor será o cidadão indicado no enunciado e os réus serão: o Estado e as empresas beneficiárias (art. 6º da Lei nº 4.717/1965). Os requisitos da petição inicial seguem os mesmos do rito comum (art. 319 do NCPC). Há intervenção obrigatória do Ministério Público (art. 6º, § 4º, da Lei nº 4.717/1965). O juízo competente é aquele com competência fazendária (art. 5º da Lei nº 4.717/1965). Consoante o enunciado, o Juízo competente é o da Comarca sede, que tem competência fazendária.

EXCELENTÍSSIMO SENHOR DOUTOR JUIZ DE DIREITO DA VARA CÍVEL DA COMARCA DA CAPITAL DO ESTADO WYK

ESCULÁPIO DA SILVA, brasileiro, casado, engenheiro, residente e domiciliado na Rua... , nº... , Capital do Estado WYK, portador da Cédula de Identidade RG nº... , inscrito no CPF/MF sob o nº... , portador do título de eleitor nº..., Seção..., Zona..., cidadão em pleno gozo de seus direitos (documento para a comprovação da legitimidade ativa para a presente ação, nos termos do art. 1º, § 3º, da Lei nº 4.717/1965), endereço eletrônico ..., por seu advogado inscrito na OAB..., sob nº..., que esta subscreve (instrumento de mandato incluso, doc.), com endereço na Rua..., ..., local indicado para receber intimações, vem, respeitosamente, à presença de Vossa Excelência, com fundamento no art. 5º, inc. LXXIII, da CRFB e Lei nº 4.717/1965, propor

AÇÃO POPULAR COM PEDIDO DE LIMINAR

em face do Senhor Governador do Estado WYK (qualificação completa), com domicílio profissional na sede do Governo estadual, dos senhores responsáveis legais das EMPRESAS MASTODONTE S.A., MAMUTE S.A. E DENTE DE SABRE S.A. (qualificações completas e com domicílios profissionais respectivos), pelos motivos de fato e de direito a seguir aduzidos.

I – DOS FATOS

O autor é domiciliado na capital do Estado WYK e foi comunicado, por amigos, que a Administração do Estado está providenciando um plano de obras custosas e que, independentemente de licitação, pretende que as obras sejam entregues para empresas com vínculos pessoais com dirigentes do partido político ao qual pertence essa Administração.

Os valores correspondentes às obras foram incluídos no orçamento, observado o devido processo legislativo. Quando da realização das obras, a Administração aduziu a necessidade de urgência diante de evento artístico de grande repercussão a realizar-se em aproximadamente um ano, o que inviabilizaria a realização de procedimento licitatório e designa três empresas para repartir as verbas orçamentárias, cabendo a cada uma realizar parte da obra preconizada.

As empresas Mastodonte S.A., Mamute S.A. e Dente de Sabre S.A. aceitam o encargo e assinam os contratos com a Administração. O valor das obras corresponde a um bilhão de reais.

O autor é um cidadão que gosta de participar ativamente da defesa da Administração Pública, está em dia com seus direitos políticos e, uma vez ciente dos fatos, não teve alternativa, a não ser impetrar a presente Ação Popular.

II – DO DIREITO

A ação popular é um remédio constitucional usado para a proteção do patrimônio público e, como tal, está previsto na Constituição Federal, no inciso LXXIII do seu artigo 5º, onde se lê:

> "qualquer cidadão é parte legítima para propor ação popular que vise a anular ato lesivo ao patrimônio público ou de entidade de que o Estado participe, à moralidade administrativa, ao meio ambiente e ao patrimônio histórico e cultural, ficando o autor, salvo comprovada má-fé, isento de custas judiciais e do ônus da sucumbência."

Como se verifica "qualquer cidadão" é legitimado ativo para propor a ação popular. Entende-se por cidadão o brasileiro em pleno gozo de seus direitos políticos, o que o Impetrante, Esculápio da Silva, comprova juntando o Título de Eleitor e a certidão de regularidade da Justiça Eleitoral (doc.).

A exigência de ser cidadão também está expressamente prevista no art. 1º da Lei nº 4.717/1965 abaixo transcrito:

> "Qualquer cidadão será parte legítima para pleitear a anulação ou a declaração de nulidade de atos lesivos ao patrimônio da União, do Distrito Federal, dos Estados, dos Municípios, de entidades autárquicas, de sociedades de economia mista, de sociedades mútuas de seguro nas quais a União represente os segurados ausentes, de empresas públicas, de serviços sociais autônomos, de instituições ou fundações para cuja criação ou custeio o tesouro público haja concorrido ou concorra com mais de cinquenta por cento do patrimônio ou da receita anual, de empresas incorporadas ao patrimônio da União, do Distrito Federal, dos Estados e dos Municípios, e de quaisquer pessoas jurídicas ou entidades subvencionadas pelos cofres públicos."

No art. 6º da Lei da Ação Popular, há a determinação de que a ação será proposta contra as pessoas públicas ou privadas e as entidades referidas no art. 1º, contra as autoridades, funcionários ou administradores que houverem autorizado, aprovado, ratificado ou praticado o ato impugnado, ou que, por omissas, tiverem dado oportunidade à lesão, e contra os beneficiários diretos dele.

Desse modo, devem figurar no polo passivo da presente demanda o Estado WYK e as empresas Mastodonte S.A., Mamute S.A. e Dente de Sabre S.A., que foram beneficiadas com os contratos.

A competência para julgar a presente causa é prevista no "caput" do art. 5º da Lei nº 4.717/1965, onde se lê:

> "Art. 5º Conforme a origem do ato impugnado, é competente para conhecer da ação, processá-la e julgá-la o juiz que, de acordo com a organização judiciária de cada Estado, o for para as causas que interessem à União, ao Distrito Federal , ao Estado ou ao Município."

Destaque-se que, em regra, a ação popular deve ser proposta perante o juízo de primeiro grau, não havendo competência originária de Tribunal para conhecê-la, ou seja, não há foro privilegiado para os chefes do Poder Executivo ou qualquer outra autoridade.

O que é perfeitamente possível é, por questões de organização judiciária, que haja a denominada vara fazendária especializada que reúne os feitos propostos em face do Poder Executivo dos Estados e dos Municípios.

Para a propositura da ação popular, há, ainda, os requisitos legais previstos no art. 2º da Lei nº 4.717/1965, onde se lê:

> "Art. 2º São nulos os atos lesivos ao patrimônio das entidades mencionadas no artigo anterior, nos casos de: a) incompetência; b) vício de forma; c) ilegalidade do objeto; d) inexistência dos motivos; e) desvio de finalidade. Parágrafo único. Para a conceituação dos casos de nulidade observar-se-ão as seguintes normas: (...) d) a inexistência dos motivos se verifica quando a matéria de fato ou de direito, em que se fundamenta o ato, é materialmente inexistente ou juridicamente inadequada ao resultado obtido;"

A ação popular é meio processual constitucional e, como instrumento da cidadania, também protege os princípios da Administração Pública previstos no art. 37, "caput", da Constituição Federal, a saber: legalidade, impessoalidade, moralidade, publicidade e eficiência.

Desse modo, bastaria a ilegalidade do ato administrativo para invalidá-lo, por se desviar dos princípios que norteiam a Administração Pública.

No caso em análise, o prejuízo ao Erário é iminente, pois os valores correspondentes às obras já foram incluídos no orçamento, bem como já foram assinados os contratos com as três empresas escolhidas para repartirem as verbas orçamentárias. Clara a ofensa aos princípios da Administração Pública e ao art. 2º da Lei nº 4.717/1965, em especial à alínea "e" (desvio de finalidade), pois a escolha das três empresas, independentemente de licitação, ao que se observa somente tem respaldo nos vínculos pessoais dos dirigentes do partido político da atual Administração com as referidas empresas.

Há, ainda, a afronta ao inc. XXI do art. 37 da CRFB que estabelece que, ressalvados os casos especificados na legislação, a contratação de obras, serviços, compras e alienações serão, como regra, contratados mediante processo de licitação pública que assegure igualdade de condições a todos os concorrentes, com cláusulas que estabeleçam obrigações de pagamento, mantidas as condições efetivas da proposta, nos termos da lei, o qual somente permitirá as exigências de qualificação técnica e econômica indispensáveis à garantia do cumprimento das obrigações.

A Lei nº 8.666/1993 regulamenta o inc. XXI do art. 37 da CRFB e prevê no art. 3º que a licitação destina-se a garantir a observância do princípio constitucional da isonomia, a seleção da proposta mais vantajosa para a administração e será processada e julgada em estrita conformidade com os princípios básicos da legalidade, da impessoalidade, da moralidade, da igualdade, da publicidade, da probidade administrativa, da vinculação ao instrumento convocatório, do julgamento objetivo e dos que lhes são correlatos.

A referida lei estabelece, no art. 24, as hipóteses para a dispensa da licitação e, especificamente, no inc. IV a dispensa nos casos de emergência ou de calamidade pública e quando a obra possa ser concluída no prazo máximo de 180 dias consecutivos e ininterruptos. Ainda que fosse possível argumentar que há uma situação de emergência, o que realmente não se pode concordar, fica claro que a não realização da licitação cria uma odiosa deferência às empresas contratadas e mais do que isso impossibilita qualquer avaliação técnica e financeira da capacitação real das contratadas. O valor do contrato, já no início, atinge a assombrosa cifra de um bilhão de reais e não há como prever ou garantir o real custo final das obras.

Diante de todo o exposto e da gravidade dos fatos, a presente ação deve ser julgada procedente.

III – DA LIMINAR

Assim estabelece o art. 5º, § 4º, da Lei nº 4.717/1965:

> Art. 5º (...) "§ 4º Na defesa do patrimônio público caberá a suspensão liminar do ato lesivo impugnado."

Há um plano de obras orçadas em um bilhão de reais, com contratados assinados com as empresas Mastodonte S.A., Mamute S.A. e Dente de Sabre S.A. Tais obras foram contratadas sem o processo licitatório e serão custeadas com o dinheiro público do Estado WYK e, como já demonstrado, tal situação atenta contra os princípios da administração pública (art. 37, "caput", e inc. XXI, da Constituição Federal), o que demonstra inequivocamente o "fumus boni iuris".

Uma vez que o processo de licitação sequer foi realizado, os contratos já foram assinados e, considerando que as obras ainda não foram iniciadas, presente está o "periculum in mora", pois se deve evitar que gastos sejam efetuados, tendo em vista a enorme dificuldade de reembolso ou ressarcimento futuro do Erário.

Presentes o "fumus boni iuris" e o "periculum in mora", é cabível o pedido e necessária a concessão da liminar.

IV – DO PEDIDO

Posto isso, requer o Impetrante que Vossa Excelência:

a) conceda liminarmente a suspensão dos contratos assinados e de qualquer ato visando atender às despesas relativas ao início das obras, bem como a sustação de qualquer ato que se digne a pagar tais despesas com recursos públicos;

b) determine a citação dos Impetrados, nos prazos e termos dos incs. I, *a*, e IV do art. 7º da Lei nº 4.717/1965, com cópia da presente, bem como documentos acostados;

c) determine que a Administração do Estado WYK junte, aos autos, todos os documentos referentes ao evento artístico de grande repercussão e ao plano de obras (projetos, orçamentos, planilhas de execução, divisão dos trabalhos entre as contratadas etc.), nos termos do art. 1º, § 4º, da Lei nº 4.717/1965 visando à apuração de eventuais gastos já realizados e se o projeto é realmente exequível;

d) determine a manifestação do Ministério Público (arts. 6º, § 4º, e 7º, "a", ambos da Lei nº 4.717/1965);

e) ao final, julgue procedente o pedido, confirmando a liminar, e determine a anulação dos contratos assinados com os Impetrados, bem como de quaisquer atos administrativos que visem o pagamento de despesas referentes aos referidos contratos;

f) caso já tenha havido algum pagamento referente às obras contratadas sem licitação, condene os Impetrados à devolução dos valores aos cofres públicos, com a comunicação ao Ministério Público para as devidas ações penal e de improbidade que entender pertinentes;

g) condene os Impetrados no pagamento das custas e honorários advocatícios (art. 12 da Lei nº 4.717/1965);

h) informe sobre a impossibilidade de realização de audiência de conciliação/mediação, nos termos do art. 319, VII, do NCPC.

Provará o alegado por todos os meios em direito admitidos, especialmente pelos documentos ora juntados, oitiva de testemunhas e outras mais que se fizerem necessárias, desde já requeridas.

Dá-se à causa o valor de R$ 1.000.000.000,00 (um bilhão de reais).

Nesses termos,
Pede deferimento.

Local ..., data...

Advogado...
OAB/...

11. Ação Civil Pública

Conceito e objeto

Uma importante ação a ser estudada é a AÇÃO CIVIL PÚBLICA, que conta com peculiaridades que não podem ser confundidas com as demais ações do âmbito constitucional.

Em primeiro lugar, no que toca à fundamentação jurídica, é possível dizer que a AÇÃO CIVIL PÚBLICA integra um microssistema jurídico ligado aos direitos METAINDIVIDUAIS, TRANSINDIVIDUAIS ou DIFUSOS.

Isso significa que o alcance de tais INTERESSES DIFUSOS vai além do particular, além do indivíduo. Nesse sentido, o Código de Defesa do Consumidor traz uma boa definição de direitos transindividuais, especificamente no art. 81, par. ún., I, da Lei nº 8.078/1990. Vejamos:

> Art. 81 (...)
>
> Parágrafo único. A defesa coletiva será exercida quando se tratar de:
>
> I – interesses ou direitos difusos, assim entendidos, para efeitos deste código, os transindividuais, de natureza indivisível, de que sejam titulares pessoas indeterminadas e ligadas por circunstâncias de fato;

Ainda que o dispositivo mereça crítica, percebe-se que os direitos difusos referem-se a pessoas indeterminadas ligadas por circunstâncias de fato. As críticas, em resumo, dizem respeito ao termo "*indeterminadas*", quando o correto seria o termo "*indetermináveis*".

Além do inc. I do referido dispositivo, o Código de Defesa do Consumidor, nos dois incisos seguintes, define outros direitos *transindividuais*: direitos coletivos e direitos individuais homogêneos.

Por sua vez, a Lei nº 7.347/1985 (LEI DA AÇÃO CIVIL PÚBLICA) traz um rol de direitos que podem ser objeto de tal ação.

> Art. 1º Regem-se pelas disposições desta Lei, sem prejuízo da ação popular, as ações de responsabilidade por danos morais e patrimoniais causados
>
> I – ao meio ambiente;
>
> II – ao consumidor;
>
> III – a bens e direitos de valor artístico, estético, histórico, turístico e paisagístico;
>
> IV – a qualquer outro interesse difuso ou coletivo.
>
> V – por infração da ordem econômica.
>
> VI – por infração da ordem econômica.
>
> VII – à honra e à dignidade de grupos raciais, étnicos ou religiosos.
>
> VIII – ao patrimônio público e social.
>
> Parágrafo único. Não será cabível ação civil pública para veicular pretensões que envolvam tributos, contribuições previdenciárias, o Fundo de Garantia do Tempo de Serviço – FGTS ou outros fundos de natureza institucional cujos beneficiários podem ser individualmente determinados.

Note-se que o rol supra é pontual sobre algumas questões, mas a definição de direitos transindividuais precisa estar bem clara, a fim de que seja feita a devida subsunção do fato à norma.

A petição

A elaboração da petição inicial deve seguir as regras gerais previstas no atual Código de Processo Civil.

Em suma, conforme já amplamente explicado nesta obra, devem ser observados, principalmente, os arts. 319 e 320 do CPC/2015:

> Art. 319. A petição inicial indicará:
>
> I – o juízo a que é dirigida;
>
> II – os nomes, os prenomes, o estado civil, a existência de união estável, a profissão, o número de inscrição no Cadastro de Pessoas Físicas ou no Cadastro Nacional da Pessoa Jurídica, o endereço eletrônico, o domicílio e a residência do autor e do réu;

> III – o fato e os fundamentos jurídicos do pedido;
>
> IV – o pedido com as suas especificações;
>
> V – o valor da causa;
>
> VI – as provas com que o autor pretende demonstrar a verdade dos fatos alegados;
>
> VII – a opção do autor pela realização ou não de audiência de conciliação ou de mediação.
>
> § 1º Caso não disponha das informações previstas no inc. II, poderá o autor, na petição inicial, requerer ao juiz diligências necessárias a sua obtenção.
>
> § 2º A petição inicial não será indeferida se, a despeito da falta de informações a que se refere o inc. II, for possível a citação do réu.
>
> § 3º A petição inicial não será indeferida pelo não atendimento ao disposto no inc. II deste artigo se a obtenção de tais informações tornar impossível ou excessivamente oneroso o acesso à justiça.
>
> Art. 320. A petição inicial será instruída com os documentos indispensáveis à propositura da ação.

Vale lembrar que o novo Código de Processo Civil aplica-se às AÇÕES CIVIS PÚBLICAS, no entanto existem peculiaridades que somente constam da Lei nº 8.347/1985.

Legitimidade ativa

Com relação à legitimidade ativa da AÇÃO CIVIL PÚBLICA, a lei traz um rol que deve ser observado no momento de elaboração da peça. É bom lembrar que esta é uma importante etapa de elaboração da peça, que ganha relevante pontuação para o examinador.

O art. 5º da lei deve ser observado:

> Art. 5º Têm legitimidade para propor a ação principal e a ação cautelar:
>
> I – o Ministério Público;
>
> II – a Defensoria Pública;
>
> III – a União, os Estados, o Distrito Federal e os Municípios;
>
> IV – a autarquia, empresa pública, fundação ou sociedade de economia mista;
>
> V – a associação que, concomitantemente:
>
> a) esteja constituída há pelo menos 1 (um) ano nos termos da lei civil;
>
> b) inclua, entre suas finalidades institucionais, a proteção ao patrimônio público e social, ao meio ambiente, ao consumidor, à ordem econômica, à livre concorrência, aos direitos de grupos raciais, étnicos ou religiosos ou ao patrimônio artístico, estético, histórico, turístico e paisagístico.

Note-se que a ASSOCIAÇÃO deve respeitar, ainda, dois requisitos: i) estar constituída há pelo menos um ano; e ii) incluir, entre suas finalidades institucionais, a proteção ao patrimônio público e social, ao meio ambiente, ao consumidor, à ordem econômica, à livre concorrência, aos direitos de grupos raciais, étnicos ou religiosos ou ao patrimônio artístico, estético, histórico, turístico e paisagístico. Caso a ASSOCIAÇÃO não cumule essas duas exigências, esta será carecedora de ação, por falta de legitimidade de parte. Apesar disso, o § 4º deixa claro que o requisito da pré-constituição poderá ser dispensado pelo juiz, quando haja manifesto interesse social evidenciado pela dimensão ou característica do dano ou pela relevância do bem jurídico a ser protegido.

Caso o Ministério Público não seja parte do processo, de acordo com o § 1º desse mesmo artigo, ele atuará obrigatoriamente como **fiscal da lei**.

Dos fatos e fundamentos

A narrativa fática deve sempre ser fiel ao enunciado da questão, sem que o examinando invente dados.

No que toca aos fundamentos jurídicos, há que se ter em mente a dimensão do ordenamento jurídico brasileiro, todavia é salutar buscar sempre um fundamento constitucional – o princípio da dignidade da pessoa humana, o direito à vida, direitos sociais ou outro –, conforme o caso apresentado pelo examinador.

Nunca é demais lembrar que fundamentar não é apenas citar os dispositivos constitucionais e legais. É imprescindível que se faça uma argumentação sobre a norma, de modo a deixar clara a sua aplicação no caso concreto.

Na própria prova da OAB, consta um aviso ao final da peça prático-profissional:

> **Obs.:** A peça deve abranger todos os fundamentos de Direito que possam ser utilizados para dar respaldo à pretensão. A simples menção ou transcrição do dispositivo legal não confere pontuação.

Do pedido e demais requisitos

O pedido deve ser bem claro. Geralmente, baseia-se em uma obrigação de fazer. Mas cada caso apresentado deve ser analisado com atenção para se chegar a um pedido correto, ainda mais levando-se em consideração o direito difuso discutido em sede de AÇÃO CIVIL PÚBLICA.

Nunca se deve deixar de observar o Código de Processo Civil, que trata, com exaustão, do pedido.

Um requisito que, além de indispensável, também serve para diferenciar a AÇÃO CIVIL PÚBLICA do *mandado de segurança coletivo*, por exemplo, é a possibilidade de dilação probatória. Assim, caso haja necessidade de produzir provas durante o processo, desde que observados os demais requisitos aqui apresentados, caberá a ação aqui tratada.

No mais, todos os requerimentos de uma petição inicial devem ser inseridos na peça prático-profissional, a começar pela ideia do papel do Ministério Público na AÇÃO CIVIL PÚBLICA, o qual funcionará como fiscal da lei. Assim, é imprescindível que se pugne pela manifestação do *parquet*.

Por fim, é bom destacar a necessidade de, ao menos, mencionar a intenção sobre a realização de audiência de conciliação/mediação. É evidente que o examinando pode pedir a dispensa de tal ato processual, desde que o fundamente.

> **Obs.:** A FGV aceita os dois posicionamentos: realização (art. 319, VII, do CPC/2015) ou não realização (art. 334, § 4º, II, do CPC/2015) de audiência.

Prova Prático-Profissional – XXI Exame de Ordem Unificado

A Associação Alfa, constituída há 3 (três) anos, cujo objetivo é a defesa do patrimônio social e, particularmente, do direito à saúde de todos, mostrou-se inconformada com a negativa do Posto de Saúde Gama, gerido pelo Município Beta, de oferecer atendimento laboratorial adequado aos idosos que procuram esse serviço. O argumento das autoridades era o de que não havia profissionais capacitados e medicamentos disponíveis em quantitativo suficiente. Em razão desse estado de coisas e do elevado número de idosos correndo risco de morte, a Associação resolveu peticionar ao Secretário municipal de Saúde, requerendo providências imediatas para a regularização do serviço público de Saúde. O Secretário respondeu que a situação da Saúde é realmente precária e que a comunidade precisa ter paciência e esperar a disponibilização de repasse dos recursos públicos federais, já que a receita prevista no orçamento municipal não fora integralmente realizada. Reiterou, ao final e pelas razões já aventadas, a negativa de atendimento laboratorial aos idosos. Apesar disso, as obras públicas da área de lazer do bairro em que estava situado o Posto de Saúde Gama, nos quais eram utilizados exclusivamente recursos públicos municipais, continuaram a ser realizadas. Considerando os dados anteriores, na condição de advogado(a) contratado(a) pela Associação Alfa, elabore a medida judicial cabível para o enfrentamento do problema, inclusive com providências imediatas, de modo que seja oferecido atendimento adequado a todos os idosos que venham a utilizar os serviços do Posto de Saúde. A demanda exigirá dilação probatória.

Gabarito comentado

A peça adequada nesta situação é a petição inicial de uma Ação Civil Pública. A petição deve ser endereçada ao Juízo Cível da Comarca X ou ao Juízo de Fazenda Pública da Comarca X, já que os dados constantes do enunciado não permitem identificar a organização judiciária do local. O(A) examinando(a) deve indicar, na qualificação das partes, a Associação Alfa como demandante, e o Município Beta, como demandado. A legitimidade ativa da Associação Alfa decorre do fato de ter sido constituída há mais de 1 (um) ano e destinar-se à defesa do patrimônio social e do direito à saúde de todos, atendendo ao disposto no art. 5º, V, *a* e *b*, da Lei nº 7.347/1985. A legitimidade passiva do Município Beta é justificada por ser o responsável pela gestão do Posto de Saúde Gama. O cabimento da ação civil pública decorre do fato de o objetivo da demanda judicial ser a defesa de todos os idosos que procuram o atendimento do Posto de Saúde Gama, nos termos das finalidades estatutárias da Associação – defesa do patrimônio social e, particularmente, do direito à saúde de todos –, e não eventual defesa de direito ou interesse individual. Como se discute a qualidade do serviço público oferecido à população, e esses idosos não podem ser individualizados, trata-se de típico interesse difuso, enquadrando-se no art. 1º, IV e VIII, da Lei nº 7.347/1985. O que se verifica, na hipótese, é a necessidade de defesa do direito à vida e à saúde dos idosos que procuram os serviços do Posto de Saúde Gama, bem como da dignidade deles, amparados pelos arts. 1º, III, 5º, *caput*, 6º e 196, todos da CRFB/1988. Na fundamentação, deve ser indicado que esses direitos estão sendo preteridos para a realização de obras públicas na área de lazer, o que é constitucionalmente inadequado em razão da maior importância dos referidos direitos. Afinal, sem vida e saúde, não há possibilidade de lazer. O Município tem o dever de assegurar o direito à saúde dos idosos e de cumprir a competência constitucional conferida para fins de prestação do serviço público de saúde (arts. 30, VII, 196 e 230, todos da CRFB/1988). É importante que o(a) examinando(a) formule pedido de concessão de medida liminar, a fim de compelir o Município a regularizar o sistema de saúde e prestar o atendimento laboratorial adequado aos idosos na localidade abrangida pelo Posto de Saúde. O examinando deve indicar a proteção constitucional dos direitos à vida e à saúde, bem como da dignidade humana, e o risco de ineficácia da medida final, se a liminar não for deferida, tendo em vista a urgência da situação, uma vez que os idosos estão sujeitos a complicações de saúde e a risco de morte, caso não recebam o tratamento de saúde adequado. Deve ser demonstrada, portanto, a presença do *fumus boni iuris* e do *periculum in mora*. Ao final, deve ser formulado pedido para que a medida pleiteada em caráter liminar seja tornada definitiva. Deve ser requerida a produção das provas necessárias à demonstração da narrativa inaugural. Por fim, deve-se apontar o valor da causa.

MODELO

EXCELENTÍSSIMO SENHOR DOUTOR JUIZ DE DIREITO DA ... VARA CÍVEL DA COMARCA X – ESTADO X

ASSOCIAÇÃO ALFA, pessoa jurídica de direito privado, constituída há 3 (três) anos, inscrita no CNPJ/MF nº ..., com sede na ..., cidade ..., estado ..., por seu representante legal (documento anexo), vem, perante Vossa Excelência, por intermédio de seu advogado (procuração anexa), com escritório profissional no endereço ..., com fundamento na Lei nº 7.347/1985, ajuizar a presente

AÇÃO CIVIL PÚBLICA, com pedido de LIMINAR

em face do MUNICÍPIO BETA, pessoa jurídica de direito público, nos termos do art. 75, III, do Código de Processo Civil, por seu representante legal, com sede na ..., pelos motivos de fato e de direito a seguir aduzidos.

DA LEGITIMIDADE

Antes de ingressar na discussão dos fatos e do mérito que envolvem a demanda, impende ressaltar que existe tanto a legitimidade ativa da Associação Alfa quanto a legitimidade passiva do Município Beta.

A legitimidade ativa encontra guarida no art. 5º, V, *a* e *b*, da Lei nº 7.347/1985, pois a Associação Alfa já está constituída há três anos. A alínea *a* do dispositivo citado anteriormente exige apenas que as associações estejam constituídas há pelo menos um ano, nos termos da lei civil.

Outro ponto a ser ressaltado é o de que a Associação Alfa inclui, entre suas finalidades institucionais, a defesa do patrimônio social e, particularmente, do direito à saúde de todos, estando, portanto, em conformidade com o que dispõe o art. 5º, V, *b*, da Lei nº 7.347/1985.

No tocante à legitimidade passiva do Município Beta, esta se justifica por ser tal pessoa jurídica de direito público interno responsável pela gestão do Posto de Saúde Gama.

DO CABIMENTO DA AÇÃO CIVIL PÚBLICA

Ainda antes do aprofundamento fático e meritório da ação, cumpre deixar claro que o cabimento exclusivo da ação civil pública decorre do fato de o objetivo da demanda judicial ser tanto a defesa de todos os idosos que procuram o atendimento do Posto de Saúde Gama, nos termos das finalidades estatutárias da Associação, quanto do patrimônio social e, particularmente, do direito à saúde de todos.

Não há que ser discutido nesta ação direito concreto específico, isto é, eventual defesa de direito ou interesse individual. Vejamos o que prescreve a Lei de Ação Civil Pública:

> Art. 1º Regem-se pelas disposições desta Lei, sem prejuízo da ação popular, as ações de responsabilidade por danos morais e patrimoniais causados:
>
> IV – a qualquer outro interesse difuso ou coletivo.

Como se discute a qualidade do serviço público oferecido à população, e esses idosos não podem ser individualizados, trata-se de típico interesse difuso, enquadrando-se no art. 1º, IV, da Lei nº 7.347/1985.

Além disso, pela peculiaridade do caso, haverá necessidade de dilação probatória, o que afasta, de uma vez por todas, a utilização do mandado de segurança coletivo.

DOS FATOS

A autora, constituída há 3 (três) anos, cujo objetivo é a defesa do patrimônio social e, particularmente, do direito à saúde de todos, formulou petição ao Secretário municipal de Saúde requerendo providências imediatas para a regularização do serviço público de Saúde, haja vista a negativa do Posto de Saúde Gama, gerido pelo Município Beta, de oferecer atendimento laboratorial adequado aos idosos que procuram esse serviço. O argumento das autoridades era o de que não havia profissionais capacitados e medicamentos disponíveis em quantitativo suficiente.

O Secretário, que agiu em nome da parte ré, respondeu que a situação da Saúde é realmente precária e que a comunidade precisa ter paciência e esperar a disponibilização de repasse dos recursos públicos federais, já que a receita prevista no orçamento municipal não fora integralmente realizada. Reiterou, ao final e pelas razões já aventadas, a negativa de atendimento laboratorial aos idosos.

Apesar disso, as obras públicas da área de lazer do bairro em que estava situado o Posto de Saúde Gama, no qual eram utilizados exclusivamente recursos públicos municipais, continuaram a ser realizadas.

Insatisfeita com o parecer do aludido Secretário, porquanto este sequer ofereceu uma solução rápida para o impasse apresentado, a parte autora não vê alternativa senão o ajuizamento da presente ação civil pública.

Vejamos, assim, os motivos de direito que embasam a presente ação.

DO DIREITO

Conforme relatado no tópico anterior, existe afronta a direitos fundamentais de natureza difusa que devem ser protegidos por esta ação.

Há que se defender o direito à vida e à saúde dos idosos que procuram os serviços do Posto de Saúde Gama, bem como de sua dignidade, amparados pelos arts. 1º, III, 5º, *caput*, 6º e 196, todos da CRFB/1988.

Conforme antes mencionado, os aludidos direitos estão sendo preteridos para a realização de obras públicas na área de lazer, o que é constitucionalmente inadequado em razão da maior importância dos referidos direitos. Afinal, sem vida e saúde, não há possibilidade de lazer. O Município tem o dever de assegurar o direito à saúde dos idosos e de cumprir a competência constitucional conferida para fins de prestação do serviço público de saúde (arts. 30, VII, 196 e 230, todos da CRFB/1988).

Diante de tal situação, pugna-se pela proteção de tais direitos, de modo a compelir o Município réu a regularizar o sistema de saúde e prestar o atendimento laboratorial adequado aos idosos na localidade abrangida pelo Posto de Saúde.

Expostos os motivos de mérito que ensejam a procedência da presente ação, passemos ao próximo tópico.

DA CONCESSÃO DE MEDIDA LIMINAR

De início, é bom esclarecer que a própria Lei nº 7.347/1985 traz em seu bojo o instituto da liminar em sede de ação civil pública, conforme dispõe o art. 12, que prescreve que poderá o juiz conceder mandado liminar, com ou sem justificação prévia, em decisão sujeita a agravo.

Nada obstante, a medida liminar apresenta-se com base em dois principais fundamentos: i) o *fumus boni iuris* e o ii) *periculum in mora.*

O *fumus boni iuris* está demonstrado tanto na explicitação fática quanto na fundamentação jurídica do pedido. Vale lembrar que, apesar de ter a parte autora formulado petição ao Secretário do município réu, este se furtou em dar solução plausível para os direitos dos idosos. A dignidade da pessoa humana e o direito à vida e à saúde dos idosos são inconstitucionalmente afrontados.

O *periculum in mora* pode ser verificado pelos riscos aos idosos que necessitam de atendimento no Posto de Saúde do município réu. Caso tal atendimento fique condicionado ao término da presente ação haverá, de forma certa, o perecimento do direito difuso aqui pleiteado.

Assim, requer a concessão de medida liminar para que haja pronto atendimento no Posto de Saúde Gama, de modo a viabilizar, de imediato, o direito à vida e à saúde dos idosos.

Passemos aos pedidos.

DOS PEDIDOS

Ante todo o exposto, requer o deferimento de medida liminar para impor ao Município a prestação adequada do serviço público de saúde pelo Posto Gama.

No mérito, requer a procedência do pedido da presente ação civil pública para impor definitivamente ao Município a prestação adequada do serviço público de saúde pelo Posto Gama.

Requer, nos termos do art. 319, VII, do CPC/2015, que seja realizada audiência de conciliação ou mediação, a fim de sanar o impasse demonstrado na presente ação.

Requer, ainda, a produção de todos os meios de prova em direito admitidos, especialmente a testemunhal, pericial e documental.

Por fim, requer a intimação do Ministério Público para que atue como fiscal da lei, nos termos do art. 5º, § 1º, da Lei nº 7.347/1985.

Dá-se à causa o valor de R$ ..., nos termos do art. 291 do CPC/2015.

Termos em que,
pede deferimento.

Local... data...
Advogado ...
OAB/UF ...

12. Reclamação Constitucional

Natureza jurídica

Constitucionalmente, a Reclamação Constitucional aparece pela primeira vez na Constituição Cidadã, de 1988. Antes, porém, havia previsão de tal instituto no Regimento Interno do STF.

Aspecto polêmico a ser enfrentado é o da *natureza jurídica* da Reclamação Constitucional. Nelson Nery Junior[73] explicita a polêmica:

> Portanto, com a reclamação, que alguns classificam como recurso, outros como ação e outros, ainda, como simples incidente processual, o Supremo Tribunal Federal e o Superior Tribunal de Justiça ficam adequadamente preparados para tornar efetivas suas decisões em recurso extraordinário e em recurso especial, fazendo com que sejam devidamente acatadas e cumpridas pelas autoridades que lhe devem respeito e execução. Segundo o STF, "a natureza jurídica da reclamação não é a de um recurso, de uma ação e nem de um incidente processual. *Situa-se ela no âmbito do direito constitucional de petição previsto no art. 5º, XXXIV, da Constituição Federal*" (STF, Pleno, ADI nº 2.212/CE, rel. Min. Ellen Gracie, AC. De 02.10.2003, *RTJ* 190/122).

Obs.: Caso o candidato se depare com um problema de segunda fase que oriente a interpor o recurso cabível, está de plano descartada a possibilidade de utilização da Reclamação Constitucional.

Fato que ainda deve ser anotado é o de que não há prazo determinado para a utilização da reclamação constitucional, por isso, também, não pode ser equiparada a recurso. Por outro lado, não é possível atacar, por reclamação, decisão já transitada em julgado, conforme Súm. nº 734 do STF. Aqui deve ficar claro que a reclamação não deve ser utilizada como sucedâneo recursal.

Antes de adentrarmos as peculiaridades da Reclamação Constitucional, vale ressaltar que o Código de Processo Civil (Lei nº 13.105/2015) revogou os arts. 13 a 18 da Lei nº 8.038/1990, que cuidava de tal instrumento anteriormente.

Assim, temos que a Reclamação Constitucional é tratada do art. 988 ao 993 do atual Código de Processo Civil. Diga-se de passagem, o art. 988 do indigitado diploma legal já sofreu posterior alteração pela Lei nº 13.256/2016.

Objeto

Conforme salientado, a "reclamação" ganhou contornos próprios com o novo CPC, o qual traz, de forma bem específica, qual é o objeto deste importantíssimo instrumento processual:

> Art. 988. Caberá reclamação da parte interessada ou do Ministério Público para:
>
> I – preservar a competência do tribunal;
>
> II – garantir a autoridade das decisões do tribunal;
>
> III – garantir a observância de enunciado de súmula vinculante e de decisão do Supremo Tribunal Federal em controle concentrado de constitucionalidade (Redação dada pela Lei nº 13.256, de 2016);
>
> IV – garantir a observância de acórdão proferido em julgamento de incidente de resolução de demandas repetitivas ou de incidente de assunção de competência (Redação dada pela Lei nº 13.256, de 2016).

Por outro lado, a nova legislação destaca hipótese de não cabimento de Reclamação:

> Art. 988, § 5º. É inadmissível a reclamação:
>
> I – proposta após o trânsito em julgado da decisão reclamada;
>
> II – proposta para garantir a observância de acórdão de recurso extraordinário com repercussão geral reconhecida ou de acórdão proferido em julgamento de recursos extraordinário ou especial repetitivos, quando não esgotadas as instâncias ordinárias.

73 NERY JUNIOR, Nelson. *Curso de direito processual civil.* 51. ed. Rio de Janeiro: Forense. 2010. vol. 1, p. 680.

Note, ainda, que o § 6º do mesmo dispositivo mostra que a inadmissibilidade ou o julgamento do recurso interposto contra a decisão proferida pelo órgão reclamado não prejudica a reclamação.

Nada obstante, a Constituição Federal determina também o objeto da Reclamação.

Conforme art. 102, I, "l", da CRFB, o Supremo Tribunal Federal dispõe de competência para processar e julgar, originariamente, a *reclamação constitucional*, para a preservação de sua competência e garantia da autoridade de suas decisões.

Existe a possibilidade de reclamação direcionada ao STJ, conforme dispõe o art. 105, I, "f", da CRFB. Por motivos óbvios, tal reclamação não é constitucional, mas simplesmente "reclamação".

> **Obs.:** É possível que no âmbito estadual, de acordo com o Regimento Interno de cada Tribunal, exista a *reclamação* com o intuito de preservar a autoridade das decisões dos Tribunais Estaduais (também dos TRFs) ou das suas respectivas competências.

Assim, verificamos, em síntese, que a Reclamação *Constitucional* tem por objeto: Preservar a competência do STF (art. 102, I, "l", da CRFB).

> Art. 102. Compete ao Supremo Tribunal Federal, precipuamente, a guarda da Constituição, cabendo-lhe:
>
> I – processar e julgar, originariamente: (...)
>
> l) a reclamação para a preservação de sua competência e garantia da autoridade de suas decisões;

Garantir a autoridade das decisões do Supremo (art. 105, I, "f", da CRFB).

> Art. 105. Compete ao Superior Tribunal de Justiça:
>
> I – processar e julgar, originariamente: (...)
>
> f) a reclamação para a preservação de sua competência e garantia da autoridade de suas decisões;

Preservar a autoridade das Súmulas Vinculantes (art. 7º, § 1º, da Lei nº 11.417/2006).

> Art. 7º Da decisão judicial ou do ato administrativo que contrariar enunciado de súmula vinculante, negar-lhe vigência ou aplicá-lo indevidamente caberá reclamação ao Supremo Tribunal Federal, sem prejuízo dos recursos ou outros meios admissíveis de impugnação.
>
> § 1º Contra omissão ou ato da administração pública, o uso da reclamação só será admitido após esgotamento das vias administrativas.

Interessante aspecto da reclamação que recai sobre as Súmulas Vinculantes está no fato de a omissão também ser motivo de utilização do instituto. Portanto, a falta de aplicação da Súmula Vinculante, conforme o § 1º do art. 7º da Lei nº 11.417/2006, também pode ensejar o ajuizamento da *reclamação constitucional*.

> **Obs.:** Não cabe reclamação constitucional para defender o teor de Súmulas não vinculantes.

A petição

A petição inicial da Reclamação Constitucional deve obedecer ao que dispõe a regra geral estabelecida pelo art. 319 do NCPC. Além disso, é de bom tom observar o art. 988 do NCPC, a exemplo do § 2º, que determina a necessidade de instrução da reclamação com prova documental.

Evidentemente, antes da lei infraconstitucional, a Constituição Federal de 1988 é instrumento fundamental para a elaboração da peça, principalmente para se definir o que se pretende atacar por meio da reclamação.

Endereçamento

Requisito presente no art. 319, I, e no art. 988, § 1º, do CPC é o endereçamento da reclamação. Conforme os dispositivos comentados, a reclamação deve ser dirigida ao Presidente do Tribunal. Na verdade, o § 1º do art. 988 ressalta que a reclamação pode ser proposta perante qualquer tribunal, e seu julgamento compete ao órgão jurisdicional cuja competência se busca preservar ou cuja autoridade se pretenda garantir.

É bom lembrar que, se o ato impugnado ferir o art. 102, I, "l", da CRFB, ou o art. 7º da Lei nº 11.417/2006,[74] a competência será do STF. Caso a afronta seja ao art. 105, I, "f", da CRFB, a competência será do STJ.

Legitimidade ativa

É parte legítima para fazer uso da reclamação a *parte interessada*, de acordo com o que dispõe o *caput* do art. 988 do CPC. Assim, qualquer prejudicado pode manejar uma reclamação.

Para se destacar quem é a *parte interessada*, não se pode perder de vista o objeto da reclamação, que estará ligado a um processo judicial ou administrativo. Assim, por exemplo, a parte que integrar um processo judicial em que houve desrespeito a uma Súmula Vinculante será parte legítima para ajuizar a reclamação.

O mesmo dispositivo permite que o Ministério Público[75] também faça uso da reclamação. Caso a reclamação seja feita a partir do Ministério Público da União, há que ser respeitado o art. 46 da LC nº 75/1993, o qual prevê que "incumbe ao Procurador-Geral da República exercer as funções do Ministério Público junto ao Supremo Tribunal Federal, manifestando-se previamente em todos os processos de sua competência".

Legitimidade passiva

Será parte passiva da reclamação a autoridade a quem for imputada a prática do ato impugnado,[76] a qual poderá ser integrante do Poder Judiciário ou da Administração Pública.

É importante ressaltar que tal autoridade, judicial ou administrativa, é aquela que afronta os objetos de proteção da reclamação, quais sejam, preservar a competência do STF, ou do STJ, garantir a autoridade de suas decisões ou das Súmulas Vinculantes.

Assim, por exemplo, caso um Tribunal de Justiça esteja julgando uma Ação Direta de Inconstitucionalidade de lei ou ato normativo estadual em face da Constituição Federal, estará afrontando a competência do STF, conforme art. 102, I, "a", da CRFB. Neste caso, será a parte passiva na reclamação o referido Tribunal de Justiça.

Dos fatos e fundamentos jurídicos

Na descrição dos fatos, é importante ressaltar a origem do ato impugnado, isto é, se o ato ocorreu num processo administrativo ou judicial. Em qualquer caso, o candidato deverá observar o objeto da reclamação constitucional, destacando que o ato impugnado afrontou a autoridade das decisões, ou das competências do STF, ou do STJ, ou mesmo das Súmulas Vinculantes.

Vale dizer que a subsunção do fato à norma deve ser tratada nos fundamentos jurídicos da peça, de modo a encaixar a situação anteriormente narrada com uma das fundamentações constitucionais ou legais existentes: art. 102, I, "l", da CRFB; art. 7º da Lei nº 11.417/2006;[77] e art. 105, I, "f", da CRFB.

Se o caso referir-se a omissão, inércia, por conta da falta de aplicação de Súmula Vinculante, há necessidade de fundamentação no art. 7º, § 1º, da Lei nº 11.417/2006.

Do pedido liminar/cautelar

É possível formular pedido liminar, ou cautelar, em reclamação constitucional, conforme art. 989, II, do CPC, o qual possibilita ao relator da reclamação, ao despachá-la, ordenar a suspensão do processo ou do ato impugnado, para evitar a ocorrência de dano irreparável.

Esclareça-se que a lei não classifica o instituto como medida cautelar ou liminar, de modo que não há prejuízo em relação a uma ou outra nomenclatura.

Assim, é aconselhável abrir um tópico na peça para justificar o pedido liminar, demonstrando a possibilidade de ocorrer o dano irreparável.

Do pedido

De início, cumpre formular o pedido liminar, com o intuito de suspender o processo ou o ato impugnado, conforme já mencionado.

A formulação do pedido principal terá de ser no sentido de cassar a decisão exorbitante do julgado do art. 992 do CPC, o qual determina que, se for procedente a reclamação, o tribunal cassará a decisão exorbitante de seu julgado ou determinará medida adequada à solução da controvérsia.

---

74 Caso haja ofensa à Súmula Vinculante.
75 O Ministério Público Estadual pode ajuizar a reclamação constitucional diretamente perante o STF.
76 Conforme art. 203 do NCPC.
77 Caso haja ofensa à Súmula Vinculante.

Portanto, o pedido deverá ser para que o Tribunal:

a) avoque o processo em se verifica usurpação de sua competência;

b) casse a decisão judicial que tenha contrariado a autoridade de sua decisão;

c) anule o ato administrativo que tenha contrariado a autoridade de sua decisão.

Interessante o aspecto abordado pela Lei nº 11.417/2006 (Súmulas Vinculantes), quando trata dos efeitos da reclamação, especificamente quanto à redação do art. 7º, § 2º, da referida Lei.

> Art. 7º Da decisão judicial ou do ato administrativo que contrariar enunciado de súmula vinculante, negar-lhe vigência ou aplicá-lo indevidamente caberá reclamação ao Supremo Tribunal Federal, sem prejuízo dos recursos ou outros meios admissíveis de impugnação.
>
> § 2º Ao julgar procedente a reclamação, o Supremo Tribunal Federal anulará o ato administrativo ou cassará a decisão judicial impugnada, determinando que outra seja proferida com ou sem aplicação da súmula, conforme o caso.

Infere-se dos efeitos da reclamação que a decisão não é reformada pelo Tribunal, mas anulada, ou cassada, determinando que outra seja proferida no lugar.

Dos requerimentos necessários

Alguns requerimentos são indispensáveis quando da elaboração de uma reclamação constitucional, além dos que já foram vistos até aqui.

1) É imprescindível a juntada dos documentos que embasam a Reclamação;

2) Deve-se respeitar o pedido de informações da autoridade a quem for imputada a prática do ato impugnado, que as prestará no prazo de dez dias (art. 989, I, do CPC);

3) Deve-se requerer a oitiva do Ministério Público, nas ações que não houver formulado (art. 991 do CPC).

Uma vez expostos os requisitos básicos da Reclamação Constitucional, vejamos um modelo de caso prático.

CASO PRÁTICO
(Exame 2006.3) João Lima ingressou com ação contra a Caixa Econômica Federal no Juizado Especial Federal, pleiteando a correção dos depósitos do seu fundo de garantia por tempo de serviço (FGTS), em decorrência dos expurgos inflacionários dos planos Collor e Verão 1. Julgada improcedente a ação, João recorreu à Turma Recursal, sustentando, entre outras razões, precedentes do Supremo Tribunal Federal (STF) reconhecendo esse direito. No entanto, o recurso foi desprovido, contrariando decisões do STF, apesar de ter sido prequestionada a matéria constitucional invocada. Dessa forma, João interpôs recurso extraordinário, fundado na violação a dispositivo da Constituição, que, contudo, não foi admitido. Interposto agravo de instrumento, o presidente da Turma Recursal negou-lhe seguimento, tendo como fundamento o descabimento do recurso extraordinário nos juizados especiais. Diante dessa situação hipotética, como advogado de João Lima, proponha a medida judicial que entender cabível, para se preservar a competência do STF e se viabilizar o trânsito do agravo dirigido a esse tribunal contra a inadmissão do recurso extraordinário.

ESQUELETO DA PEÇA	
Endereçamento:	Ministro Presidente do Supremo Tribunal Federal.
Resumo dos fatos:	Inadmissibilidade de recurso extraordinário e esgotamento das vias recursais.
Ação:	Reclamação constitucional.
Legitimidade ativa:	João Lima.
Legitimidade passiva:	Juiz Presidente da Turma Recursal Federal.
Fundamentos:	Usurpação da competência do Supremo, uma vez que, aos tribunais locais, só é dado proceder ao exame dos pressupostos de admissibilidade do recurso extraordinário.
Pedido:	Anulação da decisão da Turma Recursal, viabilizando, assim, o destrancamento do recurso extraordinário interposto, que se mostra medida mais adequada à preservação de sua competência.
Requerimentos:	a) notificação da autoridade coatora para que preste informações no prazo de 10 (dez) dias, conforme dispõe o art. 989, I, do CPC; b) vista ao Ministério Público, em acatamento ao art. 991 do CPC; c) valor da causa.

MODELO

EXCELENTÍSSIMO SENHOR MINISTRO PRESIDENTE DO SUPREMO TRIBUNAL FEDERAL

João Lima, _____ (nacionalidade), _____ (estado civil), _____ (profissão), portador da cédula de identidade RG nº_____, inscrito no CPF/MF sob o nº_____, residente e domiciliado na Rua _____, nº _____, _____ (bairro), _____ (cidade), _____ (Estado), endereço eletrônico _____, por seu advogado que esta subscreve, conforme o incluso instrumento de procuração, com endereço _____, local indicado para receber intimações, vem, respeitosamente, à presença de Vossa Excelência, com fundamento no art. 102, I, "l", da CRFB, arts. 988 e ss. do CPC, propor:

DO DIREITO

Conforme o disposto no art. 102, inc. I, "l", da CF, compete ao Supremo Tribunal Federal a guarda da Constituição, cabendo-lhe processar e julgar originariamente a reclamação para a preservação de sua competência e a garantia da autoridade de suas decisões. No mesmo sentido, segue a legislação infraconstitucional, especificamente o art. 988, I a IV, do CPC.

A reclamação constitucional mostra-se adequada para proteger a competência do Supremo Tribunal Federal, anulando-se a decisão que impede o seguimento do agravo de instrumento interposto contra a inadmissão de recurso extraordinário.

Assim, negada a admissibilidade do recurso extraordinário no tribunal de origem, resta clara a usurpação da competência do STF, devendo ser anulada a decisão de seu Presidente.

Expostos os fundamentos jurídicos, passemos aos pedidos e demais requerimentos.

DO PEDIDO

Diante de todo o exposto, requer seja cassada a decisão da Turma Recursal, ordenando que lhe seja remetido para exame o recurso de agravo de instrumento, sob pena de usurpação de sua competência constitucional, viabilizando, assim, o destrancamento do recurso extraordinário interposto, que se mostra medida mais adequada à preservação de sua competência.

Requer a notificação da autoridade para que preste informações no prazo de 10 (dez) dias, conforme dispõe o art. 989, inc. I, do CPC.

Informa a falta de interesse na realização de audiência de conciliação/mediação, nos termos do art. 319, VII, do NCPC.

Requer, ainda, seja intimado o ilustre representante do Ministério Público, em acatamento ao art. 991 do CPC.

Dá-se à causa o valor de R$...

Termos em que,

pede deferimento.

Local... data...

Advogado...

OAB/UF ...

13. Recursos

Do princípio da Reserva de Plenário e o sistema recursal

Antes de adentrarmos em questões pormenorizadas sobre os recursos, impende abordar, mais uma vez, a necessidade de observância de um importante princípio para o controle difuso de constitucionalidade, qual seja, o princípio da RESERVA DE PLENÁRIO. Tal princípio está previsto no art. 97 da CRFB, o qual é denominado, pela doutrina, de princípio da reserva de plenário. Vale lembrar que o controle difuso de constitucionalidade é exercido por qualquer juízo ou Tribunal. A possibilidade de se declarar uma lei inconstitucional, de forma incidental, está difundida por todo o Poder Judiciário. Mas, quando estamos tratando da via recursal, é importante lembrarmos do princípio da reserva de plenário, conforme art. 97 da CRFB:

> Art. 97. Somente pelo voto da maioria absoluta de seus membros ou dos membros do respectivo órgão especial poderão os tribunais declarar a inconstitucionalidade de lei ou ato normativo do Poder Público.

Pela leitura do dispositivo, podemos concluir que os órgãos fracionários (turma ou câmara) não poderão declarar uma lei inconstitucional. Somente o plenário ou o órgão especial poderá fazê-lo.

> **Obs.:** De acordo com o art. 948 do NCPC, arguida, em controle difuso, a inconstitucionalidade de lei ou de ato normativo do Poder Público, o relator, após ouvir o Ministério Público e as partes, submeterá a questão à turma ou à câmara à qual competir o conhecimento do processo.

Em sede estadual, existem 27 Tribunais de Justiça. São Paulo, por exemplo, conta com aproximadamente 360 desembargadores. Imaginem uma sessão plenária para julgamento de inconstitucionalidade pela via incidental: seria uma tarefa quase impossível.

Assim, conforme o art. 93, XI, da CRFB, nos tribunais com número superior a 25 cinco julgadores, poderá ser constituído **órgão especial**, com o mínimo de 11 e o máximo de 25 membros, para o exercício das atribuições administrativas e jurisdicionais delegadas da competência do tribunal pleno, provendo-se metade das vagas por antiguidade e a outra metade por eleição pelo tribunal pleno, como é, por exemplo, o caso do Estado de São Paulo.

> **Obs.:** Conforme art. 949, par. ún., do NCPC, os órgãos fracionários dos tribunais não submeterão ao plenário ou ao órgão especial a arguição de inconstitucionalidade quando já houver pronunciamento destes ou do plenário do Supremo Tribunal Federal sobre a questão.

Conceito e objeto dos recursos

Importante tema em prova de prática jurídica é o referente aos recursos, já que a incidência de peças cobradas na segunda fase da OAB é considerável, motivo pelo qual o tema merece uma atenção especial.

Pelo fato de o Direito Constitucional ser matéria abrangente, convém ressaltar que a base da segunda fase escolhida pela FGV é de Processo Civil, isto é, os recursos cobrados na segunda fase em constitucional são os mesmos cobrados em Civil (Processo Civil).

Princípio do Duplo Grau de Jurisdição

A base dos recursos está, em princípio, fundada no duplo grau de jurisdição, o qual encontra supedâneo no Pacto de San José da Costa Rica. Entretanto, este princípio não deve ser interpretado de maneira absoluta.

Conceito

Recurso é o meio voluntário de impugnação de decisões judiciais capaz de produzir, no mesmo processo, a reforma, a invalidação, o esclarecimento ou a integração do pronunciamento impugnado.

> **Obs.:** Não existe "recurso obrigatório". A remessa necessária, prevista no art. 496, I e II, do CPC, não pode ser classificada como recurso pela falta de voluntariedade.

Assim, convém salientar que nem sempre haverá acesso a uma instância superior – para respeitar os diferentes graus (duplo grau) de jurisdição –; isto por conta da possibilidade de encontrarmos ações originárias no próprio STF, e, por consequência, não haveria possibilidade de se recorrer a uma instância superior. O duplo grau ainda seria difícil imaginar em situações em que o recurso é previsto, mas não se trata de instância superior, como no caso dos Juizados Especiais.

Ademais, a parte somente poderá fazer uso do recurso se houver previsão legal para tanto, o que significa dizer que ela não poderá pleitear a criação de um recurso caso não haja previsão. Evidentemente, existem outros requisitos para se fazer uso de um recurso, conforme veremos adiante.

O recurso pode ser utilizado contra uma decisão judicial, seja uma sentença, ou uma decisão interlocutória.[78] As decisões judiciais estão previstas no art. 203, §§ 1º e 2º do CPC.

Não podemos recorrer de decisão que não provém de órgão jurisdicional, ao menos do ponto de vista recursal previsto na lei processual civil.

Obs.: Existem decisões IRRECORRÍVEIS, a exemplo daquela prevista no art. 138, do CPC, em que o Juiz ou o Relator podem, de acordo com o caso, solicitar ou admitir a participação de *amicus curiae*. Ainda, será irrecorrível a decisão do STF que não reconhece a existência de REPERCUSSÃO GERAL em sede de Recurso Extraordinário.

Não confunda decisão irrecorrível com aquela que não é passível de recurso imediato, a exemplo do que acontece com as decisões interlocutórias não acobertadas pelo art. 1.015, do CPC. Tais decisões poderão ser impugnadas quando da interposição de recurso de apelação, ou quando da manifestação por contrarrazões (art. 1.009, §§1º e 2º, do CPC).

Ainda vale observar que os recursos têm por finalidade impugnar decisões judiciais no mesmo processo. Assim, se uma decisão transitou em julgado, talvez seja o caso de verificar a possibilidade de ajuizamento de AÇÃO RESCISÓRIA, por exemplo.

Taxatividade Recursal

O art. 994 do NCPC estabelece que são cabíveis recurso de apelação, recurso de agravo de instrumento, agravo interno, embargos de declaração, recurso ordinário, recurso especial, recurso extraordinário, agravo em recurso especial ou extraordinário e embargos de divergência.

O cabimento de determinado recurso se dá de acordo com a decisão proferida:

- **despacho:** decisões judiciais de mero expediente com finalidade de impulsionar o processo, sem que de seu *decisum* gere prejudicialidade para as partes ou para o processo, portanto, em regra irrecorríveis;
- **decisão interlocutória:** decisões incidentes no curso do processo sem que ponha fim à lide, podem, por isso, gerar prejudicialidade para uma das partes, imediata ou futura;
- **sentença:** decisões definitivas que extinguem o feito ao menos naquela jurisdição, ou seja, na primeira instância;
- **acórdão:** decisões de cunho definitivo que extinguem o feito naquele grau de jurisdição; pode ser de segunda instância (Tribunais de Justiça ou Tribunais Federais) ou instância superior (STM, TST, STJ, STF).

A técnica para se identificar qual o recurso cabível consiste em analisar a natureza da decisão, já que os recursos são cabíveis em determinadas situações. A seguir, ilustram-se as espécies de decisões e os respectivos recursos cabíveis:

DECISÃO	SIGNIFICADO	RECURSO CABÍVEL
Decisão interlocutória	É a decisão intermediária, ou seja, proferida no curso de um processo em andamento, que não preenche os requisitos de sentença (art. 203, §2º, CPC).	– Agravo de Instrumento (rol do art. 1.015, do CPC). – Embargos de declaração – Preliminar em Apelação ou Contrarrazões (quando não estiver no rol do art. 1.015, do CPC)
Sentença	É o pronunciamento por meio do qual o juiz, com fundamento nos artigos 485 e 487, põe fim à fase cognitiva do procedimento comum, bem como extingue a execução (art. 203, §1º, CPC).	– Agravo de Instrumento (rol do art. 1.015, do CPC). – Embargos de declaração – Preliminar em Apelação ou Contrarrazões (quando não estiver no rol do art. 1.015, do CPC)

DECISÃO	SIGNIFICADO	RECURSO CABÍVEL
Acórdão	É a decisão colegiada proferida por um Tribunal.	– Embargos de Declaração – Recurso Especial – Recurso Extraordinário * se a decisão for monocrática caberá agravo interno, nos termos do art. 1.021, do CPC

Obs.: Mesmo para os casos não previstos no rol taxativo do CPC é ainda possível falar em interposição de agravo de instrumento, pois tal rol é de taxatividade mitigada, por isso admite a interposição de agravo de instrumento quando verificada a urgência decorrente da inutilidade do julgamento da questão no recurso de apelação (REsp 1.696.396 e 1.704.520).

Por último, deve-se lembrar a finalidade dos recursos:

- **reformar**: quando o julgamento de mérito for desfavorável
- **invalidar**: quando a decisão for nula
- **esclarecer**: quando a decisão judicial for obscura ou contraditória
- **integrar a decisão**: quando houver omissão na decisão judicial

De forma a ilustrar as decisões das quais podemos falar em cabimento de recursos, apresentamos a seguir os respectivos modelos:

a) modelo de decisão interlocutória:

PODER JUDICIÁRIO

FORO DA COMARCA DE ____________ - ____

Processo nº ________________

Em sede de juízo de admissibilidade da petição inicial, verifica-se que a peça postulatória não veio devidamente instruída com os documentos necessários ao deferimento do pleito da justiça gratuita efetuado pela parte requerente (artigo 283 do CPC).

Determina a Constituição Federal, no artigo 5º, inciso LXXIV, que o Estado prestará a justiça gratuita e integral aos que comprovam insuficiência de recursos.

A Lei nº 1.060/1950, por sua vez, no artigo 4º, § 1º, prescreve que se presume pobre, para efeitos da concessão dos benefícios da justiça gratuita, os que declaram essa condição, sob as penas da lei.

Assim, INTIME-SE o autor para que, no prazo de 10 (dez) dias, emende a inicial, juntando aos autos certidão negativa do Cartório do Registro de Imóveis, certidão negativa do Detran, declaração de hipossuficiência e declaração de imposto de renda dos últimos 5 (cinco) anos, face ao pedido de justiça gratuita ou recolha as custas processuais, no mesmo prazo, sob pena de indeferimento da inicial (artigo 284, parágrafo único, do CPC).

INTIME-SE. CUMPRA-SE.

Local, ____ de _________ de ______.

(NOME)
Juiz de Direito

b) modelo de sentença:

PODER JUDICIÁRIO

FORO DA COMARCA DE ____________ – ____

Processo nº: ______________________
Requerente: ______________________
Requerido: ______________________
Juiz(a) de Direito: Dr(a). ______________________________

Vistos.

Publique-se, registre-se e intimem-se.

Local, ___ de _____________ de _____.

(nome)
Juíza de Direito

c) modelo de acórdão:

PODER JUDICIÁRIO

TRIBUNAL DE JUSTIÇA DO ESTADO DE __________ – __

Acórdão nº ______________________
Processo nº ______________________
Origem: _____ **Vara** ______________
Recorrente: ______________________
Recorrido: ______________________

APELAÇÃO – TRIBUTÁRIO – AÇÃO DECLARATÓRIA DE INEXIGIBILIDADE DE TRIBUTOS – IMPOSTO DE RENDA SOBRE O TERÇO DE FÉRIAS – CARÁTER INDENIZATÓRIO – INCIDÊNCIA ILEGÍTIMA – SENTENÇA REFORMADA.

– O terço constitucional de férias, independentemente de se tratarem de férias gozadas ou não, possui natureza jurídica indenizatória, o que desautoriza a incidência do imposto de renda, uma vez que não atende às regras tributárias.

– Apelo provido.

ACÓRDÃO

RELATÓRIO

Cuida-se de Apelação Cível interposta por _________ em face de sentença proferida pelo Juízo da 4ª Vara dos Feitos das Fazendas Públicas e Registros Públicos da Comarca de Palmas, que julgou improcedente Ação Declaratória de Inexigibilidade de Tributos c/c Ação de Repetição de Indébito Fiscal contra o ESTADO DO TOCANTINS, visando afastar a incidência do imposto de renda sobre os valores percebidos a título de terço constitucional de férias.

Irresignada, assevera que a sentença não coaduna com o entendimento jurisprudencial predominante de que sobre o terço constitucional de férias, cuja natureza é indenizatória, não incide imposto de renda.

Ressalta que não prescreveu o direito à restituição dos valores indevidamente recolhidos a título de imposto de renda sobre os adicionais de férias percebidos no período de 2000 a 2010.

Por fim, postula a reforma da sentença para que seja declarada a inexigibilidade da incidência do imposto de renda sobre o terço constitucional de férias e, via de consequência, sejam restituídos os valores indevidamente retidos.

Em contrarrazões, o Estado do Tocantins rechaça as alegações aventadas nas razões recursais, pugnando pelo improvimento do apelo.

A douta Procuradoria de Justiça emitiu parecer, opinando pelo conhecimento e parcial provimento do apelo (evento 6).

É o relatório que submeto à revisão.

Local, ___ de _________ de ___

Desembargador _________

Relator

VOTO

Como visto, insurge-se a apelante contra sentença que julgou improcedente o pedido formulado na inicial da Ação Declaratória de Inexigibilidade de Tributos c/c Ação de Repetição de Indébito Fiscal que propôs na busca de que fosse declarada inexigível a incidência de imposto de renda sobre os valores percebidos a título de terço constitucional de férias, e lhe fosse ressarcido os valores já descontados.

Pois bem.

A matéria não é inédita nesta Câmara, tendo sido consolidado o entendimento de que não é possível a incidência do imposto de renda no terço constitucional de férias em face da sua natureza jurídica.

Com esteio nas decisões das Cortes Superiores, em especial naquela proferida nos autos do Incidente de Uniformização de Jurisprudência nº 7.296/PE, julgado pela Primeira Seção do Superior Tribunal de Justiça, entende-se que a verba discutida tem natureza jurídica indenizatória, independentemente de terem sido ou não gozadas as férias, razão pela qual não está autorizada a incidência do imposto de renda, uma vez que não se trata de renda ou provento que represente acréscimo patrimonial, conforme exige a regra do tributo prevista no artigo 43 do CTN.

Corroborando, trago a colação recentes precedentes:

APELAÇÃO CÍVIL. TRIBUTOS. AÇÃO DECLARATÓRIA DE INEXIGIBILIDADE DE TRIBUTOS CUMULADA COM REPETIÇÃO DE INDÉBITO. RECOLHIMENTO INDEVIDO. COMPROVAÇÃO. TERÇO CONSTITUCIONAL SOBRE FÉRIAS. NATUREZA INDENIZÁTORIA. NÃO INCIDÊNCIA DE IMPOSTO DE RENDA E CONTRIBUIÇÃO PREVIDENCIÁRIA. REFORMA DA SENTENÇA. RECURSO PARCIALMENTE PROVIDO.

1. A garantia de recebimento de, pelo menos, um terço a mais do que o salário normal no gozo das férias anuais (CRFB, artigo 7º, XVII) tem por finalidade permitir ao trabalhador reforço financeiro neste período (férias) – (RE nº 345.458, Relatora a Ministra Ellen Gracie, *DJ* 11-3-2005), o que significa dizer que a sua natureza é compensatória/indenizatória.

2. O acréscimo constitucional de um terço sobre as férias, gozadas e não gozadas, tem natureza indenizatória, não representando acréscimo ao patrimônio do trabalhador, logo, dita verba não está sujeita à incidência de imposto de renda.

3. À luz do entendimento firmado no âmbito do Supremo Tribunal Federal, a Primeira Seção do Superior Tribunal de Justiça, revendo seu entendimento, decidiu que o terço constitucional de férias tem natureza indenizatória e, portanto, não integra a base de incidência da contribuição previdenciária, mesmo porque não passa a integrar a base salarial quando da aposentadoria. (REsp 1.322.945/DF – 2012/0097408-8).

4. Apelo parcialmente provido.

EMBARGOS INFRINGENTES. AÇÃO DECLARATÓRIA DE INEXIBILIDADE TRIBUTÁRIA. SERVIDORA PÚBLICO ESTADUAL. INCIDÊNCIA. TERÇO CONSTITUCIONAL. IMPOSTO DE RENDA. NATUREZA JURÍDICA. RECOLHIMENTO INDEVIDO.

O Imposto de renda incide sobre renda e proventos de qualquer natureza, em razão de configurar acréscimo ao patrimônio material do contribuinte (Inteligência do Código Tributário Nacional).

O terço constitucional de férias não enseja acréscimo patrimonial advindo de renda ou proventos, por possuir natureza indenizatória, logo, não esta sujeito à incidência de imposto de renda.

EMBARGOS INFRINGENTES. APELAÇÃO CÍVEL. AÇÃO DECLARATÓRIA CUMULADA COM PEDIDO DE REPETIÇÃO DE INDÉBITO. IMPOSTO DE RENDA. TERÇO CONSTITUCIONAL DE FÉRIAS. NATUREZA INDENIZATÓRIA. RESTITUIÇÃO DE VALORES. APELO CONHECIDO E PROVIDO. EMBARGOS INFRINGENTES NÃO PROVIDOS.

– O acréscimo constitucional de um terço sobre as férias, gozadas e não gozadas, tem natureza indenizatória, não representando acréscimo ao patrimônio do trabalhador, logo, dita verba não está sujeita à incidência de imposto de renda.

– Negado provimento aos embargos infringentes para manter o acórdão vergastado que reformou a sentença de primeiro grau.

Entendendo serem desnecessárias delongadas ponderações, pois o tema já foi exaustivamente debatido neste órgão julgador, razão pela qual, adotando os fundamentos lançados, conheço do presente recurso e lhe dou provimento para reformar a sentença de primeiro grau, julgando procedente o pedido inicial da autora/apelante, e, por conseguinte, em face do reconhecimento da inexigibilidade da incidência do tributo, condenar o Estado ________ a restituir a importância retida indevidamente a título de imposto de renda quando do pagamento de férias a autora, respeitado o limite de 5 (cinco) anos a partir do ajuizamento da ação, com juros de mora de 0,5% (meio por cento), nos termos do art. 1-F da Lei nº 9.494/1997, com redação dada pela Lei nº 11.960/2009, e correção de acordo com tabela de atualização monetária de débitos da Fazenda Pública adotada pela Divisão de Conferência e Contadoria Judicial deste Egrégio Tribunal de Justiça.

Por fim, inverto o ônus da sucumbência, condenando o recorrido no pagamento das custas processuais e honorários advocatícios, o qual arbitro em R$ 500,00 (quinhentos reais).

Eis o meu voto.

Local, _____ de ___________ de _____

Desembargador ____________________
Relator

Des.ª ______________________ (PRESIDENTE E REVISORA) – De acordo com o(a) Relator(a).

Des. _________________________________ – De acordo com o(a) Relator(a).

Podemos dividir o "juízo de admissibilidade" em duas partes:

i) Genéricos: que correspondem à tempestividade e demais regularidades formais.

ii) Específicos: exigidos para poucos recursos, como é o caso do Recurso Extraordinário e do Recurso Especial.

Assim, passemos a verificar cada um dos requisitos de admissibilidade:

a) Legitimidade: Conforme art. 996, CPC, o recurso pode ser interposto pela parte vencida, pelo terceiro prejudicado e pelo Ministério Público, como parte ou como fiscal da ordem jurídica.

b) Interesse recursal: A parte recorrente deve demonstrar o interesse no recurso de modo a postular decisão capaz de proporcionar situação jurídica mais favorável do que aquela constante da decisão recorrida. O interesse recursal deve ser levado em consideração dois aspectos: interesse-necessidade e interesse adequação, sendo este último aspecto ligado ao manejo do recurso adequado para cada situação.

Obs.: O princípio da fungibilidade é aplicado de forma expressa quando se interpuser RE no lugar de REsp, ou vice-versa, conforme consta dos artigos 1.032 e 1.033 do CPC. Assim, por exemplo, se o relator, no Superior Tribunal de Justiça, entender que o recurso especial versa sobre questão constitucional, deverá conceder prazo de 15 (quinze) dias para que o recorrente demonstre a existência de repercussão geral e se manifeste sobre a questão constitucional.

Pressuposto recursal (jurisdição): Além disso, para a interposição do recurso é imprescindível verificar se o órgão *ad quem* está investido de jurisdição, assim, por exemplo, o TJ não poderá julgar recurso de apelação na hipótese de ação ajuizada na Justiça Estadual conforme o § 3º do art. 109, da CRFB, o qual indica que serão processadas e julgadas na justiça estadual, no foro do domicílio dos segurados ou beneficiários, as causas em que forem parte instituição de previdência social e segurado, sempre que a comarca não seja sede de vara do juízo federal, e, se verificada essa condição, a lei poderá permitir que outras causas sejam também processadas e julgadas pela justiça estadual. Nada obstante, eventual recurso será processado perante a Justiça Federal, conforme art. 109, § 4º, da CRFB.

c) Regularidade Formal:

– Tempestividade: De acordo com o art. 1.003, § 5º, excetuados os embargos de declaração, o prazo para interpor os recursos e para responder-lhes é de 15 (quinze) dias.

> **Obs.:** Vale lembrar que na peça recursal, no ato da interposição, o candidato (recorrente) deverá comprovar a ocorrência de feriado local.

– Preparo: O art. 1.007, do CPC, determina que o preparo seja recolhido no ato de interposição do recurso, inclusive o porte de remessa e retorno, salvo se os autos forem eletrônicos (art. 1.007, § 3º).

– Forma: Cada recurso apresenta a sua peculiaridade formal, em que pese a existência do princípio da instrumentalidade das formas, previsto no art. 188 do CPC.

– Motivação do recurso interposto: Há que se lembrar do requisito previsto no art. 932, III, do CPC, o qual preconiza que incumbe ao relator não conhecer de recurso que não tenha impugnado especificamente os fundamentos da decisão recorrida.

d) Inexistência de fatos extintivos ou impeditivos: Basicamente esse requisito pode ser pautado na verificação de eventual desistência do recurso, de renúncia ao direito de recorrer, e à aceitação da decisão.

Requisitos intrínsecos e extrínsecos	
Requisitos intrínsecos	**Requisitos extrínsecos**
a. Cabimento	a. Tempestividade
b. Interesse	b. Preparo
c. Legitimidade	c. Regularidade formal (forma)
	d) Inexistidade formal (forma) trínsecose à aceitação da decisão

EFEITOS

A interposição de recurso provoca alguns efeitos. De início, todo recurso produz o chamado **efeito obstativo**, que impede o trânsito em julgado da decisão.

Além do efeito obstativo, o recurso deve produzir o **efeito devolutivo** da matéria impugnada, conforme art. 1.013 do CPC. Isto significa que nem todos os capítulos da sentença serão devolvidos automaticamente. O recorrente deve utilizar-se da impugnação específica para devolver ao Tribunal a matéria objeto do recurso. Aliás, segundo o § 1º, do art. 1.013, do CPC, serão, porém, objeto de apreciação e julgamento pelo tribunal todas as **questões suscitadas e discutidas no processo, ainda que não tenham sido solucionadas**, desde que **relativas ao capítulo impugnado**.

Ademais, quando o pedido ou a defesa tiver **mais de um fundamento** e o juiz acolher apenas um deles, a apelação **devolverá ao tribunal o conhecimento dos demais**.

Outro efeito de extrema importância e que deve ser observado na hora de elaborar a peça recursal é o **efeito suspensivo**, que é tido como regra no recurso de apelação (isto significa que comporta algumas exceções, as quais estão elencadas no art. 1.012, § 1º, do CPC, de modo que começa a produzir efeitos imediatos a sentença que:

- homologa divisão ou demarcação de terras;
- condena a pagar alimentos;
- extingue sem resolução do mérito ou julga improcedentes os embargos do executado;
- julga procedente o pedido de instituição de arbitragem;
- confirma, concede ou revoga tutela provisória;
- decreta a interdição.

Nada obstante, é possível que o recorrente peça efeito suspensivo ao relator ou ao Tribunal nas hipóteses em que este não seja automático.

Passa-se então a analisar cada um dos recursos.

Recurso de Agravo de Instrumento

O Recurso de Agravo de Instrumento poderá ser interposto contra decisões interlocutórias especificadas pelo art. 1.015 do NCPC, em um rol taxativo. Dessa forma, caberá Agravo de Instrumento contra decisão interlocutória que versar sobre:

a) tutelas provisórias;

b) mérito do processo;

c) rejeição da alegação de convenção de arbitragem;

d) incidente de desconsideração da personalidade jurídica;

e) rejeição do pedido de gratuidade da justiça ou acolhimento do pedido de sua revogação;

f) exibição ou posse de documento ou coisa;

g) exclusão de litisconsorte;

h) rejeição do pedido de limitação do litisconsórcio;

i) admissão ou inadmissão de intervenção de terceiros;

j) concessão, modificação ou revogação do efeito suspensivo aos embargos à execução;

k) redistribuição do ônus da prova nos termos do art. 373, § 1º;

l) outros casos expressamente referidos em lei.

> **Obs.:** O NCPC revoga o agravo retido, permitindo apenas a interposição na modalidade por instrumento.

a) endereçamento: o recurso de agravo na modalidade de instrumento é endereçado diretamente ao tribunal *ad quem* (art. 1.016 do NCPC) no sentido de tentar reverter a situação prejudicial causada pela decisão agravada.

b) requisitos: o agravo de instrumento possui requisitos específicos, a saber: exposição dos fatos e do direito; razões do pedido de reforma; nome e o endereço completo dos advogados constantes do processo (art. 1.016 e ss. do NCPC).

c) partes: por se tratar de recurso de "agravo", a parte que interpõe o recurso é denominada "agravante" e a parte contrária será "agravada".

d) preparo: a taxa de preparo fica a critério de cada tribunal que define se cobrará e qual o valor a ser cobrado quando de sua determinação.

> **Obs.:** É imprescindível fazer a indicação de que o preparo foi recolhido ou que a parte é beneficiária da justiça gratuita.

e) efeitos: o agravo é recebido sempre no efeito devolutivo, porém, poderá o relator do recurso atribuir efeito suspensivo (art. 995, I, do NCPC).

f) formação do instrumento: o termo instrumento significa a formação de um no "processo", haja vista que o processo original continuará tramitando na primeira instância. Para tanto, são necessárias, além da petição do agravo, a extração e a juntada das seguintes cópias: decisão agravada; certidão de intimação da decisão agravada; procuração dos advogados do agravante e do agravado e outras peças que a parte julgar necessária para elucidar a controvérsia apresentada. Quando houver a exigência de preparo, o agravante deverá juntar ao agravo o respectivo comprovante de recolhimento.

g) pedidos: ao final da petição, deve-se pedir seja conhecido (meio próprio para recorrer), admitido (preenche os requisitos de admissibilidade) e provido (para rever a decisão agravada).

h) forma: trata-se de peça autônoma que inaugurará a formação do instrumento de agravo.

Recurso de Apelação

Recurso que pode ser interposto contra sentença (art. 203, § 1º, do NCPC).

> **Obs.:** Tendo em vista a revogação do Agravo Retido pelo NCPC, as decisões interlocutórias proferidas no curso do processo que não comportarem o recurso de Agravo de Instrumento não irão precluir, de modo que tais matérias poderão ser suscitadas pelo recorrente no recurso, em preliminar de apelação ou contrarrazões de apelação. Essa regra vem prevista no art. 1.009 e parágrafos do NCPC.

a) **endereçamento:** o recurso é endereçado ao juiz da causa com as razões de recurso endereçadas ao tribunal, conforme art. 1.010 do NCPC.

b) **prazo:** a apelação deve ser interposta no prazo de 15 (quinze) dias a contar da decisão judicial (art. 1.003, § 5º, do NCPC).

c) **requisitos:** além da tempestividade (prazo), o recurso de apelação deve apresentar nomes e qualificação das partes; fundamentos de fato e de direito e o pedido de nova decisão (art. 1.010 do NCPC).

d) **partes:** por se tratar de recurso de "apelação", a parte que interpõe o recurso é denominada "apelante" e a parte contrária será "apelada".

e) **preparo:** é necessário de acordo com a tabela dos tribunais. E, lembre-se, a juntada do preparo deve ser demonstrada na petição.

f) **efeito:** o recurso de apelação é recebido no efeito devolutivo e suspensivo, conforme art. 1.012 do NCPC, mas será recebido no efeito meramente devolutivo nas hipóteses previstas no § 1º do mesmo artigo.

g) **forma:** trata-se de uma petição intermediária de interposição, acompanhada de razões de recurso que serão endereçadas ao tribunal.

h) **processamento:** uma vez interposta a apelação, o juiz declarará os efeitos em que a recebe (devolutivo e/ou suspensivo) e intimará o apelado para se manifestar no prazo de 15 (quinze) dias. A ausência de manifestação do apelado não traz consequências negativas do ponto de vista processual.

i) **pedidos:** ao final da petição, deve-se pedir seja conhecido (meio próprio para recorrer), admitido (preenche os requisitos de admissibilidade) e provido (para rever a decisão recorrida).

CASO PRÁTICO

(XI Exame unificado) Fábio é universitário, domiciliado no Estado K e pretende ingressar no ensino superior através de nota obtida pelo Exame Nacional, organizado pelo Ministério da Educação. Após a divulgação dos resultados, Fábio é surpreendido com seu baixo desempenho nas questões discursivas, a transparecer que não corrigiram adequadamente sua prova, ou deixaram de lançar ou somar as notas das questões, o que inviabiliza seu ingresso na entidade preferida. Não há previsão de vista de prova e nem de recurso administrativo no edital, sendo certo que existe agente público do Ministério da Educação responsável pelo exame em cada estado da federação, denominado de Coordenador Estadual do Exame Nacional, sediado na capital. Fábio requereu vista de prova e revisão da mesma ao Coordenador Estadual do Exame Nacional, tendo o seu pedido sido indeferido, por ausência de previsão editalícia. Inconformado, Fábio contrata advogado que impetra mandado de segurança, objetivando ter vista de prova, tendo a liminar sido indeferida, sem interposição de recurso. Após trinta dias de tramitação, surge sentença que julga improcedente o pedido, confirmando a legalidade da recusa de acesso à prova por falta de previsão no edital. A decisão restou clara, sem qualquer vício de omissão, contradição ou obscuridade. Foram opostos embargos de declaração, os quais foram rejeitados. Fábio, por meio de seu advogado, apresenta recurso pertinente.

Redija a peça recursal cabível ao tema.

A simples menção ou transcrição do dispositivo legal não pontua.

ESTRUTURA DA PEÇA – APELAÇÃO
A ação proposta foi o Mandado de Segurança regulado pela Lei nº 12.016/2009 e prevista no art. 5º, LXIX, da CRFB ("Conceder-se-á mandado de segurança para proteger direito líquido e certo, não amparado por *habeas corpus* ou *habeas data*, quando o responsável pela ilegalidade ou abuso de poder for autoridade pública ou agente de pessoa jurídica no exercício de atribuições do Poder Público").
O impetrante foi Fábio e o impetrado, o Coordenador Estadual do Exame Nacional, autoridade coatora.
Sendo o pedido julgado improcedente por sentença, o recurso cabível é o de apelação (LMS, art. 14. "Da sentença, denegando ou concedendo o mandado, cabe apelação. § 1º Concedida a segurança, a sentença estará sujeita obrigatoriamente ao duplo grau de jurisdição. § 2º Estende-se à autoridade coatora o direito de recorrer").
O recorrente será Fábio e o recorrido, a autoridade coatora. Os fundamentos do recurso de apelação serão os mesmos deduzidos na ação: a) princípio da legalidade (CRFB, art. 5º, II – "ninguém será obrigado a fazer ou deixar de fazer alguma coisa senão em virtude de lei"); b) princípio da publicidade (CRFB, art. 37, *caput*); c) direito de petição (CRFB, art. 5º, XXXIV).
A petição é dirigida ao Juízo da sentença. Assim, tendo em vista que a autoridade coatora é federal, a petição é dirigida ao Juízo Federal vinculado à Seção Judiciária do Estado K para encaminhamento à instância de revisão, no caso o Tribunal Regional Federal.
As razões recursais são dirigidas ao Tribunal Regional Federal.
O recurso deve conter a postulação de reforma da sentença com a procedência do pedido.
No caso de mandado de segurança, não existe condenação em honorários nem em custas, consoante determinação legal e jurisprudência assente.

MODELO

EXCELENTÍSSIMO SENHOR DOUTOR JUIZ FEDERAL DA SEÇÃO JUDICIÁRIA DO ESTADO K

Mandado de Segurança autuado sob nº ...

FÁBIO, já qualificado nos autos do MANDADO DE SEGURANÇA, de número em epígrafe, que move em face do COORDENADOR ESTADUAL DO EXAME NACIONAL, autoridade coatora, vem, por seu advogado, à presença de Vossa Excelência, tendo em vista a respeitável sentença de fls., interpor RECURSO DE APELAÇÃO, nos termos do art. 14 da Lei nº 12.016/2009 e art. 1.009 e ss. do NCPC, cujas razões seguem acostadas.

Outrossim, requer seja o presente recurso recebido em seus regulares efeitos, intimando-se a parte contrária para apresentar contrarrazões, no prazo legal, e posterior remessa dos autos para o respectivo Tribunal Regional Federal.

Por fim, seguem anexos os comprovantes dos recolhimentos das custas de preparo e porte de remessa e retorno.

Termos em que,

pede deferimento.

Local/Data.

Advogado/OAB

RAZÕES DO RECURSO DE APELAÇÃO

Apelante: Fábio.

Apelado: Coordenador Estadual do Exame Nacional.

Egrégio Tribunal Regional Federal

Ínclitos Julgadores

I – BREVE RELATO

Fábio é universitário e pretende ingressar no ensino superior utilizando a nota obtida pelo Exame Nacional, organizado pelo Ministério da Educação. Com a divulgação dos resultados, foi surpreendido com seu baixo desempenho nas questões discursivas, o que o levou a crer que não corrigiram adequadamente sua prova, ou deixaram de lançar ou somar as notas das questões, o que inviabiliza seu ingresso na entidade preferida.

Requereu, então, vista de prova e revisão desta ao Coordenador Estadual do Exame Nacional, que é o agente público do Ministério da Educação responsável pelo exame no Estado. Esse pedido foi indeferido com o argumento de que não há previsão de vista de prova nem de recurso administrativo no edital. Em razão de tal recusa, impetrou mandado de segurança com pedido de liminar objetivando ter vista de prova.

O MM. Juízo "a quo" indeferiu a liminar e ao final proferiu sentença julgando improcedente o pedido sob o argumento de legalidade da recusa de acesso à prova por falta de previsão no edital. Os embargos de declaração opostos foram rejeitados.

Todavia, como será demonstrado a seguir, a respeitável sentença proferida merece ser reformada.

II – DAS RAZÕES PARA A REFORMA

Primeiro e por oportuno, consigna-se que o apelante, conforme já noticiado, impetrou Mandado de Segurança perante o Juízo Federal vinculado à Seção Judiciária do Estado K, competente para julgar a questão, pois a autoridade que lhe negou a vista da prova é o Coordenador Estadual do Exame Nacional, que é o agente público do Ministério da Educação no Estado K. A segurança foi denegada, o que autoriza a interposição, tempestiva, do presente recurso de Apelação, com fundamento no artigo 108, inciso II, da Constituição Federal e artigo 14 da Lei nº 12.016/2009.

A respeitável sentença recorrida deve ser reformada, pois o Apelante tem direito líquido e certo de vista de prova e sua revisão, ainda que não haja previsão editalícia para tal.

No caso em questão, a impetração do mandado de segurança era cabível, não havendo razão jurídica plausível para ter sido negado pelo Juízo.

O mandado de segurança é remédio constitucional, previsto no artigo 5º, inciso LXIX, da Constituição Federal de 1988 e que visa proteger direito líquido e certo, não amparado por "habeas corpus" ou "habeas data", quando o responsável pela ilegalidade ou abuso de poder for autoridade pública ou agente de pessoa jurídica no exercício de atribuições do Poder Público.

As previsões do edital não podem desrespeitar direitos constitucionalmente previstos e foi o que ocorreu quando o Coordenador Estadual do Exame Nacional negou acesso à prova realizada pelo Apelante.

O artigo 5º, inciso XXXIII, da Constituição Federal Vigente estabelece que todos têm direito a receber dos órgãos públicos informações de seu interesse particular, ou de interesse coletivo ou geral, que serão prestadas no prazo da lei, sob pena de responsabilidade, ressalvadas aquelas cujo sigilo seja imprescindível à segurança da sociedade e do Estado.

Saliente-se que, para viabilizar o acesso às informações, assevera a Constituição que são a todos assegurados, independentemente do pagamento de taxas: o direito de petição aos Poderes Públicos em defesa de direitos ou contra ilegalidade ou abuso de poder, bem como se possibilita a obtenção de certidões em repartições públicas, para defesa de direitos e esclarecimento de situações de interesse pessoal (artigo 5º, XXXIV, "a" e "b", da CRFB). Além disso, a lei não excluirá da apreciação do Poder Judiciário lesão ou ameaça a direito (artigo 5º, XXXV, da CRFB).

Não há dúvida de que é um mandamento constitucional o direito à informação, seja para a defesa individual, seja para a defesa do bom funcionamento da Administração Pública.

O Apelante está inconformado com ato praticado pelo Coordenador Estadual do Exame Nacional que lhe negou acesso à prova realizada, pois, com a divulgação do resultado, não obteve o necessário para garantir o seu ingresso na instituição de ensino superior escolhida.

Não está o recorrente pretendendo obter a sua aprovação, mas tão somente ter certeza que não houve algum equívoco.

É perfeitamente possível e plausível que possa ter ocorrido um erro na soma das notas das questões ou, ainda, que a correção, em razão do elevado número de participantes do exame, precise ser revisada.

Excelências, era somente isso que pretendia o esforçado Fábio ao requer a vista de prova e sua revisão, o que lhe foi negado de forma sumária em flagrante desrespeito aos princípios da Administração Pública expressamente previstos no artigo 37, "caput", da CRFB.

Senão vejamos, o Coordenador Estadual do Exame Nacional indeferiu o pedido com o argumento de que não há previsão de vista de prova nem de recurso administrativo no edital. Assim, foram violados os preceitos constitucionais acima listados.

Não se discute que a lei possa estabelecer limites ou restrições, mas desde que o faça de modo razoável, o que no presente caso não seria razoável.

Feitas tais considerações, restou demonstrado o direito do Apelante em ter vista da sua prova e, se for o caso, a sua revisão, devendo assim ser reformada a respeitável sentença proferida pelo Juiz Federal por não estar em consonância com os preceitos constitucionais listados.

III – DO PEDIDO

Por todo o exposto, requer a esse Egrégio Tribunal seja o presente Recurso de Apelação conhecido e, quando do seu julgamento, lhe seja dado integral provimento, no sentido de reformar a sentença julgando-se procedente o pedido e, assim, concedendo-se a segurança para permitir o acesso à prova.

Nestes termos,
pede deferimento.

Local ..., data...
Advogado/OAB ...

Recurso Ordinário Constitucional

a) conceito: O Recurso Ordinário está previsto no novo Código de Processo Civil nos arts. 1.027 e 1.028, e pode ser conceituado como o recurso cabível (i) contra as decisões denegatórias proferidas em Mandados de Segurança, Mandados de Injunção e *Habeas Data* distribuídos e julgados pelos Tribunais Superiores (TST, STM e TSE), (ii) contra as decisões denegatórias proferidas em Mandados de Segurança distribuídos e julgados pelos Tribunais Regionais Federais e Tribunais de Justiça, e (iii) contra as decisões proferidas em causas (quaisquer que sejam) em que figurem como partes Estado ou organismo estrangeiro de um lado, e de outro Município ou pessoa domiciliada no País (art. 1.027 do NCPC).

O recurso ordinário é também denominado recurso ordinário constitucional (ou ROC), por estar previsto na Constituição Federal (arts. 102 e 105). As disposições constitucionais repetem a redação do Código de Processo Civil.

No primeiro caso anterior (mandado de segurança, mandado de injunção e *habeas data* julgados por tribunais superiores, que tenham tido acórdãos denegatórios), o Recurso Ordinário será julgado pelo Supremo Tribunal Federal (STF) e, nos demais casos, pelo Superior Tribunal de Justiça (STJ), conforme disposto no art. 1.027 do NCPC:

> Art. 1.027. Serão julgados em recurso ordinário:
>
> I – pelo Supremo Tribunal Federal, os mandados de segurança, os *habeas data* e os mandados de injunção decididos em única instância pelos tribunais superiores, quando denegatória a decisão;
>
> II – pelo Superior Tribunal de Justiça:
>
> a) os mandados de segurança decididos em única instância pelos tribunais regionais federais ou pelos tribunais de justiça dos Estados e do Distrito Federal e Territórios, quando denegatória a decisão;
>
> b) os processos em que forem partes, de um lado, Estado estrangeiro ou organismo internacional e, do outro, Município ou pessoa residente ou domiciliada no País.
>
> § 1º Nos processos referidos no inc. II, alínea "b", contra as decisões interlocutórias caberá agravo de instrumento dirigido ao Superior Tribunal de Justiça, nas hipóteses do art. 1.015.
>
> § 2º Aplica-se ao recurso ordinário o disposto nos arts. 1.013, § 3º, e 1.029, § 5º.

O recurso ordinário constitucional possibilita que as decisões denegatórias proferidas em processos específicos distribuídos nos Tribunais (mandado de segurança, mandado de injunção e *habeas data*) possam ser submetidas ao duplo grau de jurisdição.

b) endereçamento: o endereçamento deve ser feito diretamente ao Tribunal que julgou a causa originariamente, conforme as competências estabelecidas pela Constituição ou pela lei.

c) prazo: o prazo para interposição, nos termos do art. 1.003, § 5º, do NCPC, é de 15 (quinze) dias, e, recebido o recurso, a parte contrária (recorrida) é intimada para apresentar contrarrazões, no mesmo prazo.

d) requisitos: os requisitos de admissibilidade do recurso ordinário são os mesmos da apelação. Há necessidade de recolhimento de custas de preparo e porte de remessa e retorno dos autos, e de petição de interposição e razões.

É necessária a leitura do art. 1.028 do CPC para verificar em qual recurso será baseada a admissibilidade recursal: apelação ou agravo de instrumento. Em qualquer caso, é interessante verificar o RISTJ:

> Art. 1.028. Ao recurso mencionado no art. 1.027, inc. II, alínea "b", aplicam-se, quanto aos requisitos de admissibilidade e ao procedimento, as disposições relativas à apelação e o Regimento Interno do Superior Tribunal de Justiça.
>
> § 1º Na hipótese do art. 1.027, § 1º, aplicam-se as disposições relativas ao agravo de instrumento e o Regimento Interno do Superior Tribunal de Justiça.
>
> § 2º O recurso previsto no art. 1.027, incs. I e II, alínea "a", deve ser interposto perante o tribunal de origem, cabendo ao seu presidente ou vice-presidente determinar a intimação do recorrido para, em 15 (quinze) dias, apresentar as contrarrazões.

CASO PRÁTICO

(IV Exame unificado) Tício, brasileiro, divorciado, empresário, domiciliado no município M, inconformado com ato praticado pelo Governador do seu Estado de origem, que negou acesso a elementos que permitissem a certificação de situações capazes de gerar ação popular, impetrou Mandado de Segurança perante o Tribunal de Justiça local, órgão competente de forma originária, para conhecer e julgar a questão. A segurança foi denegada, pretendendo o impetrante interpor recurso alegando a violação de preceitos constitucionais, como o direito de petição, o acesso à Justiça e os atinentes à Administração Pública. Não houve deferimento da gratuidade de Justiça.

Na qualidade de advogado, elabore a peça cabível contra a decisão que denegou a segurança, observando:

a) competência do Juízo; b) legitimidade ativa e passiva; c) fundamentos de mérito constitucionais e legais vinculados; d) os requisitos formais da peça; e) adequação do recurso.

Estrutura da Peça

Em caso de denegação da ordem, o recurso cabível é o ordinário (art. 105, II, "b", da CRFB) de competência do Superior Tribunal de Justiça, uma vez que a competência originária do Mandado de Segurança é do Tribunal de Justiça do Estado. O tema em foco tem assento constitucional: o direito de petição e de acesso a informações (art. 5º, XXXIII e XXXIV, da CRFB). Também o exercício da ação popular (art. 5º, LXXIII, da CRFB). Tais fundamentos legitimam a impetração do Mandado de Segurança (art. 5º, LXIX, da CRFB), regulado pela Lei nº 12.016/2009). São requisitos procedimentais do recurso ordinário os mesmos da apelação (arts. 1.027 e 1.028 do NCPC).

Excelentíssimo Senhor Doutor Desembargador Presidente do Tribunal de Justiça do Estado

Dados da Ação (autos nº):

Recorrente: Tício

Recorrido: Governador do Estado

Tício, já qualificado nos autos, por seu advogado que esta subscreve, não se conformando com a respeitável decisão denegatória do mandado de segurança em epígrafe, vem, respeitosamente, à presença de Vossa Excelência, com fundamento no artigo 105, inciso II, "b", da CRFB e na Lei nº 8.038/1990, tempestivamente, interpor RECURSO ORDINÁRIO CONSTITUCIONAL em face do Governador do Estado, já qualificado, pelas razões de fato e de direito apresentadas na minuta anexa.

Requer seja recebido e processado o presente recurso, intimando-se a parte contrária para que ofereça, dentro do prazo legal, as contrarrazões e, depois, seja o recurso encaminhado com as inclusas razões ao Egrégio Superior Tribunal de Justiça.

Por fim, requer a juntada das custas de preparo e porte de remessa e retorno.

Nestes termos,

pede deferimento.

Local ..., data...

Advogado ...

OAB/...

RAZÕES DE RECURSO ORDINÁRIO CONSTITUCIONAL[78]

Dados da ação:

Recorrente: Tício

Recorrido: Governador do Estado

78 Tendo em vista que o recurso deverá ser interposto perante o juízo "a quo", deve ser realizada uma peça de interposição do recurso. Em folha separada, devem ser realizadas as razões do recurso.

Superior Tribunal de Justiça,

Colenda Turma,

Ínclitos Julgadores,

Tício, não se conformando com o respeitável acórdão de fls., que denegou o mandado de segurança em seu favor, vem, respeitosamente, apresentar as razões do presente recurso ordinário constitucional:

I – BREVE RESUMO

Tício, brasileiro, divorciado, empresário, domiciliado no município M, inconformado com ato praticado pelo Governador do seu Estado de origem, que negou acesso a elementos que permitissem a certificação de situações capazes de gerar ação popular, impetrou Mandado de Segurança perante o Tribunal de Justiça local, órgão competente de forma originária, para conhecer e julgar a questão. A segurança foi denegada, pretendendo o impetrante interpor recurso alegando a violação de preceitos constitucionais, como o direito de petição, o acesso à Justiça e os atinentes à Administração Pública.

II – DO DIREITO

Não pode prosperar a respeitável decisão que denegou o mandado de segurança, por encontrar-se desprovida de respaldo constitucional e legal.

O artigo 105, inciso II, "b", da CRFB estabelece que:

"Compete ao Superior Tribunal de Justiça: (...) II – julgar, em recurso ordinário: (...) b) os mandados de segurança decididos em única instância pelos Tribunais Regionais Federais ou pelos tribunais dos Estados, do Distrito Federal e Territórios, quando denegatória a decisão;"

Previsão semelhante é prevista no artigo 33 da Lei nº 8.038/1990.

No caso em questão, a impetração do mandado de segurança era cabível, não havendo razão jurídica plausível para ter sido negado pelo Tribunal de Justiça.

O mandado de segurança é remédio constitucional, previsto no artigo 5º, inciso LXIX, da Constituição Federal de 1988 e que visa proteger direito líquido e certo, não amparado por "habeas corpus" ou "habeas data", quando o responsável pela ilegalidade ou abuso de poder for autoridade pública ou agente de pessoa jurídica no exercício de atribuições do Poder Público.

O Governador do Estado é uma autoridade pública e, ao negar acesso a elementos que permitissem a certificação de situações, capazes de gerar ação popular, violou vários dispositivos constitucionais e legais.

O artigo 5º, inciso XXXIII, da Constituição Federal vigente estabelece que todos têm direito a receber dos órgãos públicos informações de seu interesse particular, ou de interesse coletivo ou geral, que serão prestadas no prazo da lei, sob pena de responsabilidade, ressalvadas aquelas cujo sigilo seja imprescindível à segurança da sociedade e do Estado.

No mesmo sentido, aponta o inciso XIV do artigo 5º da Norma Fundamental prevendo que é assegurado a todos o acesso à informação e resguardado o sigilo da fonte, quando necessário ao exercício profissional.

Saliente-se que, para viabilizar o acesso às informações, assevera a Constituição que são a todos assegurados, independentemente do pagamento de taxas: o direito de petição aos Poderes Públicos em defesa de direitos ou contra ilegalidade ou abuso de poder, bem como possibilita-se a obtenção de certidões em repartições públicas, para defesa de direitos e esclarecimento de situações de interesse pessoal (artigo 5º, inciso XXXIV, "a" e "b", da CRFB).

Além disso, a lei não excluirá da apreciação do Poder Judiciário lesão ou ameaça a direito (artigo 5º, XXXV, da CRFB).

Desse modo, não há dúvida de que é um mandamento constitucional o direito à informação, seja para a defesa individual, seja para a defesa do bom funcionamento da administração pública.

No presente caso, o Recorrente está inconformado com ato praticado pelo Governador do seu Estado de origem, que negou acesso a elementos que permitissem a certificação de situações capazes de gerar vindoura ação popular.

Tal ação é regulamentada pela Lei nº 4.717/1965, que no § 4º do artigo 1º estabelece que, para instruir a inicial, o cidadão poderá requerer às entidades as certidões e informações que julgar necessárias, bastando para isso indicar a finalidade delas.

Destaque-se que no § 5º do artigo 1º da Lei nº 4.717/1965 há a previsão de que as certidões e informações solicitadas deverão ser fornecidas dentro de 15 (quinze) dias da entrega, sob recibo, dos respectivos requerimentos, e só poderão ser utilizadas para a instrução de ação popular.

É cediço que a administração pública direta e indireta de qualquer dos Poderes da União, dos Estados, do Distrito Federal e dos Municípios obedecerá aos princípios de legalidade, impessoalidade, moralidade, publicidade e eficiência, como bem estabelece o "caput" do artigo 37 da Constituição Federal de 1988.

Por fim, dispõe a Constituição Vigente que a lei disciplinará as formas de participação do usuário na administração pública direta e indireta, regulando, especialmente, o acesso dos usuários a registros administrativos e a informações sobre atos de governo, observado o disposto no artigo 5º, incisos X e XXXIII (artigo 37, § 3º, inciso II, da CRFB).

Infere-se de todo o exposto que o direito de obter certificações para possibilitar a propositura da ação popular tem respaldo constitucional e legal. No mesmo sentido, caminham a doutrina e a jurisprudência.

Assim, o Governador do Estado, que negou acesso a elementos que permitissem a certificação de situações capazes de gerar ação popular, incorreu em ato inconstitucional e ilegal.

O Recorrente, conforme já noticiado, impetrou Mandado de Segurança perante o Tribunal de Justiça local, órgão competente de forma originária, para conhecer e julgar a questão. A segurança foi denegada, ato esse que autoriza a interposição do presente Recurso Ordinário Constitucional, com fundamento no artigo 105, inciso II, "b", da CRFB, art. 33 da Lei nº 8.038/1990 e artigo 247 do Regimento Interno do Superior Tribunal de Justiça, uma vez é interposto dentro do prazo legal.

III – DO PEDIDO

Diante do exposto, o Recorrente requer o conhecimento e o provimento do presente recurso, reformando-se a respeitável decisão recorrida de fls., possibilitando o acesso a elementos que permitam a certificação de situações capazes de gerar a ação popular, concedendo-se a ordem para fornecimento dos documentos necessários ao Recorrente.

Nestes termos,
pede deferimento.

Local ..., data...
Advogado...
OAB/...

Recurso Especial – REsp

a) **conceito:** recurso cabível contra decisão oriunda de um tribunal, nos termos da Constituição Federal, quando a parte alega ter havido violação à lei federal. Ao lado do Recurso Extraordinário, é instrumento de controle da interpretação e aplicação do direito, no caso, do direito federal.

b) **prazo:** será interposto no prazo de 15 dias perante o presidente ou o vice-presidente do tribunal recorrido, conforme art. 1.030 do NCPC.

> **Obs.:** Caso o recurso não seja admitido, caberá agravo nos termos do art. 1.042 do NCPC. O julgamento do recurso especial será feito pelo STJ, de acordo com as normas do Código e também com as disposições estabelecidas no Regimento Interno do Superior Tribunal de Justiça.

c) **endereçamento:** é interposto perante o presidente ou vice-presidente do Superior Tribunal de Justiça.

d) **requisitos:** deve conter a exposição de fato e de direito, a demonstração do cabimento do recurso e as razões do pedido de reforma da decisão recorrida.

e) **processamento:** uma vez protocolizado e recebido o recurso, a parte contrária será intimada para contra-arrazoá-lo. Designado o relator, ele fará o juízo de admissibilidade e determinará a designação de pauta para julgamento. Será recebido apenas no efeito devolutivo e deve ser recolhido porte de remessa.

MODELO

EXCELENTÍSSIMO SENHOR DOUTOR DESEMBARGADOR PRESIDENTE DO EGRÉGIO TRIBUNAL DE JUSTIÇA DO ESTADO ... – ...

Processo autuado sob nº...

Acórdão nº ...

..., já qualificada nos autos em epígrafe da **AÇÃO ...** que move em face de ..., por seu advogado, vem, à presença de Vossa Excelência, com fundamento nos arts. 1.029 e ss. do NCPC, interpor **RECURSO ESPECIAL** em face do v. acórdão da e. ... Câmara Cível do Tribunal de Justiça do Estado de ..., requerendo desde já sua admissão e remessa ao Colendo STJ.

O presente recurso é próprio, tempestivo, as partes são legítimas e estão devidamente representadas.

Termos em que,
pede provimento.

Local ..., data ...

Advogado

OAB/ ...

RAZÕES DE RECURSO[79]

COLENDO SUPERIOR TRIBUNAL DE JUSTIÇA

RECURSO ESPECIAL

AUTOS Nº....
RECORRENTE: ...
RECORRIDO:...
... CÂMARA CÍVEL – TJ...
RELATOR:...

NOBRES MINISTROS,

PRELIMINARMENTE

PRESSUPOSTOS DE ADMISSIBILIDADE

A Colenda ... Câmara Cível do Tribunal "a quo" ... (fazer referência ao que foi decidido). Com efeito, entende a(o) Recorrente que o v. acórdão, além de violar o disposto nos artigos ..., diverge das decisões de outros tribunais, preenchendo, portanto, os pressupostos das alíneas "a" e "c" do artigo 105 da Constituição Federal.

SÍNTESE DO PROCESSO

Conforme se verifica dos autos, o ora Recorrente ingressou com ação ... em face do recorrido objetivando ...

DA VIOLAÇÃO DE LEI INFRACONSTITUCIONAL

Claro está, ao observarmos o acórdão prolatado pelo Egrégio Tribunal de Justiça, que a decisão flagrantemente violou os seguintes dispositivos de lei federal:

1) ...;

2) ...;

79 Tendo em vista que o recurso deverá ser interposto perante o juízo "a quo", deve ser realizada uma peça de interposição do recurso. Em folha separada, devem ser realizadas as razões do recurso.

3) ... .

Diante dessas considerações, entende o Recorrente que o e. Tribunal "a quo", ao decidir ..., violou o disposto ...

DA DIVERGÊNCIA JURISPRUDENCIAL

Os arestos apontados como paradigmas neste recurso foram retirados do repositório oficial ...

ARESTO PARADIGMA 1

... (colacionar a ementa do aresto apresentado como paradigma).

Há divergência jurisprudencial entre a decisão do acórdão paradigma e do acórdão recorrido, isto porque ...

Nobres Ministros, a divergência jurisprudencial é inconteste, principalmente no ponto ...

Eis a divergência.

CONCLUSÃO

Diante destas considerações, requer o recebimento, a admissão de provimento do presente recurso para declarar a violação do artigo ... e a existência de divergência jurisprudencial, reformando o v. acórdão de origem para ..., por ser medida de inteira Justiça.

Termos em que,
pede provimento.

Local ..., data ...

ADVOGADO
OAB/... nº ...

Recurso Extraordinário – RE

a) **conceito:** recurso cabível contra decisão de que não caiba mais recurso ordinário e que tenha infringido tratado ou lei federal. As regras desse importante recurso estão previstas no art. 1.029 do NCPC, além da previsão no Texto Constitucional de 1988.

b) **prazo:** o prazo é de 15 (quinze) dias, e é importante se verificar que, quando houver a interposição de embargos infringentes, suspende-se o prazo para interposição do recurso especial, fluindo o prazo somente após a intimação da decisão dos embargos.

c) **endereçamento:** é interposto perante o presidente ou vice-presidente do Supremo Tribunal Federal.

d) **requisitos:** deve conter a exposição de fato e de direito, a demonstração do cabimento do recurso e as razões do pedido de reforma da decisão recorrida.

e) **processamento:** uma vez protocolizado e recebido o recurso, a parte contrária será intimada para contra-arrazoá-lo. Designado o relator, ele fará o juízo de admissibilidade e determinará a designação de pauta para julgamento. Será recebido apenas no efeito devolutivo e deve ser recolhido porte de remessa.

Caso Prático

(XI Exame unificado) O Tribunal de Justiça do Estado J julgou improcedente ação direta de inconstitucionalidade proposta pelo Prefeito do município W, tendo o acórdão declarado constitucional norma da lei orgânica municipal que dispôs que o Prefeito e o Vice-Prefeito não poderiam ausentar-se do país, por qualquer período sem autorização da Câmara Municipal. No prazo recursal foram ofertados embargos declaratórios, improvidos.

Contratado como advogado pelo Prefeito do Município, após a decisão preferida nos embargos declaratórios, apresente a peça cabível.

Estruturação da peça:

Resumo dos fatos: Foi julgada improcedente ação direta de inconstitucionalidade proposta pelo Prefeito do município W. No acórdão proferido pelo Tribunal de Justiça do Estado J foi declarada constitucional norma da lei orgânica municipal que dispôs que o Prefeito e o Vice-Prefeito não poderiam ausentar-se do País, por qualquer período sem autorização da Câmara Municipal. Os embargos declaratórios não foram providos.

Ação: Recurso Extraordinário (art. 102, III, "a", "c", § 3º, da CRFB/1988 e arts. 541 ao 546 do CPC) [arts. 1.029 a 1.044 do NCPC].

Competência: Petição de interposição endereçada ao Tribunal de Justiça do Estado J e as Razões do recurso endereçadas ao Supremo Tribunal Federal.

Legitimidade ativa: Prefeito do Município W (recorrente).

Legitimidade Passiva: Câmara Municipal (recorrida).

Fundamentos: Aplicação do princípio da simetria, pois a regra constitucional que estabelece condições e requisitos para o afastamento do Presidente da República é de observância obrigatória nas Constituições Estaduais e Leis Orgânicas: art. 29, "caput", art. 49, III, e art. 83, todos da Constituição Federal. Esclarecer que houve o prequestionamento da questão constitucional, pois o acórdão recorrido é de uma ação de inconstitucionalidade da norma da lei orgânica municipal. Justificar a repercussão geral (art. 102, § 3º, da CRFB e art. 543-A, "caput", e §§ 1º ao 4º, do CPC) [arts. 1º, 2º, 17 e 19 do NCPC], pois a questão diz respeito a todas as leis orgânicas.

Outros requisitos formais da peça: Na peça de interposição pedir que o recurso seja recebido e processado, intimação do recorrido para contrarrazões, juntar custas de preparo e porte de remessa e retorno. Nas razões pedir o conhecimento e provimento do Recurso Extraordinário para que o acórdão seja reformado declarando inconstitucional a norma da lei orgânica municipal que dispôs que o Prefeito e o Vice-Prefeito não poderiam ausentar-se do País, por qualquer período sem autorização da Câmara Municipal. Local e data. Advogado/OAB.

EXCELENTÍSSIMO SENHOR DOUTOR DESEMBARGADOR PRESIDENTE DO TRIBUNAL DE JUSTIÇA DO ESTADO J

Dados da ação: Ação Direita de Inconstitucionalidade

Recorrente: Prefeito do Município W

Recorrido: Câmara Municipal

PREFEITO DO MUNICÍPIO W, qualificado nos autos, por seu advogado que esta subscreve, vem, respeitosamente, à presença de Vossa Excelência, com fundamento no art. 102, inc. III, "a" e "c", § 3º, da CRFB, arts. 1.029 e ss. do CPC, interpor RECURSO EXTRAORDINÁRIO em face do respeitável acórdão proferido nas fls., que declarou constitucional norma da lei orgânica municipal, bem como não deu provimento aos embargos declaratórios, nos autos da ação em epígrafe, em face da Câmara Municipal, na pessoa de seu Presidente (qualificado nos autos).

Requer seja recebido e processado o presente recurso, intimando-se a parte contrária para que ofereça, dentro do prazo legal, as contrarrazões e, depois, seja o recurso admitido e encaminhado com as inclusas razões ao Egrégio Supremo Tribunal Federal.

Por fim, requer a juntada das custas de preparo e porte de remessa e retorno.

Nesses termos,

pede deferimento.

Local ..., data ...

Advogado...

OAB/...

RAZÕES DE RECURSO EXTRAORDINÁRIO[80]

Dados da ação: Ação Direita de Inconstitucionalidade

Recorrente: Prefeito do Município W

Recorrido: Câmara Municipal

Egrégio Supremo Tribunal Federal,

Colenda Turma,

Ínclitos Julgadores,

PREFEITO DO MUNICÍPIO W, não se conformando com o respeitável acórdão de fls., vem, respeitosamente, apresentar as razões do presente recurso extraordinário.

I – BREVE RESUMO

Foi julgada improcedente ação direta de inconstitucionalidade proposta pelo Prefeito do município W. No acórdão proferido pelo Tribunal de Justiça do Estado J, foi declarada constitucional norma da lei orgânica municipal que dispôs que o Prefeito e o Vice-Prefeito não poderiam ausentar-se do País, por qualquer período, sem autorização da Câmara Municipal. Os embargos declaratórios não foram providos.

II – PRELIMINARMENTE – DA REPERCUSSÃO GERAL

Verifica-se que há relevância do ponto de vista jurídico e político, pois a questão diz respeito à aplicação do princípio da simetria federativa em relação à autorização legislativa para a ausência do titular do poder executivo por mais de quinze dias, expressa no artigo 83 da Constituição Federal vigente.

Os Estados, ao elaborarem suas Constituições, e os Municípios, ao elaborarem suas Leis Orgânicas, devem observar as regras de repetição obrigatória estabelecidas na Constituição Federal.

80 Tendo em vista que o recurso deverá ser interposto perante o juízo "a quo", deve ser realizada uma peça de interposição do recurso. Em folha separada, devem ser realizadas as razões do recurso.

O tema é passível de ser estendido a todas as Leis Orgânicas, assim, a questão jurídica e política transcende o interesse das partes. Há repercussão geral, nos termos do art. 102, § 3º, da CRFB e do art. 1.035 e parágrafos do NCPC, e o recurso deve ser julgado pelo Supremo Tribunal Federal.

III – DO CABIMENTO DO RECURSO

Cabível o presente recurso, nos termos do art. 102, III, "a" e "c", da CRFB, pois se percebe que a norma da lei orgânica municipal que dispôs que o Prefeito e o Vice-Prefeito não poderiam ausentar-se do País, por qualquer período, sem autorização da Câmara Municipal viola o princípio da simetria federativa e o art. 83 da CRFB, que exige a licença legislativa para período superior a quinze dias.

Saliente-se que o recurso foi interposto tempestivamente, nos termos do art. 1.003 do NCPC.

IV – DO PREQUESTIONAMENTO

O prequestionamento da questão constitucional está devidamente preenchido, pois na origem, ou seja, na ação direita de inconstitucionalidade, pedia-se a declaração de inconstitucionalidade da norma.

Assim, a matéria foi devidamente questionada na instância inferior, houve a efetiva manifestação do Tribunal de origem, bem como a interposição de embargos declaratórios, esgotando-se as instâncias para o exame da instância superior.

V – DO DIREITO

Os Municípios são entes detentores de autonomia política e administrativa e reger-se-ão por lei orgânica, votada em dois turnos, com intervalo mínimo de dez dias, aprovada por dois terços dos membros da Câmara Municipal, que a promulgará, atendidos os princípios estabelecidos na Constituição Federal e na Constituição do respectivo Estado. Esta é a previsão do artigo 29 da Lei Fundamental brasileira.

Assim, o Município, ao elaborar sua Lei Orgânica, irá, entre outros, organizar os órgãos da administração municipal, a relação entre os poderes municipais Executivo e Legislativo, disciplinar a competência legislativa municipal observando as peculiaridades locais, devendo, ao elaborá-la, fazê-lo em consonância com a Constituição Federal e a Constituição do Estado ao qual pertence.

Trata-se da observância do princípio da simetria ou paralelismo constitucional. Tal princípio estabelece que os Municípios, ao elaborarem suas Leis orgânicas, não poderão estabelecer limites diferentes daqueles previstos na Constituição da República Federativa do Brasil e na Constituição do seu Estado. O mesmo se aplica aos Estados que, ao elaborarem suas constituições, não poderão estabelecer limites diferentes daqueles previstos na Constituição da República Federativa do Brasil.

O Prefeito do município W, ao propor, no Tribunal de Justiça do seu Estado, a ação direta de inconstitucionalidade da norma da lei orgânica municipal que dispôs que o Prefeito e o Vice-Prefeito não podem ausentar-se do país, por qualquer período, sem autorização da Câmara Municipal pretendeu ver resguardado tal princípio.

Em que pese o respeitável acórdão proferido pela constitucionalidade da referida norma, reitera-se neste recurso a necessidade de aplicação do princípio da simetria aos afastamentos determinados na Lei Orgânica. E tal observância deve ser respeitada não apenas pelo Município W, mas por todos os Municípios ao elaborarem ou emendarem suas Leis Orgânicas.

Como parâmetro, deve-se observar o que a Constituição Federal prevê sobre os afastamentos do Presidente e Vice-Presidente da República.

O tema está disciplinado nos artigos 49 e 83 da CRFB, e, neste ponto, reputa-se como necessária a transcrição que se segue:

"Art. 49. É competência exclusiva do congresso Nacional:

...

III – autorizar o Presidente e o Vice-Presidente da República a se ausentarem do país, quando a ausência exceder a quinze dias;"

"Art. 83. O Presidente e o Vice-Presidente da República não poderão sem licença do Congresso Nacional, ausentar-se do País por período superior a quinze dias, sob pena de perda do cargo."

Verifica-se, desse modo, que a Câmara Municipal do Município W, ao tratar do tema, não poderia ter imposto a norma da lei orgânica municipal exigindo a autorização para ausência, seja qual for o período de afastamento, do Prefeito e do Vice-Prefeito. A Constituição Federal estabelece a exigência para quando a ausência exceder quinze dias. Pelo princípio da simetria, tal norma e requisitos são de observância obrigatória nas constituições estaduais e leis orgânicas, portanto, patente é a inconstitucionalidade da norma que foi atacada na ação de inconstitucionalidade proposta no Tribunal de Justiça do Estado J que proferiu o acórdão que se pretende ver reformado.

VI – DO PEDIDO

Diante do exposto, o recorrente requer o conhecimento e o provimento do presente recurso extraordinário, pois estão presentes todos os pressupostos de sua admissibilidade, reformando-se o venerando acórdão proferido pelo Egrégio Tribunal de Justiça do Estado J, e por consequência declarar-se a inconstitucionalidade da norma da lei orgânica municipal que exige autorização da Câmara Municipal para ausência, seja qual for o período de afastamento, do Prefeito e do Vice-Prefeito (fls.).

Nesses termos,

pede deferimento.

Local ..., data ...

Advogado...

OAB/...

PARTE IV

Pratique

Orientações gerais

Na seção "Pratique", elaboramos um espaço idêntico ao que se utiliza no Exame da OAB para que você possa, a partir de problemas sugeridos, praticar e se preparar para a prova.

Sugerimos que você exercite os casos apresentados em situação semelhante à que enfrentaria no Exame de Ordem. Então, selecione o material e utilize somente aquele permitido, controle o tempo e se isole em um ambiente em que você não seja interrompido.

Lembre-se de que, do ponto de vista emocional, uma das dificuldades que enfrentamos ao depararmos com um desafio é a "novidade". Sim, por mais simples que ela pareça ser, é um elemento que nos coloca em uma situação ou de não saber o que deve realmente ser feito ou de dúvidas de como devemos fazer, o que, por consequência acaba gerando um fator emocional desconfortável, que é a insegurança.

Isso tudo é facilmente explicável se analisarmos que nosso cérebro é dividido em hemisfério esquerdo e direito. O hemisfério esquerdo gerencia a nossa razão, o nosso conhecimento, as informações e dados armazenados. Portanto, sabemos que o hemisfério esquerdo será nosso grande aliado no dia da prova. Mas, por outro lado, existe o hemisfério direito, que gerencia nossas emoções, nossos sentidos e nossos sentimentos. Ele funciona nas situações de pressão como se fosse areia movediça, ou seja, ficamos presos aos nossos sentimentos (hemisfério direito) e não conseguimos agir com a devida razão (hemisfério esquerdo).

É por essa razão que sugerimos a você que pratique como se estivesse em situação real, pois assim, ao chegar no dia da prova, seu "sentimento de insegurança" (hemisfério direito) estará atenuado e viabilizará o uso de todo conhecimento que você adquiriu no processo de preparação (hemisfério esquerdo).

Isso já indica que duas coisas são essenciais para um bom desempenho na prova:

- preparação;
- exercício.

Então vamos agora complementar seu processo de preparação por meio de exercícios próprios do Exame de Ordem. Antes de iniciá-los, porém, organize suas ideias. Elabore um "esqueleto" com as principais informações que você extrairá a partir da análise do problema e, uma vez feito isso, passe a elaborar a peça com mais segurança.

1. Problema nº 1

(XII Exame unificado) O Presidente da República editou o Decreto nº 5555, estabelecendo a obrigatoriedade, como exigência à obtenção do diploma de graduação em engenharia, de um elevado aproveitamento nas disciplinas do curso, e, para inscrição nos Conselhos Regionais, a conclusão de uma pós-graduação com carga horária mínima de 480 horas de aula. A medida tem por objetivo conferir maior controle sobre a formação do profissional, num momento de expansão das obras de infraestrutura no país.

A Confederação Sindical dos Engenheiros, entidade que reúne 18 (dezoito) Federações de sindicatos em diferentes Estados, cada uma com ao menos 10 (dez) sindicatos, procura os seus serviços para impugnar o Decreto expedido pelo Presidente da República, salientando que o mesmo viola diretamente a Constituição, sendo certa a urgência na obtenção de um provimento judicial favorável, tendo em vista a aproximação do final de ano, época em que, tradicionalmente, são formados milhares de bacharéis em todo o território nacional.

Considerando a hipótese acima, formule a peça adequada.

Estrutura da peça:

Peça	
Endereçamento	
Partes	
Previsão legal da peça	
Principais fatos	
Fundamentação jurídica	
Pedidos	
Requerimentos	

Texto da Peça prático-profissional – 1/5

Texto da Peça prático-profissional – 2/5

Texto da Peça prático-profissional – 3/5

Texto da Peça prático-profissional – 4/5

Texto da Peça prático-profissional – 5/5

2. Problema nº 2

(Exame 2008-2) O governo brasileiro, preocupado com os índices crescentes de ataques terroristas no mundo, vinculou-se à Convenção sobre os Direitos Humanos das Vítimas de Atividades Terroristas, convenção internacional, de âmbito multilateral, que estabelece restrições aos direitos dos presos condenados por crimes resultantes de atividades terroristas. O presidente da República assinou o tratado e o enviou ao Congresso Nacional, conforme disposição do art. 49, I, da CRFB e, não, de acordo com o § 3º do art. 5º dessa Carta, e, em poucos meses, o Congresso Nacional aprovou o texto do tratado na forma de decreto legislativo. Após isso, o presidente da República editou decreto promulgando e ratificando o tratado.

Já estando internamente em vigor o referido decreto, percebeu-se que vários juízes em todo o território nacional, aplicavam plenamente o art. 22 do tratado, no qual se lê: "as presas condenadas por crimes resultantes de atividade de terrorismo, logo após a darem à luz, deverão deixar seus filhos sob a responsabilidade de entidade pública de assistência social até que cumpram integralmente a pena".

Visando a impossibilitar, de algum modo, a aplicação do referido artigo, sob o argumento de sua inconstitucionalidade, o presidente de um partido político com representação no Congresso Nacional procurou, em nome do partido, os serviços advocatícios de um(a) profissional, pretendendo uma solução urgente e uniforme para o caso, de modo que, com apenas uma ação, seja alcançado efeito para todos os indivíduos no território nacional brasileiro.

Na qualidade de advogado(a) contratado(a) pelo partido político mencionado nessa situação hipotética, redija a peça jurídica mais adequada ao caso, de acordo com a jurisprudência majoritária do Supremo Tribunal Federal, atentando, necessariamente, para os seguintes aspectos:

- Competência do órgão julgador;
- Legitimidade ativa e passiva;
- Possibilidade de contestação judicial da constitucionalidade do referido tratado;
- Argumentos a favor da inconstitucionalidade do mencionado art. 22;
- Requisitos formais da peça judicial proposta.

Estrutura da peça:

Peça	
Endereçamento	
Partes	
Previsão legal da peça	
Principais fatos	
Fundamentação jurídica	
Pedidos	
Requerimentos	

Texto da Peça prático-profissional – 1/5

Texto da Peça prático-profissional – 2/5

Texto da Peça prático-profissional - 3/5

Texto da Peça prático-profissional – 4/5

Texto da Peça prático-profissional – 5/5

3. Problema nº 3

(Elaborado pelos autores) No município "XYZ", uma estância turística, tem crescido nos últimos anos o número de novos loteamentos. Diante do mercado imobiliário crescente e rentável no município, a Câmara dos Vereadores aprovou e o prefeito sancionou e promulgou projeto de lei determinando novos critérios para autorização de loteamentos no município. De acordo com esaa nova lei municipal, a autorização para novos loteamentos no município fica condicionada à doação compulsória de dez por cento da área a ser loteada ao domínio do poder público municipal.

Os vereadores do partido "X", da oposição, inconformados com a referida lei municipal, levaram a questão ao diretório nacional do partido. A direção nacional do partido "X", que possui apenas um deputado federal na Câmara dos Deputados, resolve questionar a citada lei municipal, de forma abstrata, buscando a declaração de sua inconstitucionalidade de forma ampla e contra todos.

O poder público municipal já publicou edital de licitação para a venda dos lotes que lhe foram transferidos em razão da citada lei municipal.

Como advogado do partido "X", ajuíze a ação competente, levando em consideração:

- Competência do órgão julgador;
- Legitimidade ativa e passiva;
- Possibilidade de contestação judicial da constitucionalidade da referida lei municipal;
- Argumentos a favor da inconstitucionalidade da lei municipal;
- Tutela de urgência;
- Requisitos formais da peça judicial proposta.

Estrutura da peça:

Peça	
Endereçamento	
Partes	
Previsão legal da peça	
Principais fatos	
Fundamentação jurídica	
Pedidos	
Requerimentos	

Texto da Peça prático-profissional – 1/5

Texto da Peça prático-profissional – 2/5

Texto da Peça prático-profissional – 3/5

Texto da Peça prático-profissional – 4/5

Texto da Peça prático-profissional – 5/5

4. Problema nº 4

(V Exame unificado) Mévio, brasileiro, solteiro, estudante universitário, domiciliado na capital do Estado W, requereu o seu ingresso em programa de bolsas financiado pelo Governo Federal, estando matriculado em Universidade particular. Após apresentar a documentação exigida, é surpreendido com a negativa do órgão federal competente, que aduz o não preenchimento de requisitos legais. Entre eles, está a exigência de pertencer a determinada etnia, uma vez que o programa é exclusivo de inclusão social para integrantes de grupo étnico descrito no edital, podendo, ao arbítrio da Administração, ocorrer integração de outras pessoas, caso ocorra saldo no orçamento do programa. Informa, ainda, que existe saldo financeiro e que, por isso, o seu requerimento ficará no aguardo do prazo estabelecido em regulamento. O referido prazo não consta na lei que instituiu o programa, e o referido ato normativo também não especificou a limitação do financiamento para grupos étnicos. Com base na negativa da Administração Federal, a matrícula na Universidade particular ficou suspensa, prejudicando a continuação do curso superior. O valor da mensalidade por ano corresponde a R$ 20.000,00, sendo o curso de quatro anos de duração. O estudante pretende produzir provas de toda a espécie, receoso de que somente a prova documental não seja suficiente para o deslinde da causa. Isso foi feito em atendimento à consulta respondida pelo seu advogado Tício, especialista em Direito Público, que indicou a possibilidade de prova pericial complexa, bem como depoimentos de pessoas para comprovar a sua necessidade financeira e outros depoimentos para indicar possíveis beneficiários não incluídos no grupo étnico referido pela Administração. Aduz ainda que o pleito deve restringir-se no reconhecimento do seu direito constitucional e que eventuais perdas e danos deveriam ser buscadas em outro momento. Há urgência, diante da proximidade do início do semestre letivo.

Na qualidade de advogado contratado por Mévio, elabore a peça cabível ao tema, observando: a) competência do juízo; b) legitimidade ativa e passiva; c) fundamentos de mérito constitucionais e legais vinculados; d) os requisitos formais da peça inaugural.

Estrutura da peça:

Peça	
Endereçamento	
Partes	
Previsão legal da peça	
Principais fatos	
Fundamentação jurídica	
Pedidos	
Requerimentos	

Texto da Peça prático-profissional – 1/5

Texto da Peça prático-profissional – 2/5

Texto da Peça prático-profissional – 3/5

Texto da Peça prático-profissional – 4/5

Texto da Peça prático-profissional – 5/5

5. Problema nº 5

(VIII Exame unificado) Com fundamento na recente Lei nº 1.234, do Estado Y, que exclui as entidades de direito privado da Administração Pública do dever de licitar, o Banco X (empresa pública daquele Estado) realiza a contratação direta de uma empresa de informática – a Empresa W – para atualizar os sistemas do banco. O caso vem a público após a revelação de que a empresa contratada pertence ao filho do presidente do banco e nunca prestou tal serviço antes. Além disso, o valor pago (milhões de reais) estava muito acima do preço de mercado do serviço em outras empresas. José, cidadão local, ajuíza ação popular em face do Presidente do Banco X e da Empresa W perante o Juízo de 1ª Instância da Capital do Estado Y, em que pleiteia a declaração de invalidade do ato de contratação e o pagamento das perdas e danos, ao fundamento de violação ao art. 1º, parágrafo único, da Lei nº 8.666/1993 (norma geral sobre licitação e contratos) e a diversos princípios constitucionais. A sentença, entretanto, julgou improcedente o pedido formulado na petição inicial, afirmando ser válida a lei estadual que autoriza a contratação direta, sem licitação, pelas entidades de direito privado da Administração Pública, analisada em face da lei federal, não considerando violados os princípios constitucionais invocados. José interpõe recurso de apelação, ao qual se negou provimento, por unanimidade, pelo mesmo fundamento levantado na sentença. Dez dias após a publicação da decisão que rejeitou os seus embargos declaratórios, José procura um advogado para assumir a causa e ajuizar a medida adequada.

Na qualidade de advogado, elabore a peça cabível, observando todos os requisitos formais e a fundamentação pertinente ao tema.

Estrutura da peça:

Peça	
Endereçamento	
Partes	
Previsão legal da peça	
Principais fatos	
Fundamentação jurídica	
Pedidos	
Requerimentos	

Texto da Peça prático-profissional – 1/5

Texto da Peça prático-profissional – 2/5

Texto da Peça prático-profissional – 3/5

Texto da Peça prático-profissional – 4/5

Texto da Peça prático-profissional – 5/5

6. Problema nº 6

(IX Exame unificado) José, brasileiro, desempregado, domiciliado no Município "ABC", capital do Estado "X", chegou a um hospital municipal que não possui Centro de Tratamento Intensivo (CTI) – sentindo fortes dores de cabeça. José aguardou atendimento na fila da emergência pelo período de 12 (doze) horas, durante o qual foi tratado de forma áspera e vexatória pelos servidores do hospital, que, entre outros comportamentos aviltantes, debocharam do fato de José estar de pé há tanto tempo esperando atendimento. Após tamanha espera e sofrimento, o quadro de saúde de José agravou-se e ele entrou em estado de incapacidade absoluta, sem poder locomover-se e sem autodeterminação, momento no qual, enfim, um médico do hospital veio atendê-lo. Adamastor, também desempregado, pai de José, revela que, segundo laudo do médico responsável, seu filho necessita urgentemente ser removido para um hospital que possua CTI, pois José corre risco de sofrer danos irreversíveis à sua saúde e, inclusive, o de morrer. Informa ainda que o médico mencionou a existência de hospitais municipais, estaduais e federais nas proximidades de onde José se encontra internado, todos possuidores de CTI.

Ocorre que José e Adamastor são economicamente hipossuficientes, de modo que não possuem condições financeiras de arcar com a remoção para outro hospital público, nem de custear a internação em hospital particular, sem prejuízo do sustento próprio ou da família.

Indignado com todo o ocorrido, e ansioso para preservar a saúde de seu filho, Adamastor o procura para, na qualidade de advogado, identificar e minutar a medida judicial adequada à tutela dos direitos de José em face de todos os entes que possuem hospitais próximos ao local onde José se encontra e que seja levado em consideração o tratamento hostil por ele recebido no hospital municipal.

Estrutura da peça:

Peça	
Endereçamento	
Partes	
Previsão legal da peça	
Principais fatos	
Fundamentação jurídica	
Pedidos	
Requerimentos	

Texto da Peça prático-profissional – 1/5

Texto da Peça prático-profissional – 2/5

Texto da Peça prático-profissional – 3/5

Texto da Peça prático-profissional – 4/5

Texto da Peça prático-profissional - 5/5

7. Problema nº 7

(XII Exame unificado) Após mais de 40 (quarenta) dias de intensa movimentação popular, em protestos que chegaram a reunir mais de um milhão de pessoas nas ruas de diversas cidades do Estado, e que culminaram em atos de violência, vandalismo e depredação de patrimônio público e particular, o Governador do Estado X edita o Decreto nº 1968.

A pretexto de disciplinar a participação da população em protestos de caráter público, e de garantir a finalidade pacífica dos movimentos, o Decreto dispõe que, além da prévia comunicação às autoridades, o aviso deve conter a identificação completa de todos os participantes do evento, sob pena de desfazimento da manifestação. Além disso, prevê a revista pessoal de todos, como forma de preservar a segurança dos participantes e do restante da população. Na qualidade de advogado do Partido Político "Frente Brasileira Unida", de oposição ao Governador, você ajuizou uma Ação Direta de Inconstitucionalidade, perante o Tribunal de Justiça do Estado X, alegando a violação a normas da Constituição do Estado referentes a direitos e garantias individuais e coletivos (que reproduzem disposições constantes da Constituição da República). O Plenário do Tribunal de Justiça local, entretanto, por maioria, julgou improcedente o pedido formulado, de declaração de inconstitucionalidade dos dispositivos do Decreto estadual, por entender compatíveis as previsões constantes daquele ato com a Constituição do Estado, na interpretação que restou prevalecente na corte. Alguns dos Desembargadores registraram em seus votos, ainda, a impossibilidade de propositura de ação direta tendo por objeto um decreto estadual.

Entendendo que a decisão da corte estadual, apesar de não conter obscuridade, omissão ou contradição, foi equivocada, e que não apenas as disposições do Decreto são inconstitucionais como também a própria interpretação dada pelo Tribunal de Justiça é incompatível com o ordenamento jurídico nacional, os dirigentes do Partido pedem que você proponha a medida judicial cabível a impugnar aquela decisão.

Estrutura da peça:

Peça	
Endereçamento	
Partes	
Previsão legal da peça	
Principais fatos	
Fundamentação jurídica	
Pedidos	
Requerimentos	

Texto da Peça prático-profissional – 1/5

Texto da Peça prático-profissional – 2/5

Texto da Peça prático-profissional – 3/5

Texto da Peça prático-profissional – 4/5

Texto da Peça prático-profissional – 5/5

8. Problema nº 8

(Exame 2009-2) João, nascido e domiciliado em Florianópolis – SC, indignou-se ao saber, em abril de 2009, por meio da imprensa, que o senador que merecera seu voto nas últimas eleições havia determinado a reforma total de seu gabinete, orçada em mais de R$ 1.000.000,00, a qual seria custeada pelo Senado Federal. A referida reforma incluía aquecimento e resfriamento com controle individualizado para o ambiente e instalação de ambiente físico para projeção de filmes em DVD, melhorias que João considera suntuosas, incompatíveis com a realidade brasileira. O senador declarara, em entrevistas, que os gastos com a reforma seriam necessários para a manutenção da representação adequada ao cargo que exerce.

Tendo tomado conhecimento de que o processo de licitação já se encerrara e que a obra não havia sido iniciada, João, temendo que nenhum ente público tomasse qualquer atitude para impedir o início da referida reforma, dirigiu-se a uma delegacia de polícia civil, onde foi orientado a que procurasse a Polícia Federal. Supondo tratar-se de um "jogo de empurra-empurra", João preferiu procurar ajuda de profissional da advocacia para aconselhar-se a respeito da providência legal que poderia ser tomada no caso.

Em face dessa situação hipotética, na qualidade de advogado(a) constituído(a) por João, redija a medida judicial mais apropriada para impedir que a reforma do gabinete do referido senador da República onere os cofres públicos.

Estrutura da peça:

Peça	
Endereçamento	
Partes	
Previsão legal da peça	
Principais fatos	
Fundamentação jurídica	
Pedidos	
Requerimentos	

Texto da Peça prático-profissional – 1/5

Texto da Peça prático-profissional – 2/5

Texto da Peça prático-profissional – 3/5

Texto da Peça prático-profissional – 4/5

Texto da Peça prático-profissional – 5/5

9. Problema nº 9

(Exame 2009-1) Na assembleia legislativa de determinado estado da Federação, um terço dos seus parlamentares subscreveu documento, requerendo abertura de uma comissão parlamentar de inquérito (CPI) para investigar, por prazo certo, determinado fato. Os líderes dos partidos da base do governo, visando impedir a instauração da comissão, firmaram acordo no sentido de que nenhum partido indicasse o respectivo representante para integrar a referida CPI. Instalado o impasse, a mesa diretora da Casa, por seu presidente, entendeu que a criação da CPI deveria ser submetida à deliberação do plenário, arguindo falta de previsão regimental para regular a espécie. Levada a matéria ao plenário, a maioria da Casa opôs-se à criação da CPI. Após a decisão proferida pelo presidente, o deputado estadual Antônio, um dos parlamentares que solicitaram a criação da CPI, não se conformou com a situação.

Em face dessa situação hipotética, na qualidade de advogado(a) constituído(a) pelo parlamentar inconformado, redija a medida judicial cabível, apresentando toda a argumentação que entender pertinente.

Estrutura da peça:

Peça	
Endereçamento	
Partes	
Previsão legal da peça	
Principais fatos	
Fundamentação jurídica	
Pedidos	
Requerimentos	

Texto da Peça prático-profissional – 1/5

Texto da Peça prático-profissional – 2/5

Texto da Peça prático-profissional – 3/5

Texto da Peça prático-profissional – 4/5

Texto da Peça prático-profissional – 5/5

10. Problema nº 10

(Exame 2010-1) O secretário de administração do Estado-membro Y, com a finalidade de incentivar o aprimoramento profissional de certa categoria de servidores públicos, criou, por meio de lei específica, tabela de referências salariais com incremento de 10% entre uma e outra, estando a mudança de referência baseada em critérios de antiguidade e merecimento. O pagamento do mencionado percentual seria feito em seis parcelas mensais e sucessivas. Os servidores que adquiriram todas as condições para o posicionamento na referência salarial subsequente já haviam recebido o pagamento de três parcelas quando sobreveio a edição de medida provisória revogando a sistemática estabelecida na lei. Assim, no mês seguinte à edição dessa medida, o valor correspondente à quarta parcela foi excluído da folha de pagamento. Em decorrência dessa exclusão, os servidores requereram à Secretaria Estadual de Planejamento e Gestão a respectiva inserção na folha de pagamento, sob pena de submeter a questão ao Poder Judiciário.

Em resposta, o secretário indeferiu o pedido, fundado nos seguintes argumentos:

a) em razão da revogação da lei, promovida pela medida provisória, os servidores não mais teriam direito ao recebimento do percentual;

b) seria possível a alteração do regime remuneratório, em face da ausência de direito adquirido a regime jurídico, conforme já reconhecido pelo Supremo Tribunal Federal;

c) os servidores teriam, na hipótese, mera expectativa de direito, e não, direito adquirido;

d) não cabe ao Poder Judiciário atuar em área própria do Poder Executivo e conceder o reajuste pleiteado, sob pena de ofensa ao princípio constitucional da separação dos poderes.

Em face da situação hipotética apresentada, na qualidade de advogado(a) contratado(a) pelo sindicato dos servidores, redija a medida judicial cabível para impugnação do ato da autoridade que determinou a exclusão do pagamento dos servidores dos percentuais previstos em lei, destacando os argumentos necessários à adequada defesa dos interesses de seus clientes.

Estrutura da peça:

Peça	
Endereçamento	
Partes	
Previsão legal da peça	
Principais fatos	
Fundamentação jurídica	
Pedidos	
Requerimentos	

Texto da Peça prático-profissional – 1/5

Texto da Peça prático-profissional – 2/5

Texto da Peça prático-profissional – 3/5

Texto da Peça prático-profissional – 4/5

Texto da Peça prático-profissional – 5/5

11. Problema nº 11

(Elaborado pelos autores) O Congresso Nacional aprovou projeto de lei de autoria do Poder Executivo, autorizando agentes de saúde a ingressarem em imóveis abandonados ou quando ausentes por longo período os seus ocupantes. Referida lei autoriza, ainda, os agentes sanitários a requisitar auxílio de autoridade policial para o ingresso forçado nos imóveis. Consta da exposição de motivos desta lei, Lei nº 1.234, a necessidade de combate ao mosquito *Aedes aegypti*, transmissor de doenças como dengue, chikungunya e zika vírus.

A constitucionalidade da Lei nº 1.234 tem sido questionada por meio de controle difuso de constitucionalidade. Instaurou-se, portanto, divergência jurisprudencial entre os tribunais da federação, tendo em vista que há várias decisões reconhecendo a constitucionalidade da referida norma, ao passo que outras, deixando de aplicá-la por reconhecer a sua inconstitucionalidade.

O diretório nacional do partido X, base aliada do governo da Câmara dos Deputados, o procura, na qualidade de advogado, buscando uma medida judicial no sentido de ver reconhecida, definitivamente, a constitucionalidade da Lei nº 1.234. É de interesse, ainda, tendo em vista a necessidade de combate ao mosquito transmissor, que, em caráter de urgência, sejam suspensas novas decisões contrárias à referida lei.

Na qualidade de advogado do partido X, elabore a peça processual adequada.

Estrutura da peça:

Peça	
Endereçamento	
Partes	
Previsão legal da peça	
Principais fatos	
Fundamentação jurídica	
Pedidos	
Requerimentos	

Texto da Peça prático-profissional – 1/5

Texto da Peça prático-profissional – 2/5

Texto da Peça prático-profissional - 3/5

Texto da Peça prático-profissional – 4/5

Texto da Peça prático-profissional – 5/5

12. Problema nº 12

(XXII Exame de Ordem unificado) Servidores públicos do Estado Beta, que trabalham no período da noite, procuram o Sindicato ao qual são filiados, inconformados por não receberem adicional noturno do Estado, que se recusa a pagar o referido benefício em razão da inexistência de lei estadual que regulamente as normas constitucionais que asseguram o seu pagamento.

O Sindicato resolve, então, contratar escritório de advocacia para ingressar com o adequado remédio judicial, a fim de viabilizar o exercício em concreto, por seus filiados, da supramencionada prerrogativa constitucional, sabendo que há a previsão do valor de vinte por cento, a título de adicional noturno, no art. 73 da Consolidação das Leis do Trabalho.

Considerando os dados acima, na condição de advogado(a) contratado(a) pelo Sindicato, utilizando o instrumento constitucional adequado, elabore a medida judicial cabível.

Estrutura da peça:

Peça	
Endereçamento	
Partes	
Previsão legal da peça	
Principais fatos	
Fundamentação jurídica	
Pedidos	
Requerimentos	

Texto da Peça prático-profissional – 1/5

Texto da Peça prático-profissional – 2/5

Texto da Peça prático-profissional – 3/5

Texto da Peça prático-profissional – 4/5

Texto da Peça prático-profissional – 5/5

PARTE V

Questões discursivas

Orientações gerais

As questões discursivas exercem um papel fundamental na avaliação do candidato ao Exame de Ordem, pois, considerando que a peça prático-profissional é o elemento essencial da prova, e levando-se em conta que pequenos erros são normais na elaboração da peça para quem está submetido a pressão, as questões servem como complemento da nota e ao mesmo tempo como mecanismo de demonstração de conhecimento técnico.

No tocante às questões discursivas, algumas sugestões são interessantes para melhor respondê-las:

a) *identifique o ponto central do que está sendo exigido pelo avaliador:* você observará que as questões, em regra, misturam vários assuntos, mas procure analisar o caso a partir do assunto central. Por isso, não deixe sua mente o trair com algo que lhe pareça familiar. Leia e releia o problema até identificar o tema central;

b) *organize as ideias:* procure fazer anotações dos pontos principais a serem explorados no material de consulta. A partir da identificação desses pontos, priorize a análise da legislação, haja vista que o Exame de Ordem possui uma tendência muito legalista e, em regra, da própria legislação são extraídas as questões;

c) *utilize o material de consulta por meio de prioridades e administre o tempo:* se o Exame de Ordem tem essa tendência legislativa como dissemos anteriormente, sugerimos que você use a doutrina apenas para tirar dúvidas de interpretação acerca de determinado dispositivo ou regra. Dessa forma, você controlará melhor o uso do tempo, pois, na segunda fase, grande parte dele será consumida pela peça prático-profissional, e assim deve ser, restando pouco tempo para as questões, de forma que administrar o saldo do tempo é essencial para que você conclua toda a prova. Mas é importante lembrar que somente indicar o dispositivo legal não gera pontuação; é necessário que você fundamente sua resposta, ou seja, o examinador quer testar sua capacidade de interpretação e argumentação;

d) *evite o desgaste:* procure responder as questões na ordem estabelecida no caderno de prova, mas, ao deparar com um alto grau de dificuldade em determinada questão, de forma a manter a administração do tempo, pule e passe para a próxima questão, já que o desgaste mental é grande nesse tipo de prova, e saber se poupar auxilia no melhor desenvolvimento;

e) *importância do exercício:* adotamos a metodologia do exercício nesta obra, primeiro porque ele é o principal aliado nesse tipo de prova, pois, quanto mais o aluno exercita, mais ele se adapta à prova e se prepara. Por outro lado, não menos importante, entendemos que o exercício permite ao candidato uma certa autonomia em relação ao gerenciamento da prova, já que, ao dominar a forma e o conteúdo do exame, alguns acabam por determinar como podem administrar melhor o tempo. Assim sendo, alguns desenvolvem primeiro as questões e depois a peça prático-profissional; outros preferem a ordem natural, mas será algo que pode ser dimensionado melhor a partir dos exercícios.

A seguir, apresentamos algumas questões discursivas selecionadas para que você possa exercitar e dimensionar sua preparação.

Questão 1

(X Exame unificado) O Estado W, sem motivo de força maior, não repassa aos municípios receitas tributárias determinadas pela Constituição Federal, nos prazos nela determinados. O Município JJ necessita dos recursos para realizar os serviços básicos de atendimento à população.

Diante do narrado, responda aos itens a seguir.

A) Quais as consequências do não repasse das verbas referidas?

B) Quais os procedimentos exigidos pela Constituição nesse caso?

Questão 2

(XIII Exame unificado) O Deputado Federal "G", de matriz política conservadora, proferiu, em sessão realizada na Câmara dos Deputados, pesado discurso contra o reconhecimento legal do direito de diversas minorias. Sentindo-se lesados, representantes de diversas minorias vão a público para manifestar sua indignação.

A partir da hipótese sugerida, pergunta-se:

A) O deputado "G" pode ser condenado, civil ou penalmente, pelo discurso ofensivo que proferiu no plenário? E se proferir tal discurso durante entrevista televisiva, fora do ambiente da Câmara dos Deputados? Responda fundamentadamente.

B) Os vereadores possuem a chamada imunidade material? Em que condições territoriais?

Questão 3

(XIII Exame unificado) A Convenção Internacional sobre os Direitos das Pessoas com Deficiência e seu Protocolo Facultativo, assinados em Nova York, em 30 de março de 2007, foram incorporados ao ordenamento jurídico brasileiro pelo rito do art. 5º, § 3º, da Constituição da República. Maria Y, portadora de necessidades especiais, consulta-o como advogado, indagando:

A) Ao ser incorporada ao ordenamento pátrio com base no art. 5º, § 3º, da Constituição Federal, qual o status hierárquico normativo da referida convenção internacional?

B) Os demais tratados internacionais sobre direitos humanos incorporados sem a observância do procedimento disposto no art. 5º, § 3º, da Constituição Federal, possuem o mesmo status hierárquico? Justifique.

C) A Convenção Internacional sobre os Direitos das Pessoas com Deficiência, após seu processo de internalização, de acordo com o art. 5º, § 3º, da Constituição Federal, pode servir de parâmetro para controle de constitucionalidade? Justifique sua resposta.

Questão 4
(VI Exame unificado) Marco Antônio, titular, desde 2006, de mandato de Senador pelo Estado X, pretende se reeleger, em 2014, para o Senado, mas dessa vez como Senador pelo Estado Y, governado pela sua esposa, Maria, eleita em 2010 e que pretende a reeleição em 2014. Como Marco Antonio irá concorrer, em 2014, ao cargo de Senador pelo Estado Y, Paulo, filho de Marco Antonio e Maria, decidiu que naquele ano irá se candidatar ao cargo de Senador pelo Estado X. Diante desse quadro, responda: a) Pode Marco Antônio se candidatar ao cargo de Senado pelo Estado Y, em 2014? b) Pode Paulo se candidatar ao cargo de Senador pelo Estado X, em 2014?

1	
2	
3	
4	
5	
6	
7	
8	
9	
10	
11	
12	
13	
14	
15	
16	
17	
18	
19	
20	
21	
22	
23	
24	
25	
26	
27	
28	
29	
30	

Questão 5

(VIII Exame unificado) Uma agência reguladora federal editou, recentemente, uma portaria proibindo aos médicos prescrever a utilização de medicamentos que não tenham similar nacional. A Associação Brasileira de Profissionais da Saúde, entidade de âmbito nacional constituída há mais de dois anos, propôs uma Arguição de Descumprimento de Preceito Fundamental (ADPF) contra aquela medida. A respeito da situação acima, responda aos itens a seguir, utilizando os argumentos jurídicos apropriados e a fundamentação legal pertinente ao caso.

A) É possível a propositura da ADPF contra a portaria emitida pela agência reguladora federal? Responda justificadamente.

B) A Associação tem legitimidade para a propositura daquela ADPF? Responda justificadamente.

C) Pode um Estado instituir uma ADPF no plano estadual? Nesse caso, qual o instrumento jurídico apto à criação do instituto? Responda justificadamente.

Questão 6

(XI Exame unificado) Determinado Estado-membro aprovou uma lei que incluiu a disciplina de formação para o trânsito nos currículos do 1º e do 2º graus de ensino da rede pública estadual. A esse respeito, responda aos itens a seguir, utilizando os argumentos jurídicos apropriados e a fundamentação legal pertinente ao caso.

A) Analise a constitucionalidade dessa lei estadual.

B) O Governador de outro Estado pode ajuizar ADI ou ADPF contra esta lei? Por qual(is) motivo(s)?

Questão 7

(XI Exame unificado) Morales, de nacionalidade cubana, participante de *reality show* produzido e divulgado por emissora de televisão brasileira, alega que teve o seu direito fundamental à intimidade violado, ao serem amplamente divulgadas imagens suas em ato de convulsão, decorrentes de disfunção epilética que possui. Assim, após sua saída do programa, ingressa com demanda em face da emissora de televisão.

Considerando o fato acima descrito, responda fundamentadamente:

A) É possível invocar um direito fundamental, previsto na Constituição, em uma demanda movida contra um particular?

B) Seria correto o argumento, posto em sede de defesa, que a norma constitucional que resguarda o direito à intimidade não pode ser invocado, tendo em vista a ausência de lei disciplinando o dispositivo constitucional?

Questão 8

(XI Exame unificado) Lei do Município YY, de iniciativa da Câmara de Vereadores, estipulou novo plano de carreira para a categoria de professores municipais, impondo remunerações escalonadas, fixando pisos mínimos e vinculando a remuneração global ao percebido por servidores do Poder Legislativo local.

Com base no caso proposto, responda aos itens a seguir, empregando os argumentos jurídicos apropriados e a fundamentação legal pertinente ao caso.

A) Observadas as regras constitucionais, há vício na referida lei?

B) A vinculação de remunerações entre Poderes é acolhida no texto constitucional?

Questão 9

(XII Exame unificado) Insatisfeito com a demora para a efetivação das desapropriações necessárias à construção de uma rodovia federal, o Presidente da República editou o Dec. nº 9.999, por meio do qual, expressamente, determinou a revogação do Dec.-lei nº 3.365/1941, que dispunha sobre a desapropriação por utilidade pública, e, ao mesmo tempo, institui novo regramento a respeito do tema.

Sobre a hipótese apresentada, responda, justificadamente, aos itens a seguir.

A) Em nosso ordenamento jurídico constitucional, existe previsão para a edição de decreto autônomo?

B) É possível a revogação do Dec.-lei nº 3.365/1941 pelo decreto presidencial?

Questão 10

(XII Exame unificado) O Estado "Z" editou lei que institui uma Taxa de Fiscalização de Estradas, impondo o pagamento de uma elevada quantia para o acesso ou para a saída do território daquele Estado por meio rodoviário. Sobre a hipótese sugerida, responda, fundamentadamente, aos seguintes itens.

A) O Governador do Estado "Y" pode impugnar a lei editada pela Assembleia Legislativa do Estado "Z" por meio de Ação Direta de Inconstitucionalidade?

B) Caso a lei do Estado "Z" seja impugnada por um partido político, por meio de Ação Direta de Inconstitucionalidade, pode prosseguir a ação em caso de perda superveniente da representação do partido no Congresso Nacional?

Questão 11

(XV Exame unificado) Denúncias de corrupção em determinada empresa pública federal foram publicadas na imprensa, o que motivou a instalação, na Câmara dos Deputados, de uma Comissão Parlamentar de Inquérito (CPI). Em busca de esclarecimento dos fatos, a CPI decidiu convocar vários dirigentes da empresa pública para prestar depoimento. Em razão do interesse público envolvido, o jornalista que primeiro noticiou o caso na grande imprensa também foi convocado a prestar informações, sob pena de condução coercitiva, de modo a revelar a origem de suas fontes, permitindo, assim, a ampliação do rol dos investigados. Outra decisão da CPI foi a de quebrar o sigilo bancário dos dirigentes envolvidos nas denúncias de corrupção, objeto de apuração da comissão.

Com base nessas informações, responda aos itens a seguir.

A) A CPI tem poder para intimar alguém a prestar depoimento, sob pena de condução coercitiva, caso não compareça espontaneamente? (Valor: 0,40)

B) O jornalista convocado pode ser obrigado a responder indagações sobre a origem de suas fontes jornalísticas, em razão do interesse público envolvido? (Valor: 0,40)

C) A CPI tem poder para determinar a quebra do sigilo bancário dos investigados? (Valor: 0,45)

O examinando deve fundamentar suas respostas. A mera citação do dispositivo legal não confere pontuação.

1	
2	
3	
4	
5	
6	
7	
8	
9	
10	
11	
12	
13	
14	
15	
16	
17	
18	
19	
20	
21	
22	
23	
24	
25	
26	
27	
28	
29	
30	

Questão 12
(XVI Exame unificado) O diretor de RH de uma multinacional da área de telecomunicações, em reunião corporativa, afirmou que o mundo globalizado vem produzindo grandes inovações, exigindo o reconhecimento de novas profissões desconhecidas até então. Feitas essas considerações, solicitou à diretoria que alterasse o quadro de cargos e funções da empresa, incluindo as seguintes profissões: gestor de marketing digital e desenvolvedor de aplicativos móveis. O presidente da sociedade empresária, posicionando-se contra o pedido formulado, alegou que o exercício de qualquer atividade laborativa pressupõe a sua devida regulamentação em lei, o que ainda não havia ocorrido em relação às referidas profissões. Com base na teoria da eficácia e aplicabilidade das normas constitucionais, é possível dizer que o presidente da sociedade empresária está correto em seu posicionamento?[82]

82 É importante ressaltar que o enunciado acima advém de questão formulada na primeira fase da OAB (Exame XVI - FGV). Fizemos uma adaptação para a segunda fase, pois o tema foi abordado de forma muito coerente.

Questão 13

(XV Exame unificado) Os jornais noticiaram violenta chacina ocorrida no Estado Y, onde foram torturadas e assassinadas dezenas de crianças e mulheres de uma comunidade rural de baixa renda, com suspeita de trabalho escravo.

É aberto inquérito policial para a investigação dos fatos e, passado um mês do ocorrido, a polícia e as autoridades locais mantêm-se absolutamente inertes, configurando, de forma patente, omissão na apuração dos crimes. A imprensa nacional e a internacional dão destaque à omissão, afirmando que o Estado Y não é capaz de assegurar a proteção aos diversos direitos humanos contidos em tratados internacionais dos quais o Brasil é signatário.

Com base no caso apresentado, responda aos itens a seguir.

A) O que se entende por federalização dos crimes contra os direitos humanos?

B) O Presidente da República pode requerer a aplicação do instituto? Perante qual juízo ou tribunal brasileiro deve ser suscitado o instituto da federalização dos crimes contra os direitos humanos?

Questão 14

(XIII Exame unificado) Giácomo e Giovanna são turistas italianos que, apaixonados pelo Brasil, aqui fixam residência, obtêm emprego e constituem família. Seus dois filhos, Luigi e Filipa, nasceram no Brasil, respectivamente, em 1989 e 1991.

Considerando que o ordenamento italiano atribui nacionalidade italiana aos filhos de seus cidadãos, ainda que nascidos no estrangeiro, responda, fundamentadamente, aos itens a seguir.

A) Filipa pode ser extraditada para a Itália, pela prática de crime comum, caso o Brasil mantenha tratado de extradição com aquele país?

B) A legislação ordinária pode estabelecer nova hipótese de aquisição de nacionalidade brasileira?

Questão 15

(XV Exame unificado) O Governador do Estado X ajuizou Representação de Inconstitucionalidade perante o Tribunal de Justiça local, apontando a violação, pela Lei Estadual nº 1.111, de dispositivos da Constituição do Estado, que se apresentam como normas de reprodução obrigatória.

Considerando o exposto, responda aos itens a seguir.

A) O que são normas de reprodução obrigatória?

B) Proposta Ação Direta de Inconstitucionalidade perante o Supremo Tribunal Federal arguindo violação dos mesmos dispositivos da Constituição Federal, cuja reprodução pela mesma lei estadual (Lei nº 1.111) era obrigatória na Constituição Estadual, sem que tenha ocorrido o julgamento da Representação de Inconstitucionalidade pelo Tribunal de Justiça local, poderão as duas ações tramitar simultaneamente?

Questão 16

(XVII Exame unificado) O Congresso Nacional autorizou o Presidente da República a normatizar, por via de lei delegada, na sua forma típica ou própria (sem necessidade de posterior aprovação pelo Congresso), matéria que trata de incentivo ao parque industrial brasileiro. Ocorre, porém, que o Chefe do Poder Executivo, ao elaborar o diploma normativo, exorbitou dos poderes a ele conferidos, deixando de respeitar os limites estabelecidos pelo Congresso Nacional, por via de Resolução.

A partir dessa narrativa, responda aos itens a seguir.

A) No caso em tela, o aperfeiçoamento do ato de delegação, com a publicação da Resolução, retira do Congresso Nacional o direito de controlar, inclusive constitucionalmente, o conteúdo da Lei Delegada editada pelo Presidente da República? Justifique.

B) Caso a Resolução estabelecesse a necessidade de apreciação do projeto pelo Congresso Nacional (delegação atípica ou imprópria), poderia a Casa legislativa alterar o texto elaborado pelo Presidente da República? Justifique.

Questão 17

(XVIII Exame unificado) O Estado X editou a Lei nº 1.234, de 5 de fevereiro de 2010, para criar o Município Z, desmembrando-o do então Município W. Para a criação do ente federativo, foram devidamente realizados os estudos de viabilidade municipal, bem como a consulta prévia às populações dos entes federativos envolvidos nesse evento. O novo Município estava em pleno funcionamento até que, em final de 2015, o vereador Toninho do Bem, do Município W, aventa publicamente a intenção do diretório municipal de seu partido "Vamos Brasil", com representação no Congresso Nacional, de propor uma Ação Direta de Inconstitucionalidade (ADI), perante o Supremo Tribunal Federal, para questionar a criação do Município Z.

Com base no fragmento anterior, responda, fundamentadamente, aos itens a seguir.

A) A partir das normas constitucionais sobre a criação de município, a lei do Estado X é constitucional?

B) O diretório municipal do partido "Vamos Brasil" possui legitimidade para a propositura de Ação Direta de Inconstitucionalidade?

Questão 18

(XIX Exame unificado) O deputado federal João da Silva, impulsionado por solicitação do seu partido, quer propor a alteração de alguns dispositivos normativos constantes da Lei nº 1.234, produzida pela via ordinária, em momento anterior à Constituição da República Federativa do Brasil de 1988. Porém, a atual ordem constitucional dispôs que a matéria de que trata a referida Lei nº 1.234 deve ser regulamentada via Lei Complementar.

Não sabendo como proceder, o referido deputado procura auxílio de sua assessoria jurídica a fim de sanar as dúvidas a seguir.

A) É possível considerar que a Lei nº 1.234 tenha mantido a conformidade constitucional com o advento da nova Constituição? Justifique.

B) Para a alteração dos dispositivos normativos constantes da Lei nº 1.234, que espécie legislativa deve ser utilizada pelo Deputado João da Silva? Justifique.

Questão 19

(XX Exame unificado – Reaplicação Porto Velho – RO) A Associação Civil "Tudo Pela Saúde", preocupada com as péssimas condições de trabalho dos servidores da área de saúde, elaborou projeto de lei que concedia aumento remuneratório a essa categoria de servidores. Esse projeto foi subscrito por um por cento do eleitorado nacional, circunscrito somente aos estados do Rio de Janeiro e de Minas Gerais, sendo apresentado ao Senado Federal. A Associação, esperançosa pela aprovação do projeto, informou à imprensa que, caso o projeto seja rejeitado ou vetado, irá ingressar com uma Proposta de Emenda à Constituição (PEC) para que os anseios do movimento se tornem normas constitucionais. Considerando a situação hipotética apresentada, responda, de forma fundamentada, aos itens a seguir.

A) Os procedimentos adotados para encaminhar o projeto de lei estão de acordo com o processo legislativo estabelecido pela ordem constitucional? Justifique.

B) É possível que a PEC cogitada pela referida Associação seja de iniciativa popular?

Obs.: o examinando deve fundamentar suas respostas. A mera citação do dispositivo legal não confere pontuação.

Questão 20

(XXIII Exame unificado) Determinado cidadão (jurisdicionado) apresentou reclamação, perante o Conselho Nacional de Justiça (CNJ), em face de juiz do trabalho. Ao apreciar o caso, o CNJ, em sessão presidida pelo Conselheiro Presidente do Supremo Tribunal Federal, conhece da reclamação e instaura Processo Administrativo Disciplinar (PAD). Considerando que os fundamentos da defesa já tinham sido amplamente apresentados pelo juiz do trabalho em suas manifestações públicas, o CNJ, em prol da celeridade processual, afastou a necessidade de nova manifestação do referido agente, tendo decidido pela aposentadoria do magistrado com proventos proporcionais ao tempo de serviço. Considere a seguinte situação hipotética e responda aos itens a seguir.

A) O cidadão poderia ter se dirigido ao Conselho Nacional de Justiça na forma descrita?

B) O procedimento do Conselho Nacional de Justiça foi correto?

Questão 21

(XXVI Exame unificado) A sociedade empresária Vertical, que possui uma rede de lojas de material de construção nos Municípios A, B e C, decidiu abrir uma nova loja no Município D. Após realizar pesquisa de mercado, identificou o bairro XX como o de maior potencial para a construção civil. Ato contínuo, solicitou autorização à autoridade municipal competente para instalar sua nova loja no referido bairro. Para surpresa da sociedade empresária Vertical, o requerimento formulado à autoridade competente do Município D foi indeferido sob o argumento de que o bairro XX já contava com quatro lojas de material de construção, sendo que a Lei Municipal nº 123/2010 vedava que estabelecimentos dessa natureza fossem instalados, no mesmo bairro, a menos de 500 m de distância um do outro, óbice que não poderia ser contornado naquele caso. Manejados os recursos administrativos cabíveis e esgotada a via administrativa, a proibição foi mantida. À luz da narrativa acima, responda aos questionamentos a seguir.

A) A Lei nº 123/2010, do Município D, apresenta alguma incompatibilidade de ordem material com a Constituição da República Federativa do Brasil, de 1988?

B) A sociedade empresária Vertical tem legitimidade para impugnar, perante o Supremo Tribunal Federal, a decisão da autoridade competente do Município D, que indeferiu o pedido de autorização para a instalação da loja de material de construção no bairro XX?

Questão 22
(XXVI Exame unificado) O Presidente da República, ao constatar que o índice de violência no Estado Delta alcançara números alarmantes, resolveu decretar a intervenção federal nesse Estado. Apresentou como justificativa a necessidade de pôr fim a grave comprometimento da ordem pública. Ao consultar os Conselhos da República e de Defesa Nacional, esses órgãos desaconselharam a medida, entendendo que outras ações menos invasivas na esfera de autonomia do referido Estado poderiam ser tomadas. Todavia, convicto de que a ação se fazia absolutamente necessária, o Presidente, agindo de ofício, decretou a intervenção, sem submeter a referida questão ao controle político. Diante de tal fato, responda, tendo por pressuposto a inteligência jurídico-constitucional da Constituição da República de 1988, aos itens a seguir. A) No caso em tela, havia necessidade de a referida intervenção ter sido submetida a algum controle prévio de natureza política? B) O Presidente da República, ao decretar a intervenção federal desconsiderando os aconselhamentos dos Conselhos da República e de Defesa Nacional, agiu nos limites constitucionais a ele impostos? Justifique.

Questão 23

(XXV Exame Unificado – Porto Alegre/RS) Em um certo país (República Teta), o poder constituinte originário, ao produzir uma nova Constituição, insere no respectivo texto os seguintes artigos:

> "Art. 28 – A produção, alteração e revogação de leis ordinárias se dará por manifestação da maioria simples no Parlamento da República, em um único turno. (...)
>
> Art. 63 – No que se refere às normas materialmente constitucionais, a manifestação do poder constituinte derivado reformador somente será reconhecida se o processo de votação for aprovado pela maioria de 4/5 do total de membros do Parlamento da República, em votação a ser realizada em dois turnos.
>
> Art. 64 – No que se refere às normas meramente formais da presente Constituição, a manifestação do poder constituinte derivado reformador se dará por intermédio de manifestação de maioria simples dos membros do Parlamento da República, em um único turno. (...)
>
> Art. 100 dos ADCT (Atos das Disposições Constitucionais Transitórias) – Ficam integralmente revogadas as normas da Constituição anterior."

Diante do exposto e seguindo o quadro teórico adotado no sistema jurídico-constitucional brasileiro, responda às questões a seguir.

A) Quanto à estabilidade, é possível considerar que a nova Constituição deve ser classificada como rígida? Justifique.

B) A nova Constituição deu origem ao fenômeno conhecido, no âmbito do direito constitucional intertemporal, como "desconstitucionalização"?

Questão 24

(XXIV Exame Unificado) Pedro, cidadão brasileiro, viu-se impossibilitado de exercer certos direitos e liberdades constitucionais em razão da falta de norma regulamentadora, sendo que o poder de iniciativa legislativa é reservado ao Presidente da República, cabendo ao Congresso Nacional apreciar o respectivo projeto.

Irresignado com a situação, Pedro formula os questionamentos a seguir.

A) Para combater a mora legislativa descrita na situação acima, qual a medida judicial a ser utilizada pelo cidadão? Justifique.

B) Qual é o órgão competente do Poder Judiciário para apreciar a medida judicial? Justifique.

C) Uma vez reconhecida a mora legislativa no processo que ele, Pedro, vier a instaurar, quais podem ser os efeitos da decisão judicial?

Questão 25

(XXIV Exame Unificado) O Supremo Tribunal Federal, há vinte anos, ao julgar uma Ação Direta de Inconstitucionalidade, reconheceu a constitucionalidade da Lei Federal W, que estabeleceu critérios para a fruição de determinado benefício assistencial, dentre os quais o limite da renda familiar. Apesar do trânsito em julgado do acórdão proferido, determinado partido político entendia que os critérios estabelecidos pela Lei Federal W eram absolutamente incompatíveis com as características sociais e econômicas da realidade atual. Considerando que o Supremo Tribunal Federal, ao julgar a referida ação, invocara as características sociais e econômicas da época para delinear o sentido das normas da Constituição da República utilizadas como paradigma de análise, o partido político procurou um advogado e solicitou a análise da questão.

Na posição de advogado do partido político, responda, de forma fundamentada, aos itens a seguir.

A) É possível que o sentido das referidas normas constitucionais, utilizadas como paradigma de análise, seja outro na atualidade, apesar de o texto constitucional permanecer o mesmo?

B) A improcedência do pedido na referida Ação Direta de Inconstitucionalidade impede que nova ação dessa natureza tenha a Lei Federal W como objeto?

Questão 26

(XXVIII Exame Unificado) João da Silva, servidor público estadual, respondeu a processo administrativo disciplinar sob a alegação de ter praticado determinada infração no exercício da função. Ao final, foi condenado e sofreu a sanção de advertência. A conduta de João, apesar de eticamente reprovável, somente foi tipificada em lei em momento posterior à sua prática, o que foi considerado irrelevante pela autoridade administrativa competente, pois "inexistiria norma constitucional vedando a retroação da lei que tipificou a infração administrativa." Além disso, João não constituiu advogado para sua defesa técnica no processo administrativo. Considerando a narrativa acima, responda aos questionamentos a seguir.

A) A tese da autoridade administrativa, no sentido de que a retroação da tipificação da infração não é vedada pela Constituição da República, está correta? Justifique.

B) Sob a ótica constitucional, o processo administrativo a que João respondeu sem a representação técnica de advogado é válido?

Questão 27

(XXIX Exame Unificado) O Presidente da República editou a Medida Provisória nº XW/18, permitindo que os Estados editassem lei dispensando a inserção, no âmbito do seu território, de algumas das informações a serem incluídas no registro civil das pessoas naturais.

Face à importância da temática versada, a Medida Provisória nº XW/18, por deliberação do colégio de líderes, foi imediatamente submetida à apreciação do plenário de cada casa do Congresso Nacional, daí resultando sua aprovação e a consequente promulgação da Lei nº DD/18.

A) Com abstração de considerações em torno de sua relevância e urgência, a Medida Provisória nº XW/18 atende aos seus pressupostos constitucionais?

B) O processo legislativo que culminou na aprovação da Lei nº DD/18 é compatível com a ordem constitucional?

Gabaritos

A seguir apresentamos os gabaritos dos problemas apresentados na Parte IV:

Problema 1
(XII Exame unificado) A ação pertinente ao caso é a ação direta de inconstitucionalidade, tendo como objeto o decreto expedido pelo Presidente da República. Trata-se de decreto autônomo aquele que inova autonomamente na ordem jurídica, diferentemente do decreto regulamentar, que tem a finalidade de apenas regular a lei. O decreto é inconstitucional, pois viola o princípio da separação dos poderes, o princípio da legalidade e da liberdade de profissão.
ESQUELETO DA PEÇA
Endereçamento: Ministro Presidente do Supremo Tribunal Federal. **Resumo dos Fatos:** Decreto presidencial autônomo que limita o exercício da atividade de engenharia. **Ação:** Ação direta de inconstitucionalidade. **Legitimidade ativa:** Confederação Sindical dos Engenheiros. Deve haver demonstração da pertinência temática. **Legitimidade passiva:** processo objetivo, não há réus. **Fundamentos:** violação ao princípio da separação dos poderes – artigo 2º da CRFB; violação ao princípio da legalidade, art. 5º, inciso II, da CRFB e liberdade de ofício ou profissão, artigo 5º, inciso XIII, da CRFB. **Medida Cautelar:** demonstração do *periculum in mora*: final do ano se aproxima, novas turmas do curso de engenharia estarão se graduando e serão impedidas de serem inscritas nos Conselhos Regionais; e do *fumus boni iuris*: ofensa aos dispositivos constitucionais. Suspensão do decreto até decisão final. **Requerimentos:** a) solicitação de informações do Presidente da República; b) citação do Advogado-Geral da União; c) manifestação do Procurador-Geral da República. **Pedido:** concessão da medida cautelar nos termos do artigo 10 da Lei nº 9.868/1999; declaração de inconstitucionalidade do decreto autônomo.

Texto da Peça prático-profissional – 1/5

Excelentíssimo Senhor Ministro Presidente do Supremo Tribunal Federal

Confederação Nacional dos Engenheiros, confederação de âmbito nacional, inscrita no CNPJ/MF sob o nº ..., com sede na rua..., número..., cidade..., estado..., endereço eletrônico..., por meio de seu advogado que esta subscreve, conforme instrumento de procuração, com escritório profissional na rua..., número..., cidade..., estado..., endereço eletrônico..., local indicado para receber intimação, vem, respeitosamente perante Vossa Excelência, propor a presente

AÇÃO DIRETA DE INCONSTITUCIONALIDADE COM PEDIDO DE MEDIDA CAUTELAR

com fundamento nos arts. 103, IX, e 102, I "a" da Constituição Federal, e na Lei 9868/99, em face do Decreto 5555 editado pelo Presidente da República, nos termos a seguir expostos.

DA LEGITIMIDADE ATIVA

A requerente tem legitimidade ativa para a propositura da presente ação direta de inconstitucionalidade. É confederação de âmbito nacional, entidade que reúne 18 federações de sindicatos, em diferentes Estados, cada uma com ao menos 10 sindicatos, conforme documentação anexa. Está autorizada, nos termos do art. 103, IX da CRFB a ajuizar perante o Supremo Tribunal Federal ação de controle concentrado - ADI.

Conforme se depreende dos seus atos constitutivos, que instruem a presente inicial, a requerente é confederação sindical ligada à atividade profissional de engenharia. Há pertinência temática entre a atividade desenvolvida pela autora e a norma objeto de questionamento na presente ação direta de inconstitucionalidade.

A norma impugnada ofende a liberdade de exercício profissional, em especial a liberdade dos engenheiros. A restrição ao exercício da atividade profissional de engenharia, como adiante será demonstrado, viola normas constitucionais.

1) DA INCONSTITUCIONALIDADE DO DEC. 5555

O Presidente da República editou o Dec. 5555, estabelecendo a obrigatoriedade, como exigência para a obtenção do diploma de graduação em engenharia, um elevado aproveitamento nas disciplinas do curso, e para a inscrição nos Conselhos Regionais, a conclusão de uma pós graduação com carga horária mínima de 480 horas de aula. O Presidente da República justificou a edição do referido Decreto com o objetivo de conferir maior controle sobre a formação dos profissionais de engenharia, em um momento em que há uma significativa expansão de obras de infra estrutura no país.

Ocorre, entretanto, que referida norma padece de vício insanável, qual seja, inconstitucionalidade. O Presidente da República invadiu competência legislativa do Congresso Nacional, impondo restrição desarrazoada ao exercício da atividade profissional da engenharia, violando o princípio da legalidade.

Não obstante a norma objeto de impugnação, Decreto 5555, não ser lei em sentido estrito, é norma primária, uma vez que ingressa no ordenamento jurídico inovando, criando obrigações. Configura aquilo que a doutrina nominou como Decreto autônomo. Passível de impugnação, conforme entendimento sedimentado por esta Suprema Corte, pela ação direta de inconstitucionalidade.

A liberdade de exercício profissional é assegurada na Constituição Federal no inciso XIII do artigo 5º, nos seguintes termos:

"XIII – é livre o exercício de qualquer trabalho, ofício ou profissão, atendidas as qualificações profissionais que a lei estabelecer".

O exercício profissional, portanto, é uma

norma constitucional de eficácia contida. A norma legal, ao impor qualificações específicas para o exercício de trabalho, ofício ou profissão, não autoriza a atividade laborativa, mas a restringe. A autorização adveio da própria norma constitucional.

Esta restrição se mostra inconstitucional. A restrição ao exercício profissional somente poderia ocorrer mediante lei em sentido estrito, e não por meio de um decreto.

O referido decreto viola, a um só tempo, o princípio da Separação dos Poderes, artigo 2º da CRFB, como também o princípio da legalidade, inciso II do art. 5º da Carta Constitucional. Qualquer restrição ao exercício profissional somente pode ocorrer mediante lei ordinária, expedida pelo Congresso Nacional.

Ademais, a restrição imposta, de pós graduação para inscrição nos Conselhos Regionais se mostra desarrazoada e desproporcional.

Inconstitucional, portanto, a norma impugnada, por violação à liberdade de profissão, consagrada no art. 5º, XIII, ao princípio da legalidade, art. 5º, II, ao princípio da separação dos poderes, art. 2º, e ao princípio constitucional da proporcionalidade.

DA MEDIDA CAUTELAR

É necessária a concessão de medida cautelar para suspender os efeitos do Dec. 5555 até decisão de mérito desta ADI.

Texto da Peça prático-profissional – 5/5

O "periculum in mora" se faz presente, tendo em vista que se não for concedida a medida cautelar, inúmeros graduados em engenharia serão impedidos de exercer sua profissão.

O "fumus boni iuris" resta evidente pela inconstitucionalidade do Dec. 5555.

Presentes os requisitos de tutela de urgência, para a suspensão do Dec. 5555, nos termos do par. 1º do art. 11 da Lei 9868/99.

DO PEDIDO

Ante a inconstitucionalidade do Dec. 5555, a autora requer a concessão da medida cautelar acima formulada.

Requer, ainda, sejam solicitadas informações ao Presidente da República, nos termos do art. 6º da Lei 9868/99; bem como a intervenção do Procurador Geral da República e do Advogado Geral da União, nos termos dos parágrafos 1º e 3º do art. 103, CF.

Ao final, a autora requer seja a presente ADI julgada procedente, declarando a inconstitucionalidade do Dec. 5555.

Dá-se à causa, o valor de...

Termos em que,
Pede Deferimento.

Local e data
Advogado
OAB nº...

Problema 2

(Exame 2008-2) Segundo entendimento majoritário do Supremo Tribunal Federal, os tratados internacionais de direitos humanos, quando internalizados pelo procedimento especificado no § 3º do art. 5º da CRFB, são equivalentes às emendas constitucionais. No entanto, quando internalizados sem o procedimento do § 3º do art. 5º, são normas supralegais. As normas supralegais estão abaixo da Constituição, mas acima de todas as demais normas do ordenamento jurídico. O referido tratado foi internalizado sem o procedimento previsto no § 3º do art. 5º da CRFB. É, portanto, uma norma supralegal. No entanto, seu conteúdo contraria o teor da Constituição Federal, violando um direito fundamental normatizado no inc. L do art. 5º da CRFB. Deve prevalecer a Constituição, que é norma superior, dotada de supremacia. A ação a ser ajuizada é a ação direta de constitucionalidade.

ESQUELETO DA PEÇA

Endereçamento: Ministro Presidente do Supremo Tribunal Federal.

Resumo dos Fatos: Decreto Presidencial que internaliza Tratado Internacional de Direitos Humanos, aprovado sem o procedimento previsto no § 3º do artigo 5º da CRFB.

Ação: Ação direta de inconstitucionalidade.

Legitimidade ativa: Partido político com representação no Congresso Nacional.

Legitimidade passiva: processo objetivo, não há réus.

Fundamentos: inconstitucionalidade material – artigo 22 contraria o direito fundamental consagrado no inciso L do artigo 5º, todos da CRFB.

Medida Cautelar: demonstração do *periculum in mora* e do *fumus boni iuris* para a suspensão do artigo 22 do decreto até decisão final.

Requerimentos: a) solicitação para prestarem informações; b) citação do Advogado-Geral da União; c) manifestação do Procurador-Geral da República.

Pedido: concessão da medida cautelar nos termos do artigo 10 da Lei nº 9.868/1999; declaração de inconstitucionalidade do artigo 22 do tratado internacional.

Problema 3

(Elaborado pelos autores) Trata-se de lei municipal inconstitucional, que viola o direito constitucional da propriedade ao condicionar a aprovação de novos loteamentos a "doação" de 10% da área ao município. Referida doação na verdade configura um confisco disfarçado.

A impugnação da lei municipal não pode ocorrer mediante Ação Direita de Inconstitucionalidade, uma vez que, pelo teor do art. 102, inc. I, *a*, da CRFB, somente pode ser objeto de ADI lei ou ato normativo federal ou estadual.

A arguição de descumprimento de preceito fundamental é, portanto, a ação adequada para a impugnação da referida norma municipal, nos termos do parágrafo único da Lei nº 9.882/1999.

O partido X, com um único deputado federal, possui legitimidade para a propositura da ação, conforme art. 2º da Lei nº 9.882/1999.

Há necessidade de medida cautelar para suspender os efeitos da lei, uma vez que o município pretende alienar os imóveis que recebeu mediante essa "doação forçada".

ESQUELETO DA PEÇA

Endereçamento: Ministro Presidente do Supremo Tribunal Federal.

Resumo dos Fatos: Legislação municipal do município "XYZ", que condiciona a autorização para novos loteamentos no município a doação, por parte do loteador, de 10% da área ao município.

Ação: Arguição de Descumprimento de Preceito Fundamental.

Legitimidade ativa: Partido Político "X" – um deputado federal configura representação no Congresso Nacional.

Legitimidade passiva: processo objetivo, não há réus.

Fundamentos: violação de preceito fundamental da Constituição Federal: direito à propriedade privada, artigo 5º, inciso XXII. A referida lei municipal configura hipótese de confisco, uma vez que impõe transferência compulsória da propriedade para o domínio público sem qualquer indenização.

Medida Cautelar: demonstração do *periculum in mora* e do *fumus boni iuris* para a suspensão da norma questionada até decisão final, em razão do edital de procedimento licitatório para alienação de loteamentos que o município recebeu em razão da lei inconstitucional.

Requerimentos: a) notificação da Câmara dos Vereadores para prestarem informações; b) manifestação do Procurador-Geral da República.

Pedido: concessão da medida cautelar nos termos do artigo 5º da Lei nº 9.882/1999; declaração de procedência da ADPF, para declarar inconstitucional a Lei municipal ..., com efeitos *erga omnes* e eficácia *ex tunc*.

Problema 4

(V Exame unificado) O tema envolve, de início, o exame da competência para julgamento da causa em que são partes a União Federal e Universidade particular, havendo fatos encadeados que indicam a atuação conjunta dessas pessoas no polo passivo da demanda, o que indica a competência por atração da Justiça Federal da capital do Estado W, domicílio do autor (art. 109, § 2º, da CRFB).

Por outro lado, atuará no polo ativo o estudante Mévio e no polo passivo a União Federal, que negou o financiamento e a Universidade que suspendeu a matrícula, por força do primeiro ato. Esse litisconsórcio se afigura necessário para solver a situação do autor, de forma definitiva, condenando ambos os sujeitos passivos, nos limites das suas responsabilidades.

A petição inicial será obediente ao rito ordinário (procedimento comum, pelo novo CPC) pela complexidade da questão envolvida e por envolver a possibilidade de prova pericial complexa.

Quanto aos fundamentos que devem servir de supedâneo para a peça exordial, deve o candidato indicar: a) ofensa ao princípio da isonomia, pois esse tipo de financiamento não pode beneficiar somente determinado grupo étnico; b) ofensa ao princípio da legalidade, vez que há confronto entre o regulamento e o texto legal; c) ofensa aos princípios constitucionais da Administração Pública, pois o ato da Administração não pode ser arbitrário, podendo ser discricionário; d) ofensa ao direito constitucional à educação.

No caso em exame, o valor da causa corresponderá ao benefício econômico postulado, que será de 20.000,00 vezes 4, devendo ser fixado em 80.000,00.

Diante da urgência da medida, deverá o autor apresentar requerimento de tutela antecipada caracterizando os requisitos do art. 273 do CPC [arts. 296, 297, par. ún., 298, 300, *caput* e § 3º, 305, 311, 356, I, todos do NCPC].

Alternativamente, aceitando a ideia de que a atitude do novo advogado seria recusar a produção de provas, caberia mandado de segurança.

Problema 5

(VIII Exame unificado) A peça cabível é o Recurso Extraordinário, com fundamento no art. 102, inc. III, "a" e *d*, da CRFB. Não é cabível o Recurso Especial porque o objeto da decisão recorrida é a validade da lei local em face da lei federal e da Constituição Federal. Ademais, conforme o enunciado da Súm. nº 126 do STJ, não é cabível a interposição isolada de Recurso Especial quando a decisão recorrida possui fundamento infraconstitucional e constitucional, qualquer deles suficiente, por si só, para mantê-la. É importante a observância do art. 1.029 do NCPC, que determina que seja o Recurso Extraordinário endereçado ao Presidente ou ao Vice-Presidente do tribunal local (Art. 541. O recurso extraordinário e o recurso especial, nos casos previstos na Constituição Federal, serão interpostos perante o presidente ou o vice-presidente do tribunal recorrido). Isso porque o Recurso Extraordinário está sujeito a um exame de admissibilidade na origem, após o que os autos serão submetidos ao Supremo Tribunal Federal.

Devem ser indicados, na qualificação das partes, o recorrente (José, o autor popular) e os dois recorridos, que compõem o polo passivo da demanda (o Presidente do Banco X e a Empresa W). Deve ser demonstrado o cabimento do recurso, conforme art. 1.029, inc. II, do NCPC. O examinando deve indicar o cabimento do recurso não apenas com fundamento na alínea "a" do inc. III do art. 102 da CRFB (cabimento do RE nos casos em que a decisão recorrida contrariar dispositivo da Constituição), mas também com fundamento no art. 102, inc. III, *d*, da CRFB (cabimento do RE quando a decisão recorrida julgar válida lei local contestada em face de lei federal). Desde a EC nº 45/2004, o Supremo Tribunal Federal passou a ser competente para julgar recursos contra decisão judicial que entender válida lei local contestada em face de lei federal, tendo sido tal competência retirada do elenco de competências do Superior Tribunal de Justiça. A justificativa para tal alteração reside no fato de que o conflito entre leis local e federal é também um conflito federativo, a ser resolvido pelo órgão de cúpula do Judiciário. Devem ser demonstrados, ainda, a existência de repercussão geral e o prequestionamento. A exigência de demonstração da repercussão geral foi veiculada pela EC nº 45/2004, que incluiu o § 3º ao art. 102 da CRFB. A Lei nº 11.418/2006 disciplinou aquela exigência, incluindo o art. 543-A no CPC (art. 1.035 do NCPC), o qual determina que o recorrente deverá demonstrar, em preliminar do recurso, a existência de repercussão geral (2º). No caso, José deverá demonstrar a existência de questões de interesse econômico e jurídico que ultrapassam os interesses subjetivos da causa, tendo em vista o prejuízo ao Erário e à moralidade administrativa. Já o requisito do prequestionamento decorre de construção jurisprudencial dos Tribunais superiores, e, no caso, foi cumprido não apenas pela efetiva manifestação do Tribunal de origem, como, ainda, pela oposição de embargos de declaração. O examinando deve indicar, como fundamento do seu recurso, que compete privativamente à União legislar sobre normas gerais de licitação e contratação (art. 22, XXVII, da CRFB), e que tal competência foi exercida por meio da edição da Lei nº 8.666/1993. A Lei nº 1.234, do Estado X, desbordou dos limites da competência do Estado, e, portanto, é inválida. Nada obstante, o Tribunal de origem entendeu válida a lei local contestada em face da lei federal (que impõe a licitação às empresas públicas), e, assim, dá ensejo a um conflito quanto às competências de cada ente federativo (União e Estado X).

Ainda, a conduta impugnada viola os princípios da moralidade e da impessoalidade, pois foi contratada, sem licitação, uma empresa sem experiência na área, por um preço muito acima do valor de mercado, apenas pelo fato de a empresa pertencer ao filho do dirigente do banco estatal (empresa pública).

Por fim, deve ser formulado pedido para que seja dado provimento ao recurso, a fim de reformar a decisão recorrida, para declarar a invalidade do ato de contratação e o pagamento das perdas e danos ao Erário.

Problema 6

(IX Exame unificado) A peça a ser elaborada consiste em uma ação condenatória com pedidos de obrigação de fazer e de indenizar.

Não cabe mandado de segurança pelas seguintes razões:

1) É inviável a postulação de perdas e danos.

2) Inexistem autoridades coatoras no enunciado.

3) Haveria necessidade de produção de provas testemunhal e pericial para aferição dos danos e do risco de vida.

Tendo em vista o pedido no sentido de obter remoção e internação em hospitais municipais, estaduais ou federais próximos, devem integrar o polo passivo o Município "ABC", o Estado "X" e a União. Logo, o juízo competente para processar e julgar a demanda será uma das varas federais da seção judiciária de "X".

É importante que o examinando destaque que o autor da ação é José, o qual é representado por seu pai, tendo em vista sua momentânea incapacidade absoluta.

O pedido de obrigação de fazer refere-se à remoção de José para hospital que possua CTI, a correspondente internação e o fornecimento de tratamento adequado, em hospital municipal, estadual ou federal, tendo em vista a solidariedade dos entes federativos na prestação de serviços de saúde, com base no art. 196 da CRFB.
Diante da extrema urgência do caso, e da possibilidade de dano irreversível, o examinando deverá pleitear a antecipação de tutela, para que seja realizada a imediata internação do autor.

Problema 6
O pedido de indenização (exclusivamente em face do Município) refere-se aos danos morais sofridos por José em decorrência da conduta ilícita praticada pelos servidores municipais que trabalham no hospital municipal, com fulcro no § 6º do art. 37 da CRFB. O enunciado deixa claro que o pai de José procura advogado com o intuito de obter não apenas a remoção de seu filho, mas a reparação por danos morais sofridos no hospital municipal.

Problema 7

(XII Exame unificado) A peça a ser elaborada consiste em um Recurso Extraordinário contra decisão proferida em sede de Ação Direta de Inconstitucionalidade, nos termos do art. 102, inc. III, "c", da CRFB.

No caso, a ação direta de controle, tendo como parâmetro a Constituição do Estado, tem previsão no art. 125, § 2º, da CRFB. É possível a interposição de Recurso Extraordinário contra decisão proferida pelo Tribunal de Justiça no seu julgamento, a fim de que seja apreciada, pelo Supremo Tribunal Federal, a norma da Constituição da República repetida na Constituição Estadual, mas interpretada, pelo Tribunal de Justiça local, em sentido incompatível com o da Constituição da República. O Recurso deve ser endereçado ao Presidente do Tribunal de Justiça local, com as razões recursais dirigidas ao Supremo Tribunal Federal.

O Partido Político é o recorrente. Recorrido é o órgão do qual emanou a norma impugnada (isto é, o Governador do Estado). Apesar de não constar do voto vencedor a impossibilidade de controle de constitucionalidade de decreto por meio de ação direta, o examinando deve demonstrar o cabimento da via eleita para a impugnação do Decreto estadual, pois, a despeito de se tratar de um Decreto, não é um ato de regulamentação da lei, mas ato normativo primário, que inova autonomamente na ordem jurídica. O examinando deve indicar, em sua peça, todos os elementos que permitam o seu conhecimento e também o seu provimento, afastando, desde o início, argumentos desfavoráveis à pretensão que defende.

O examinando deve demonstrar o cumprimento do requisito da repercussão geral, que encontra previsão no art. 102, § 3º, da CRFB, e que deve ser demonstrado pela existência de questões relevantes do ponto de vista econômico, político, social ou jurídico, que ultrapassem os interesses subjetivos da causa, ou seja, a questão suscitada não pode ser benéfica somente para o caso concreto proposto, mas para o interesse da coletividade, na forma do art. 543-A, § 1º, do CPC [art. 1.035, § 1º, do NCPC]. No caso apresentado, a repercussão geral pode ser demonstrada pela ofensa a direitos fundamentais titularizados por toda a coletividade, uma vez que a norma cria restrição excessiva ao exercício de direito constitucionalmente assegurado, e o faz sem previsão em lei.

No mérito, o examinando deve demonstrar que o decreto impugnado viola o princípio da legalidade, na formulação do art. 5º, II, da CRFB, uma vez que não se pode criar restrição a direito senão em virtude de lei. O decreto viola o art. 5º, XVI, da CRFB, que assegura o direito de reunião em locais abertos ao público, independentemente de autorização, desde que não frustrem outra reunião anteriormente convocada para o mesmo local, sendo apenas exigido prévio aviso à autoridade competente. Ou seja, qualquer outra exigência que venha a ser formulada como condição de exercício do direito é inconstitucional.

Ainda ocorre a violação ao art. 5º da CRFB, que trata do princípio da liberdade de expressão. Por fim, deve ser indicada a violação ao princípio da razoabilidade/proporcionalidade, pois, ainda que se entendesse possível a restrição ao direito de reunião, a restrição veiculada pelo decreto, no caso analisado, falha nos subprincípios da necessidade (que impõe a utilização, entre as possíveis, da medida menos gravosa para atingir determinado objetivo) e da proporcionalidade em sentido estrito (que impõe a análise da relação custo/benefício da norma avaliada, de modo que o ônus imposto pela norma seja inferior ao benefício por ela engendrado, sob pena de inconstitucionalidade). O examinando, ao final, deve formular pedido de reforma da decisão recorrida, para fim de ver declarada a inconstitucionalidade do Decreto editado pelo Governador do Estado, bem como requerer a notificação do Ministério Público.

Problema 8
(Exame 2009-2) Trata-se, claramente, de possibilidade de ajuizamento de ação popular, prevista no inc. LXXIII do art. 5º da CRFB, dada a condição de eleitor, cidadão brasileiro. Caberia, também, em tese, a ação de improbidade administrativa, contudo seus legitimados são restritos, previstos nos arts. 11 e 17 da Lei nº 8.429/1992. Ainda, a ação civil pública, contudo, também, o autor não seria legitimado, conforme art. 5º da Lei nº 7.347/1985.

Problema 9

(Exame 2009-1) Deverá ser impetrado um Mandado de Segurança, com fulcro no art. 5º, inc. LXIX, da CRFB, e da Lei nº 12.016/2009.

A Competência será do Tribunal de Justiça do Estado.

A legitimidade ativa é do deputado estadual Antônio, e a legitimidade passiva é do Presidente da Mesa Diretora da Assembleia Legislativa.

Os fundamentos da ação se resumem no art. 58, § 3º, da CRFB, de modo que os requisitos para instalação de CPI foram devidamente preenchidos.

Observar, ainda, que o mandado de segurança requer a constituição de prova documental previamente, isto é, na petição inicial. Há que se notificar a autoridade coatora, intimando-se, ainda, o Ministério Público. Os demais requisitos da lei e do art. 282 do CPC [art. 319 do NCPC] deverão também ser observados.

Problema 10

(Exame 2010-1) Deve-se elaborar mandado de segurança, com fundamento no art. 5º, inc. LXIX, da CRFB, bem como no art. 1º da Lei nº 12.016/2009, em face da autoridade máxima do órgão.

Após breve relato da situação fática, devem ser apontados os seguintes argumentos fundamentais:

a) A autoridade coatora e o Secretário de Administração, devendo também ser notificado o Estado Y, como pessoa jurídica a qual à autoridade coatora está vinculada;

b) De fato, a teor de entendimento consolidado na jurisprudência, o servidor público não tem direito adquirido a regime jurídico. Assim, a Administração Pública pode promover, legitimamente, alterações na composição dos vencimentos dos servidores, inclusive mediante a exclusão de vantagens, gratificações ou reajustes;

c) Na ocasião da edição da medida provisória, os servidores já haviam adquirido todas as condições para o recebimento do percentual relativo à referência salarial subsequente, tanto que já vinham percebendo o pagamento de forma parcelada. Por conseguinte, os servidores já haviam adquirido, por força da legislação específica, o direito ao recebimento do percentual. O pagamento é que foi efetuado de forma parcelada, ou seja, o direito ao recebimento do percentual já havia integrado o patrimônio dos servidores, quando da edição da medida provisória, muito embora a implementação estivesse sendo feita de modo parcelado. Logo, não poderia tal espécie legislativa desrespeitar direito já incorporado ao patrimônio, sob pena de afronta ao disposto no art. 5º, inc. XXXVI, da CRFB, segundo o qual "a lei não prejudicará o direito adquirido". Pode, todavia, a administração retirar o benefício para os servidores que ainda não completaram tal direito;

d) A subtração das parcelas a que fariam jus os servidores também implica afronta ao disposto no art. 37, inc. XV, da CRFB, segundo o qual os vencimentos dos ocupantes de cargos e empregos públicos são irredutíveis. Isso porque, como o direito já havia sido incorporado ao patrimônio dos servidores, sua exclusão configura clara afronta ao princípio da irredutibilidade de vencimentos. O entendimento do Supremo Tribunal Federal é pacífico nesse sentido. Assim, apesar de ser constitucional a modificação do regime remuneratório dos servidores, tal alteração não pode ocorrer de forma alheia à observância dos comandos constitucionais, em especial da vedação de decesso remuneratório;

e) Estão presentes os requisitos indispensáveis à concessão da liminar: o *fumus boni iuris*, em razão dos mencionados princípios constitucionais, e o *periculum in mora*, decorrente do dano causado aos impetrantes.

Deve-se requerer a prestação de informações da autoridade coatora e da entidade da qual ele faça parte, a oitiva do Ministério Público e, no mérito, a declaração definitiva de nulidade do ato que determinou a exclusão da parcela do reajuste na folha de pagamento.

Por fim, deve-se formular pedido, destacando-se que, diante da ocorrência de ofensa, pelo poder público, ao direito adquirido dos servidores e a irredutibilidade de vencimentos, a hipótese é de concessão da ordem para que seja assegurada aos servidores públicos a implementação do reajuste. Pedido liminar para garantir o pagamento da 4º, da 5º e da 6º parcela, em razão do seu caráter alimentar.

Problema 11

(Elaborada pelos autores) A peça adequada a ser elaborada é Ação Declaratória de Constitucionalidade – ADC. O fundamento constitucional consta no art. 102, I, *a*, da CRFB. Busca-se a declaração de constitucionalidade da Lei nº 1.234, tornando-se definitiva a presunção de constitucionalidade da referida lei.

Autoriza o ajuizamento da ADC, conforme entendimento do STF, a controvérsia judicial, demonstrada por decisões conflitantes nas justiças estaduais acerca da constitucionalidade da referida lei por meio do controle difuso de constitucionalidade.

Deve ser requerida medida cautelar para suspender os processos em andamento em que há o questionamento da Lei nº 1.234, demonstrando o *periculum in mora* e o *fumu boni iuris*.

ESQUELETO DA PEÇA

Endereçamento: Excelentíssimo Senhor Ministro Presidente do Supremo Tribunal Federal.

Resumo dos fatos: Lei nº 1.234, que autoriza agentes sanitários a ingressar em imóveis abandonados, tem tido sua constitucionalidade questionada em juízo, configurando controvérsia judicial sobre sua constitucionalidade.

Ação: Ação Declaratória de Constitucionalidade.

Legitimidade ativa: Partido Político X, conforme art. 103, VIII, da CRFB.

Legitimidade passiva: processo de controle objetivo, não há réus.

Fundamentos:

- Demonstração da controvérsia judicial em razão de decisões judiciais conflitantes em relação à constitucionalidade da lei pelos estados da federação.
- Indicação da constitucionalidade da Lei nº 1.234 – Limitabilidade dos direitos fundamentais (art. 5º, XI, da CRFB), diante do caso concreto. A inviolabilidade do domicílio não pode se apresentar absoluta, diante do dever do Estado em garantir a redução do risco de transmissão de doenças, conforme dispõem os arts. 196 e 197 da CRFB.

Medida Cautelar: demonstração da necessidade de suspender os processos em que se questiona a Lei nº 1.234, sob pena de alastramento das doenças causadas pelo mosquito transmissor.

Requerimentos: a intimação do PRG para que se manifeste no feito.

Pedido:

- Concessão da medida cautelar, determinando que juízes e tribunais inferiores suspendam os processos em que envolva a aplicação da Lei nº 1.234, até o julgamento final.
- No mérito, a procedência da ação declaratória de constitucionalidade, declarando-se constitucional a Lei nº 1.234.

Problema 12

(XXII Exame de Ordem unificado) Fundamentação constitucional: O enunciado indica o cabimento de um Mandado de Injunção Coletivo ajuizado pelo Sindicato, na medida em que visa à defesa dos interesses dos seus filiados na proteção do direito ao adicional noturno, conforme o disposto no art. 5º, inc. LXXI, da CRFB/1988 ("conceder-se-á mandado de injunção sempre que a falta de norma regulamentadora torne inviável o exercício dos direitos e liberdades constitucionais e das prerrogativas inerentes à nacionalidade, à soberania e à cidadania").

Fundamentação legal: Lei nº 13.300, de 23 de junho de 2016.

As partes: O impetrante será o Sindicato, na forma do art. 12, inc. III, da Lei nº 13.300/2016, dispensada a autorização dos filiados. O impetrado será o governador do Estado Beta, pois é a parte legítima para integrar o polo passivo da presente ação constitucional, haja vista que, no processo legislativo estadual, é quem detém competência privativa para iniciar o processo legislativo no presente caso, uma vez que as regras constitucionais estaduais de competência devem observar, por simetria, o que determina a CRFB/1988. No caso, o art. 61, § 1º, II, alínea *a*, da CRFB/1988.

Competência: Do Tribunal de Justiça do Estado Beta, uma vez que a Constituição da República Federativa do Brasil repartiu a competência para julgamento com base na fonte de onde deveria ter emanado a norma faltante e procurou concentrar a competência para processamento e julgamento do Mandado de Injunção nos Tribunais Superiores, podendo, no plano estadual, a competência do Mandado de Injunção ser definida pelas Constituições dos Estados (art. 125, § 1º, da CRFB/1988), observando-se o princípio da simetria entre os entes federativos.

Fundamentos da mora legislativa: O direito ao benefício de adicional noturno é concedido aos servidores públicos que exercem atividade laboral noturna e é garantido em razão de previsão constitucional contida no art. 7º, inc. IX, e no art. 39, § 3º, ambos da CRFB/1988, devendo cada ente federativo regulamentar o referido benefício por meio de lei.

Pedidos: Os pedidos devem ser de reconhecimento da omissão e do estado de mora legislativa, a fim de que seja concedida a ordem de injunção coletiva para: (i) ser determinado prazo razoável para que o Governador promova a edição da norma regulamentadora; (ii) seja suprida a omissão normativa, garantindo-se a efetividade do direito à percepção do adicional noturno no percentual de 20% em relação à hora normal de trabalho, conforme disposições, aplicáveis por analogia, contidas no art. 73 da Consolidação das Leis do Trabalho, com eficácia para todos os servidores estaduais no exercício de atividade laboral noturna, caso não seja suprida a mora legislativa no prazo determinado (art. 8º, incs. I e II, e art. 13, ambos da Lei nº13.300/2016).

ESQUELETO DA PEÇA

Endereçamento do Mandado de Injunção: Tribunal de Justiça do Estado Beta.

Partes: O impetrante será o Sindicato e o impetrado, o Governador do Estado, com indicação do Estado Beta para fins do art. 4º da Lei nº 13.300/2016.

Legitimidade: O Sindicato possui legitimidade ativa para defender os interesses da categoria, dispensada autorização especial dos filiados, na forma do art. 12, inc. III, da Lei nº 13.300/2016. O Governador possui legitimidade passiva na medida em que as regras constitucionais estaduais de competência devem observar, por simetria, o que determina o art. 61, § 1º, II, alínea *a*, da CRFB/1988.

Cabimento do Mandado de Injunção: Visa à defesa dos interesses dos seus filiados na proteção do direito ao adicional noturno, em razão de omissão legislativa, conforme o disposto no art. 5º, inc. LXXI, da CRFB/1988, OU na Lei nº 13.300/2016.

Fundamentos da mora legislativa: O direito ao benefício de adicional noturno é concedido aos servidores públicos que exercem atividade laboral noturna e é garantido em razão da previsão constitucional contida no art. 7º, inc. IX, OU no art. 39, § 3º, ambos da CRFB/1988.

Pedidos: (i) reconhecimento da omissão e do estado de mora legislativa, a fim de que seja concedida a ordem de injunção coletiva; (ii) ser determinado prazo razoável para que o Governador promova a edição da norma regulamentadora, nos termos do art. 8º, inc. I, da Lei nº 13.300/2016; (iii) seja suprida a omissão normativa, garantindo-se a efetividade do direito à percepção do adicional noturno no percentual de 20% (vinte por cento), conforme disposições contidas no art. 73 da CLT, nos termos do art. 8º, inc. II, da Lei nº 13.300/2016; (iv) intimação do Ministério Público.

Valor da causa: De acordo com o art. 319, V, do CPC/2015.

Fechamento da peça: Local..., Data..., Advogado... e OAB...

A seguir apresentamos o gabarito da parte V:

Questão 1

(X Exame unificado) – Gabarito FGV:

A) Nos termos do art. 34, V, *b*, da CRFB. (Art. 34. A União não intervirá nos Estados nem no Distrito Federal, exceto para:... V – reorganizar as finanças da unidade da Federação que: a) suspender o pagamento da dívida fundada por mais de dois anos consecutivos, salvo motivo de força maior; b) deixar de entregar aos Municípios receitas tributárias fixadas nesta Constituição, dentro dos prazos estabelecidos em lei;). Trata-se de intervenção para defesa das finanças estaduais.

B) O ato de intervenção será formalizado por decreto do Poder Executivo (art. 36 da CRFB). No caso em tela, dependerá apenas da constatação dos fatos, ou seja, do não repasse. Haverá a nomeação de um interventor, pois se trata de intervenção no Executivo. Será o decreto submetido ao Congresso Nacional que, se em recesso, sofrerá convocação extraordinária (art. 36, §§ 1º e 2º, da CRFB). O ato pode ser realizado *ex officio* pelo Presidente da República ou decorrer de comunicação do Município. Deverão ser ouvidos o Conselho da República (art. 90, I, da CRFB) e o Conselho de Defesa Nacional (art. 91, § 1º, II, da CRFB).

COMENTÁRIOS DOS AUTORES:

Conforme o ensinamento de Alexandre de Moraes: "A intervenção consiste em medida excepcional de supressão temporária da autonomia de determinado ente federativo, fundada nas hipóteses taxativamente previstas no texto constitucional, e que visa a unidade e preservação da soberania do Estado Federal e das autonomias da União, dos Estados, do Distrito Federal e dos Municípios".[83]

Desse conceito, podemos extrair os elementos para a configuração da intervenção:

1 - *medida excepcional*: a intervenção é a exceção. A regra é não intervir.

2 - *temporária*: o decreto interventivo deverá especificar o prazo da intervenção. Ela deve ser temporária. Cessadas as causas que deram ensejo ao decreto interventivo, a intervenção deverá cessar.

3 - *supressão temporária de autonomia*: a intervenção consiste em supressão de autonomia, de um ente federativo mais amplo, sobre outro ente federativo imediatamente menos amplo.

4 - *hipóteses taxativamente previstas no texto constitucional*: justamente por ser uma medida de exceção, somente poderá ocorrer mediante hipótese expressamente prevista no texto Constitucional. Não é possível interpretação extensiva para os casos de intervenção.

5 - *que vise a unidade da Federação e a preservação da soberania do Estado Federal e das autonomias dos entes federativos*: a finalidade da intervenção é preservar o pacto federativo, a soberania da República Federativa do Brasil e da autonomia dos entes federativos.

A intervenção será sempre ato político do chefe do Executivo, de forma discricionária (intervenção espontânea ou por solicitação), ou vinculada (intervenção por requisição).

São duas as espécies de intervenção: FEDERAL e ESTADUAL.

O artigo 34 elenca as hipóteses em que a União está autorizada a intervir nos Estados-Membros e no Distrito Federal.

O artigo 35 trata das hipóteses de intervenção dos Estados em seus municípios e da União nos municípios localizados nos Territórios Federais.

O artigo 36 da Constituição Federal disciplina tanto a Intervenção Federal (art. 34) quanto Estadual (art. 35), no que diz respeito a ser espontânea, provocada por solicitação, ou provocada por requisição.

Nas hipóteses de intervenção provocada por requisição, trata-se de ato vinculado do chefe do Poder Executivo (Presidente da República ou Governador do Estado). Nas demais hipóteses, espontânea ou provocada por solicitação, trata-se de ato discricionário.

Esquema sobre Intervenção Federal:

83 MORAES, Alexandre de. *Curso de direito constitucional*. 28. ed. São Paulo: Atlas. p . 333.

INTERVENÇÃO FEDERAL

PREVISÃO CONSTITUCIONAL	HIPÓTESES	INICIATIVA	CONTROLE POLÍTICO
Art. 34, I	Manter a Integridade Nacional	Intervenção **espontânea** do Presidente da República	Sim, art. 36, § 1º; art. 49, IV
Art. 34, II	Repelir invasão estrangeira ou de uma unidade da Federação em outra	Intervenção **espontânea** do Presidente da República	Sim, art. 36, § 1º; art. 49, IV
Art. 34, III	Pôr termo a grave comprometimento de ordem pública	Intervenção **espontânea** do Presidente da República	Sim, art. 36, § 1º; art. 49, IV
Art. 34, IV	Garantir o livre exercício do Poder Executivo do Estado da Federação	Intervenção por provocação de **Solicitação** do Poder Executivo coacto (art. 36, I)	Sim, art. 36, § 1º; art. 49, IV
Art. 34, IV	Garantir o livre exercício do Poder Legislativo do Estado da Federação	Intervenção por provocação de **Solicitação** do Poder Legislativo coacto (art. 36, I)	Sim, art. 36, § 1º; art. 49, IV
Art. 34, IV	Garantir o livre exercício do Poder Judiciário do Estado da Federação	Intervenção por **requisição** do Supremo Tribunal Federal (art. 36, I)	Sim, art. 36, § 1º; art. 49, IV
Art. 34, V	Reorganizar as finanças do Estado da Federação	Intervenção **espontânea** do Presidente da República	Sim, art. 36, § 1º; art. 49, IV
Art. 34, VI	Promover a execução de decisão judicial	**Requisição** do Supremo Tribunal Federal, do Superior Tribunal de Justiça ou do Tribunal Superior Eleitoral	Não, art. 36, § 3º
Art. 34, VI	Promover a execução de lei federal	**Requisição** do STF, mediante provimento de **representação interventiva** proposta pelo P.G.R.	Não, art. 36, § 3º
Art. 34, VII	Ofensa aos Princípios Constitucionais Sensíveis	**Requisição** do STF, mediante provimento de **representação interventiva** proposta pelo P.G.R.	Não, art. 36, § 3º

INTERVENÇÃO ESTADUAL

PREVISÃO CONSTITUCIONAL	HIPÓTESES	INICIATIVA	CONTROLE POLÍTICO
Art. 35, I	Deixar de ser paga, sem motivo de força maior, por dois anos consecutivos, a dívida fundada	Intervenção Espontânea do Governador do Estado	Sim, art. 36, § 1º
Art. 35, II	Não forem prestadas contas, na forma da lei	Intervenção Espontânea do Governador do Estado	Sim, art. 36, § 1º
Art. 35, III	Não tiver sido aplicado o mínimo exigido da receita municipal na manutenção e no desenvolvimento do ensino e nas ações e nos serviços públicos de saúde	Intervenção Espontânea do Governador do Estado	Sim, art. 36, § 1º
Art. 35, IV	Ofensa aos Princípios Constitucionais Estaduais Sensíveis	Intervenção por Requisição do Tribunal de Justiça, mediante provimento de representação interventiva proposta pelo Procurador-Geral de Justiça	Não, art. 36, § 3º
Art. 35, V	Prover a execução de lei, ordem ou decisão judicial	Intervenção por Requisição do Tribunal de Justiça, mediante provimento de representação interventiva proposta pelo Procurador-Geral de Justiça	Não, art. 36, § 3º

Questão 2

(XIII Exame unificado) – Gabarito FGV:

A) O examinando deve indicar que, conforme previsão constante da Constituição, aos deputados é garantida a imunidade material, civil e penal, pela qual os parlamentares federais são invioláveis e irresponsáveis pelas suas opiniões e votos quando o fazem na qualidade de agentes políticos. O dispositivo constitucional que assegura tal direito é o art. 53, *caput*, da Constituição: "Os Deputados e Senadores são invioláveis, civil e penalmente, por quaisquer de suas opiniões, palavras e votos". Portanto, o deputado "G" não pode ser condenado pelo discurso proferido, ainda que ofensivo às minorias. Deve ser indicado que a imunidade material se estende para os discursos proferidos fora do ambiente do Congresso Federal, desde que proferidos em razão do exercício do mandato parlamentar (isto é, na qualidade de agentes políticos). Nesse sentido, é a jurisprudência pacífica do Supremo Tribunal Federal.

B) O examinando deve identificar que a garantia constitucional da imunidade parlamentar em sentido material também alcança os vereadores, para excluir a responsabilidade civil e penal do membro do Poder Legislativo, por danos eventualmente resultantes de manifestações, orais ou escritas, desde que motivadas pelo desempenho do mandato (prática *in officio*) ou externadas em razão deste (prática *propter officium*). Tratando-se de vereador, a inviolabilidade constitucional que o ampara no exercício da atividade legislativa estende-se às opiniões, às palavras e aos votos por ele proferidos, mesmo fora do recinto da própria Câmara Municipal, desde que nos estritos limites territoriais do Município a que se acha funcionalmente vinculado, conforme previsão constante do art. 29, VIII, da CRFB.

COMENTÁRIOS DOS AUTORES:

No estudo do direito constitucional, deve ser dada uma importância destacada ao "Estatuto dos Congressistas", pois o tema está inserido no tópico relacionado ao Poder Legislativo.

Além de outros importantes assuntos tratados nesse tema, como, por exemplo, as Comissões Parlamentares, as Comissões Parlamentares de Inquérito, a Composição do Senado e da Câmara dos Deputados, no plano federal, ou, ainda, as atribuições do Congresso Nacional, destaca-se o tema objeto da questão exigida pela OAB/FGV: Estatuto dos Congressistas.

Assim, especificamente quanto ao Estatuto dos Congressistas, é importante frisar que a nomenclatura advém da doutrina que a indica para designar o conjunto de normas que tratam das prerrogativas inerentes ao cargo de parlamentar. A CRFB trata deste tema entre os artigos 53 a 56.

Obs.: As prerrogativas não podem ser renunciadas, uma vez que estas são inerentes ao cargo de parlamentar, e não são pessoais.

Em relação às imunidades parlamentares, cumpre esclarecer que estas podem ser: *1)* materiais (inviolabilidades) ou *2)* formais (processuais).

1) No que se refere às imunidades materiais, o *caput* do art. 53 da CRFB determina que os deputados e senadores são invioláveis, civil e penalmente, por quaisquer opiniões, palavras e votos.

Por essa inviolabilidade os deputados não poderão ser responsabilizados enquanto estiverem exercendo sua função de parlamentar. Tal prerrogativa não se resume ao direito penal, para imunizar o congressista dos chamados crimes de opinião (crimes contra a honra). A imunidade material alcança também a esfera cível, impedindo que o parlamentar seja processado com fulcro em responsabilidade civil.

Por mais ofensiva que seja a situação, o parlamentar não poderá ser responsabilizado, ou abrir mão de sua prerrogativa, pois, como já salientado acima, as prerrogativas não pertencem ao congressista, mas sim ao cargo que ele exerce. Mesmo depois de extinto o mandato, ainda que este perca o seu cargo por falta de "decoro", não haverá possibilidade de este responder por fatos ocorridos enquanto integrava o Poder Legislativo.

Obs.: É importante lembrar que os Deputados Estaduais e Distritais gozam simetricamente das mesmas inviolabilidades dos integrantes do Congresso Nacional, no entanto, em relação aos Vereadores, o art. 29, VIII, da CRFB prescreve que a inviolabilidade por suas opiniões, palavras e votos somente ocorrerá no exercício do mandato e na circunscrição do Município.

2) As imunidades formais, ou processuais, são de duas ordens: relacionadas a prisões e relacionadas aos processos.

a) Quanto às prisões, o art. 53, § 2º, prescreve que, desde a expedição do diploma, os membros do Congresso Nacional não poderão ser presos, salvo em flagrante de crime inafiançável. Nesse caso, os autos serão remetidos dentro de vinte e quatro horas à Casa respectiva, para que, pelo voto da maioria de seus membros, resolva sobre a prisão. Note-se que não há necessidade de autorização para que a prisão seja realizada em caso de flagrante de crime inafiançável.

Obs.: A diplomação (expedição do diploma) é verificada pela expedição de certificado pela Justiça Eleitoral declarando a regular eleição do candidato. A diplomação ocorre antes da posse.

A vedação em relação às prisões se estende às dívidas alimentares (art. 5º, LXVII, da CRFB).

b) Quanto aos processos, a CRFB traz elementos substanciais para o seu estudo. O art. 53, § 3º, ressalta que, recebida a denúncia contra o Senador ou Deputado, por crime ocorrido após a diplomação, o Supremo Tribunal Federal dará ciência à Casa respectiva, que, por iniciativa de partido político nela representado e pelo voto da maioria de seus membros, poderá, até a decisão final, sustar o andamento da ação.

Obs.: Não há necessidade de autorização da Casa respectiva para que haja o processamento do parlamentar.

Os crimes ocorridos após a diplomação deverão ser processados e julgados no STF, o que a doutrina denomina de prerrogativa de foro. Mesmo que um parlamentar tenha cometido crime doloso contra a vida, o seu processamento será no STF, e não no Tribunal do Júri.

Obs.: Apesar da Súmula nº 721 do STF, prevalece o entendimento de que os Deputados Estaduais não estarão sujeitos ao Tribunal do Júri, no julgamento de crimes dolosos contra a vida, mas sim ao Tribunal de Justiça, desde que haja previsão na Constituição Estadual.

Vale lembrar da Súmula nº 704 do STF, que estende a prerrogativa de foro a quem não exerça o cargo de parlamentar. Segundo essa Súmula, não viola as garantias do juiz natural, da ampla defesa e do devido processo legal a atração por continência ou conexão do processo do corréu ao foto por prerrogativa de função de um dos denunciados. Está aí um exemplo do que ocorreu com a famigerada Ação Penal nº 470, que julgou o "mensalão".

Além disso, o § 4º, do mesmo artigo, ressalta que o pedido de sustação será apreciado pela Casa respectiva no prazo improrrogável de quarenta e cinco dias do seu recebimento pela Mesa Diretora. Todavia, somente será possível sustar o andamento da ação que tenha sido ajuizada após a diplomação. Caso o parlamentar tenha sido processado antes da diplomação, o seu processo será encaminhado ao STF (após a diplomação), mas sem o benefício de este processo ser sustado pela Casa respectiva.

Por fim, é importante lembrar que, ainda que haja sustação do processo, a prescrição ficará suspensa, enquanto durar o mandato, conforme art. 53, § 5º, da CRFB.

- Memorize este ponto pelo esquema abaixo:

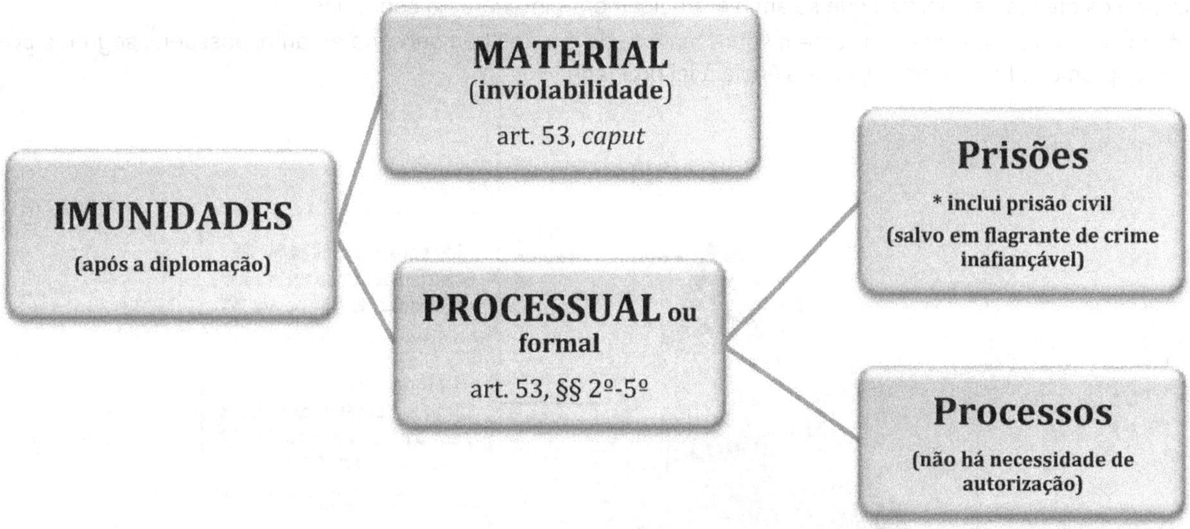

Questão 3

(XIII Exame unificado) – Gabarito FGV:

TEMA: TRATADOS INTERNACIONAIS DE DIREITOS HUMANOS E HIRARQUIA

A) O examinando deve identificar que a referida convenção internacional possui *status* de norma constitucional (Emenda Constitucional), pois foi aprovada de acordo com o rito de incorporação do art. 5º, § 3º, da CRFB.

B) O examinando deve identificar que os tratados internacionais de direitos humanos não incorporados segundo o procedimento do art. 5º, § 3º, da CRFB possuem *status* hierárquico de norma supralegal, conforme restou consolidado na jurisprudência do Supremo Tribunal Federal.

C) O examinando deve identificar que, após sua incorporação conforme o procedimento descrito pelo art. 5º, § 3º, a convenção possui *status* de norma constitucional. Desse modo, pode vir a ser considerada como parâmetro para controle de constitucionalidade, assim como as demais normas da Constituição da República.

COMENTÁRIOS DOS AUTORES:

O § 3º do art. 5º da CRFB (introduzido pela EC nº 45/2004) estabelece que os tratados internacionais de direitos humanos aprovados por ambas as Casas do Congresso Nacional, em dois turnos, por 3/5 de seus membros, serão equivalentes às emendas constitucionais. Estabeleceu-se, portanto, procedimento para que os Tratados Internacionais de Direitos Humanos, ao serem internalizados no ordenamento jurídico, integrassem o chamado "Bloco de Constitucionalidade". Embora não integrem o corpo da Constituição, passam a ter hierarquia equivalente a esta. Dessa forma, passam também a ser parâmetro para controle de constitucionalidade de leis e atos normativos.

Os tratados internacionais de direitos humanos que não forem aprovados pelo Congresso Nacional pelo procedimento estabelecido no § 3º do art. 5º (seja porque o foram antes da EC nº 45/2004, ou porque o foram nos termos do art. 49, I), segundo jurisprudência do Supremo Tribunal Federal, serão normas supralegais. Equivale a dizer que, embora estejam abaixo da Constituição Federal, estão acima de todas as demais normas do ordenamento jurídico, paralisando os efeitos das normas que sejam hierarquicamente inferiores e contrárias.

Os tratados internacionais que não versem sobre matéria de direitos humanos, no entanto, possuem, segundo posição do Supremo Tribunal Federal, equivalência à lei ordinária.

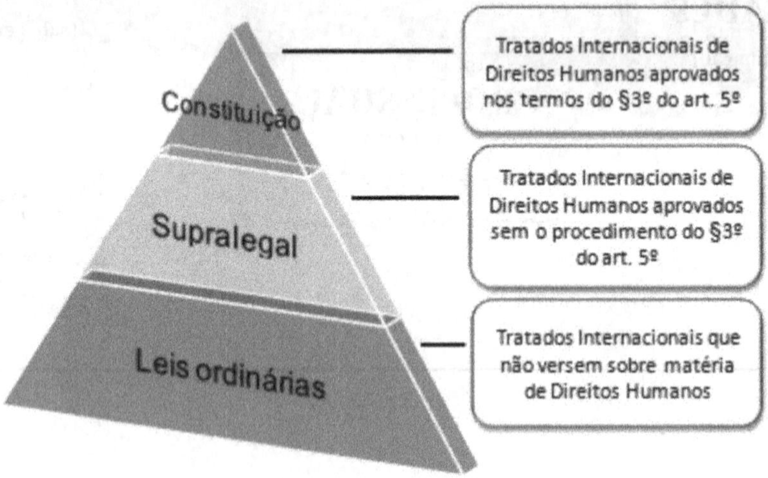

Questão 4

(VI Exame unificado) – Gabarito FGV:

A) Não, pois há impedimento em razão de parentesco. Marco Antônio se lançaria candidato a Senador pelo Estado em que sua esposa é Governadora. Nesse caso, não ocorre a exceção da parte final do art. 14, § 7º, porque Marco Antônio não é "titular do cargo de Senador pelo Estado Y".

B) Sim, porque o impedimento previsto no art. 14, § 7º, limita-se aos parentes dos chefes do Poder Executivo (Prefeito, Governador e Presidente).

COMENTÁRIOS DOS AUTORES:

Os Direitos Políticos podem ser Positivos ou Negativos. Os Direitos Políticos Positivos dividem-se em Ativos ou Passivos, e são as normas que possibilitam ao cidadão a participação na vida pública, votando (ativos) ou sendo votados (passivos).

Os direitos políticos Positivos Ativos são adquiridos mediante o alistamento eleitoral (art 14, § 1º, da CRFB), obrigatoriamente para os maiores de 18 anos e, facultativamente, para os maiores de 16 e menores de 18, maiores de 70 e os analfabetos.

Os direitos políticos passivos, ou elegibilidade, requerem as condições do § 3º do art. 14 da CRFB: nacionalidade brasileira; pleno exercício dos direitos políticos; alistamento eleitoral; domicílio eleitoral na circunscrição; filiação partidária; idade mínima.

Direitos Políticos Negativos são as normas que impedem a participação do cidadão no processo político e nos órgãos governamentais, abrangendo os casos de perda e suspensão dos direitos políticos, e as hipóteses de inelegibilidade.

São casos de perda dos direitos políticos: o cancelamento da naturalização por sentença transitada em julgado (art. 15, I, da CRFB) e a recusa de cumprir obrigação a todos imposta ou prestação alternativa, nos termos do art. 5º, VIII (art. 15, IV, da CRFB).

São casos de suspensão dos direitos políticos: a incapacidade civil absoluta; a condenação criminal transitada em julgado, enquanto durarem seus efeitos, e a improbidade administrativa, nos termos do art. 37, § 4º, da CRFB.

A inelegibilidade pode ser Absoluta ou Relativa.

É Absoluta quando o impedimento é para qualquer cargo eletivo. É o caso dos inalistáveis, analfabetos e maiores de 16 e menores de 18 anos.

A inelegibilidade Relativa são impedimentos a determinados cargos eletivos, em razão de situações específicas previstas no texto constitucional ou na legislação infraconstitucional.

O § 6º do art. 14 autoriza a reeleição para um único período subsequente. É vedado, portanto, um terceiro mandato.

Aqueles que ocupam o cargo de chefe do Poder Executivo, querendo concorrer a outros cargos, devem renunciar aos respectivos mandatos até seis meses antes do pleito eleitoral, conforme o § 6º do art. 14 da CRFB.

O § 7º do art. 14 estabelece inelegibilidades em razão do casamento e da filiação, em linha reta ou colateral, até o segundo grau, inclusive por afinidade, com os ocupantes do cargo do Executivo, ou quem os tenha substituído dentro dos seis meses anteriores à eleição, salvo se já era titular de mandato eletivo e é candidato à reeleição. A inelegibilidade fica restrita à circunscrição territorial em que o ocupante do chefe do Executivo exerce o seu mandato.

Questão 5

(VIII Exame unificado) – Gabarito FGV:

A) A questão trata do tema da Arguição de Descumprimento de Preceito Fundamental (ADPF), previsto no art. 102, § 1º, da CRFB e disciplinado pela Lei nº 9.882/1999. O legislador determinou, no art. 4º, § 1º, daquela lei que: "Não será admitida arguição de descumprimento de preceito fundamental quando houver qualquer outro meio eficaz de sanar a lesividade". O dispositivo consagra o chamado princípio da subsidiariedade, de modo que o cabimento de uma Ação Direta de Inconstitucionalidade (ADIn) para impugnar a validade de determinado ato do Poder Público exclui o cabimento da ADPF. Tendo em vista que a ADIn não é o mecanismo hábil à impugnação de atos normativos "secundários" (infralegais), abre-se espaço para o cabimento da ADPF para a impugnação de portaria editada por agência reguladora federal.

B) Nos termos do art. 2º da Lei nº 9.882/1999, "podem propor arguição de descumprimento de preceito fundamental (....) os legitimados para a ação direta de inconstitucionalidade". De seu turno, os legitimados para a propositura da ADIn são, nos termos do art. 103 da CRFB, "I – o Presidente da República; II – a Mesa do Senado Federal; III – a Mesa da Câmara dos Deputados; IV – a Mesa de Assembleia Legislativa ou da Câmara Legislativa do Distrito Federal; V – o Governador de Estado ou do Distrito Federal; VI – o Procurador-Geral da República; VII – o Conselho Federal da Ordem dos Advogados do Brasil; VIII – partido político com representação no Congresso Nacional; IX – confederação sindical ou entidade de classe de âmbito nacional".

Em relação à legitimidade das entidades de classe de âmbito nacional, a jurisprudência do Supremo Tribunal Federal cunhou o conceito de pertinência temática, que significa a necessidade de demonstração, por alguns legitimada, de que o objeto da instituição guarda relação com o pedido da ação direta proposta por referida entidade. No caso, tal requisito encontra-se atendido, tendo em vista que a norma impugnada se dirige, exatamente, aos profissionais da saúde.

COMENTÁRIOS DOS AUTORES:

Conforme já salientado nesta obra, a arguição de descumprimento de preceito fundamental assume caráter subsidiário em relação às demais ações de controle concentrado, conforme determina o § 1º do art. 4º da Lei nº 9.882/1999, o qual prescreve que não será admitida arguição de descumprimento de preceito fundamental quando houver qualquer outro meio eficaz de sanar a lesividade.

Assim, a subsidiariedade decorre da própria lei que trata da ADPF.

Quanto à legitimidade de parte, convém destacar apenas que a comprovação da pertinência temática deve ocorrer somente em relação aos legitimados especiais, a exemplo do que ocorre com a entidade de classe de âmbito nacional.

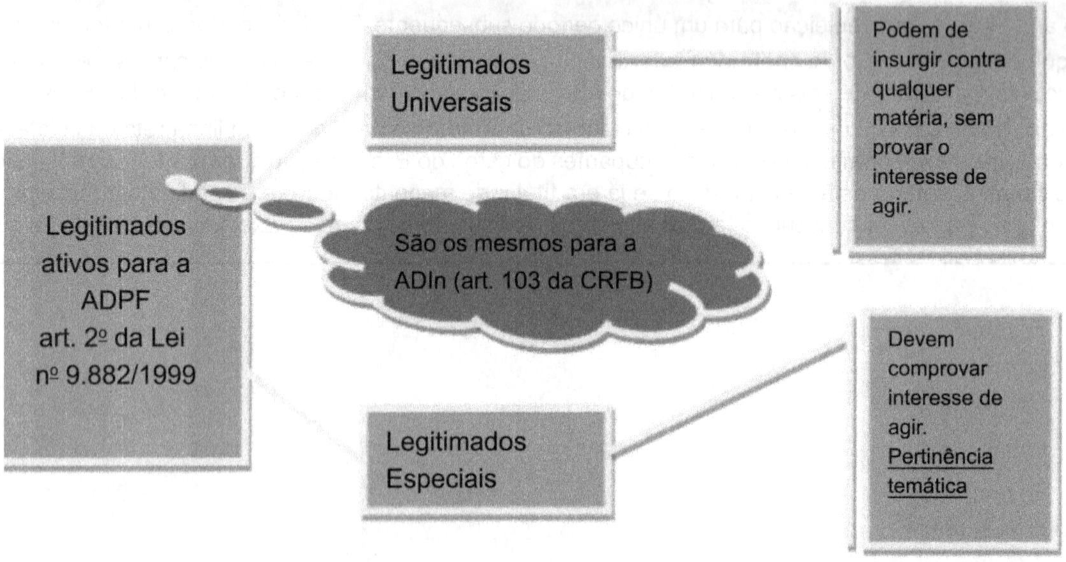

Questão 6

(XI Exame unificado) – Gabarito FGV:

A) A lei é constitucional, pois o art. 24, IX, atribui competência concorrente à União, aos Estados e ao Distrito Federal para legislar sobre educação, cultura, ensino e desporto, ciência, tecnologia, pesquisa, desenvolvimento e inovação.[84] Essa lei trata de educação no trânsito, e não sobre trânsito e transporte, que seria de competência privativa da União Federal (art. 22, XI, da CRFB). Nesse sentido, já se pronunciou o STF, ao julgar a ADI nº 1991/DF (rel. Min. Eros Grau – Tribunal Pleno – unânime – j. 3-11-2004).

B) Não, uma vez que, de acordo com a jurisprudência do STF, o Governador do Estado é legitimado especial, o que significa que só pode ajuizar a ação se demonstrar a existência de pertinência temática entre o interesse do Estado e o objeto da ação, o que não ocorre no caso concreto.

COMENTÁRIOS DOS AUTORES:

Primeiramente, vale tecer comentários sobre as regras de repartição de competências legislativas e administrativas previstas no texto constitucional, as quais estão previstas a partir do art. 21 da CRFB.

Uma preciosa dica para tratar do tema é ter em mente o princípio norteador da repartição de competências: princípio da predominância do interesse. Assim, caso o interesse (legislativo ou administrativo) seja predominantemente geral, a competência será na União; se o interesse for predominantemente regional, a competência será dos Estados (ou do DF); e se o interesse for local, a competência será dos Municípios.

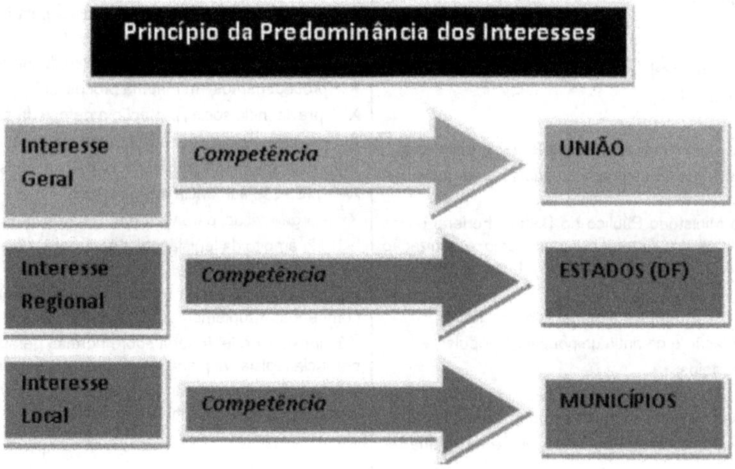

Obs.: Os municípios dispõem das Competências dispostas no artigo 30, I e II, da CRFB, conforme o interesse local, podendo vir a suplementar legislação federal e estadual no que couber (predominância do interesse local).

Nada obstante, não se pode confundir as competências legislativas com as administrativas (ou materiais). As competências expostas nos artigos 21 e 23 da CRFB são Administrativas, portanto, materiais.

As competências podem ser exclusivas da União (previstas no art. 21 da CRFB); privativas da União (previstas no art. 22 da CRFB); comuns (previstas no art. 23 da CRFB); ou ainda concorrentes (previstas no art. 24 da CRFB). Vejamos a tabela abaixo:

Art. 21	Exclusiva	União	Administrativas (ou Materiais)	Não podem ser delegadas a outros entes da federação.
Art. 22	Privativa	União	Legislativas	Podem ser delegadas aos Estado (e ao DF) por Lei Complementar.
Art. 23	Comum	Todos os entes da federação	Administrativas (ou Materiais)	Leis complementares fixarão normas para a cooperação entre a União e os Estados, o Distrito Federal e os Municípios, tendo em vista o equilíbrio do desenvolvimento e do bem-estar em âmbito nacional.
Art. 24	Concorrente	União, Estados e DF	Legislativas	▪ A União estabelece normas gerais. (Lei Federal Geral) ▪ Os Estados podem suplementar a lei federal. (Lei Estadual Específica) ▪ A omissão da União confere aos Estados competência plena. (Os estados podem legislar sob aspectos gerais e regionais/específicos) ▪ A superveniência de lei federal suspende a eficácia de lei estadual.

84 A EC nº 85/2015 deu nova redação ao inc. IX do art. 24 da CRFB: "educação, cultura, ensino, desporto, ciência, tecnologia, pesquisa, desenvolvimento e inovação".

Obs.: Os Estados, conforme art. 25, § 1º, dispõem da chamada competência reservada (ou residual), o que permite aos estados-membros legislarem sobre os assuntos que não lhes forem vedados. Além disso, cabe aos Estados explorar diretamente, ou mediante concessão, os serviços locais de gás canalizado, na forma da lei, vedada a edição de medida provisória para a sua regulamentação. (art. 25, § 2º, da CRFB).

Assim, diante dessa breve exposição sobre a repartição de competências legislativas e administrativas, vale ressaltar que as competências mais exigidas nas provas da OAB são as competências legislativas, notadamente aquelas contidas nos artigos 22 e 24 da CRFB.

COMPETÊNCIAS PRIVATIVAS (Art. 22 da CRFB)	COMPETÊNCIAS CONCORRENTES (Art. 24 da CRFB)
Compete privativamente à União legislar sobre: I - direito civil, comercial, penal, processual, eleitoral, agrário, marítimo, aeronáutico, espacial e do trabalho; II - desapropriação; III - requisições civis e militares, em caso de iminente perigo e em tempo de guerra; IV - águas, energia, informática, telecomunicações e radiodifusão; V - serviço postal; VI - sistema monetário e de medidas, títulos e garantias dos metais; VII - política de crédito, câmbio, seguros e transferência de valores; VIII - comércio exterior e interestadual; IX - diretrizes da política nacional de transportes; X - regime dos portos, navegação lacustre, fluvial, marítima, aérea e aeroespacial; XI - trânsito e transporte; XII - jazidas, minas, outros recursos minerais e metalurgia; XIII - nacionalidade, cidadania e naturalização; XIV - populações indígenas; XV - emigração e imigração, entrada, extradição e expulsão de estrangeiros; XVI - organização do sistema nacional de emprego e condições para o exercício de profissões; XVII - organização judiciária, do Ministério Público do Distrito Federal e dos Territórios e da Defensoria Pública dos Territórios, bem como organização administrativa destes; (Redação dada pela Emenda Constitucional nº 69, de 2012) (Produção de efeito) XVIII - sistema estatístico, sistema cartográfico e de geologia nacionais; XIX - sistemas de poupança, captação e garantia da poupança popular; XX - sistemas de consórcios e sorteios; XXI - normas gerais de organização, efetivos, material bélico, garantias, convocação e mobilização das polícias militares e corpos de bombeiros militares; XXII - competência da polícia federal e das polícias rodoviária e ferroviária federais; XXIII - seguridade social; XXIV - diretrizes e bases da educação nacional; XXV - registros públicos; XXVI - atividades nucleares de qualquer natureza; XXVII – normas gerais de licitação e contratação, em todas as modalidades, para as administrações públicas diretas, autárquicas e fundacionais da União, Estados, Distrito Federal e Municípios, obedecido o disposto no art. 37, XXI, e para as empresas públicas e sociedades de economia mista, nos termos do art. 173, § 1º, III; (Redação dada pela Emenda Constitucional nº 19, de 1998) XXVIII - defesa territorial, defesa aeroespacial, defesa marítima, defesa civil e mobilização nacional; XXIX - propaganda comercial. Parágrafo único. Lei complementar poderá autorizar os Estados a legislar sobre questões específicas das matérias relacionadas neste artigo.	Compete à União, aos Estados e ao Distrito Federal legislar concorrentemente sobre: I - direito tributário, financeiro, penitenciário, econômico e urbanístico; II - orçamento; III - juntas comerciais; IV - custas dos serviços forenses; V - produção e consumo; VI - florestas, caça, pesca, fauna, conservação da natureza, defesa do solo e dos recursos naturais, proteção do meio ambiente e controle da poluição; VII - proteção ao patrimônio histórico, cultural, artístico, turístico e paisagístico; VIII - responsabilidade por dano ao meio ambiente, ao consumidor, a bens e direitos de valor artístico, estético, histórico, turístico e paisagístico; IX - educação, cultura, ensino, desporto, ciência, tecnologia, pesquisa, desenvolvimento e inovação; (Redação dada pela Emenda Constitucional nº 85, de 2015) X - criação, funcionamento e processo do juizado de pequenas causas; XI - procedimentos em matéria processual; XII - previdência social, proteção e defesa da saúde; XIII - assistência jurídica e Defensoria pública; XIV - proteção e integração social das pessoas portadoras de deficiência; XV - proteção à infância e à juventude; XVI - organização, garantias, direitos e deveres das polícias civis. § 1º No âmbito da legislação concorrente, a competência da União limitar-se-á a estabelecer normas gerais. § 2º A competência da União para legislar sobre normas gerais não exclui a competência suplementar dos Estados. § 3º Inexistindo lei federal sobre normas gerais, os Estados exercerão a competência legislativa plena, para atender a suas peculiaridades. § 4º A superveniência de lei federal sobre normas gerais suspende a eficácia da lei estadual, no que lhe for contrário.

Diante do exposto, a competência para legislar sobre EDUCAÇÃO é concorrente, conforme se verifica pelo art. 24, IX, da CRFB.

Por outro lado, sentimos a necessidade de esclarecer que o aspecto da pertinência temática que envolve a questão, uma vez que esta está intimamente ligada à legitimidade de parte para a propositura de ação em sede de controle concentrado de constitucionalidade.

Assim, para que sejam preenchidas as condições da ação, especificamente no que se refere à legitimidade de parte, necessário se faz observar o artigo 103 da CRFB e também o artigo 2º da Lei 9.868/1999, que trata da ADI, ADO e ADC, bem como a Lei 9.882/1999[85], que cuida da ADPF. Entre os nove incisos que são encontrados na Constituição e na Lei 9.868/1999, podemos identificar os legitimados universais e os legitimados especiais.

85 A Lei nº 9.882/1999, que trata da ADPF, faz referência aos mesmos legitimados para propor ADI.

Deve-se atentar para o fato de que os legitimados especiais necessitam comprovar a pertinência temática, isto é, devem demonstrar o *interesse de agir* para suscitar a inconstitucionalidade por meio de ADI, por exemplo. A pertinência temática, portanto, equivale a demonstrar por que razão o legitimado está ajuizando uma determinada ação de controle abstrato. Um governador (legitimado especial, conforme artigo 103, V, da CRFB) poderá até suscitar a inconstitucionalidade de lei estadual oriunda de outra unidade federativa, mas deverá demonstrar a pertinência disso. A comprovação da pertinência temática deve consistir, por exemplo, em demonstrar o Governador do Estado "Y" (preliminarmente) que a lei do Estado "X" afeta, de alguma forma, o seu estado-membro. Desse modo, os legitimados especiais deverão demonstrar o interesse de agir (necessidade e adequação) da utilização do controle abstrato de constitucionalidade.

Caso tal pertinência temática não seja demonstrada, o Governador de Estado não poderá valer-se de ações em sede de controle concentrado de constitucionalidade.

Questão 7

(XI Exame unificado) – Gabarito FGV:

O objetivo da questão é verificar se o candidato tem conhecimento das características dos direitos fundamentais, bem como das teorias acerca de sua aplicação.

A) Deve ser respondido que é possível a demanda, explicando o que vem a ser eficácia horizontal dos direitos fundamentais, bem como esclarecendo que essa eficácia horizontal decorre da dimensão objetiva dos direitos fundamentais.

B) Não é correto o argumento da defesa. Os direitos individuais, nos termos do art. 5º, § 1º, da CRFB, têm aplicabilidade imediata, prescindindo de edição de norma regulamentadora, salvo quando a própria Constituição assim o exigir expressamente.

COMENTÁRIOS DOS AUTORES:

Os Direitos Fundamentais exercem um papel predominante no ordenamento jurídico atual. Transcendem a questão de direitos subjetivos de particulares em face do Estado para ganhar contornos de configuração do Estado Democrático de Direito:

Os direitos fundamentais são, conforme vimos, direitos subjetivos, mas são também, a um só tempo, elementos fundamentais da ordem constitucional objetiva. Se como direitos subjetivos os direitos fundamentais asseguram aos seus titulares direitos em face do Estado, no plano objetivo formam a base de todo o ordenamento jurídico constitucional de um Estado de Direito Democrático.

Ao contrário da dimensão subjetiva, a percepção objetiva dos direitos fundamentais independe de seus titulares, dos sujeitos de direitos.[86]

A eficácia horizontal dos direitos fundamentais decorre dessa dimensão objetiva dos direitos fundamentais, tendo em vista que esse novo contorno do Estado Democrático de Direito a partir dos princípios decorrentes dos direitos fundamentais altera os destinatários deles.

Essa dimensão objetiva dos direitos fundamentais produz eficácia irradiante em todo o ordenamento jurídico. Vincula o Estado em todas as suas esferas de Poder, condiciona a interpretação das normas infraconstitucionais e altera o sujeito passivo dos direitos fundamentais, possibilitando a sua aplicação nas relações privadas.

A eficácia objetiva dos direitos fundamentais transcende os direitos subjetivos do indivíduo, vinculando todo o ordenamento jurídico. Essa nova dimensão dos direitos fundamentais não pode mais ser ignorada pelos operadores do direito, pois demonstra a prevalência dos direitos fundamentais no ordenamento jurídico como um todo, impondo-se inclusive sobre o direito privado, e sustentando um Estado Democrático de Direito.[87]

Ao direito à intimidade e à vida privada, como os direitos fundamentais em geral, consagrados na Constituição Federal de 1988, aplicam-se o disposto no § 1º do art. 5º : "As normas definidoras dos direitos e garantias fundamentais tem aplicação imediata". Ademais, o direito à intimidade e à vida privada foi consagrado na Carta Constitucional como normas constitucionais de eficácia plena, prescindindo de qualquer regulamentação infraconstitucional para produzir seus efeitos.

86 SOUZA, Luiz Roberto Carboni. A dimensão objetiva dos direitos fundamentais no sistema jurídico constitucional brasileiro. In: GONÇALVES, Alcindo Fernandes; GRAZIELA, Maria Luiza Machado (Org.). *3º Colóquio Panorama Pesquisa em Direito*. Santos: Editora Leopoldianum, 2014. p. 366.

87 Ibid., p. 376.

Questão 8

(XI Exame unificado) – Gabarito FGV:

O candidato deverá, na essência, observar, quanto às perguntas, o seguinte:

A) Sim, há vício de iniciativa. Consoante o art. 61, § 1º, II, "a" e "c", da CRFB, que atribui ao Chefe do Poder Executivo a iniciativa quanto ao tema servidores públicos, norma que, por simetria, deve ser observada pelos Estados e Municípios.

B) Não, pois o art. 37, XIII, da CRFB veda a equiparação ou vinculação remuneratória de qualquer espécie.

COMENTÁRIOS DOS AUTORES:

Primeiramente, quanto à iniciativa da lei municipal, impende trazer à reflexão alguns conceitos básicos sobre a iniciativa privativa de lei conferida ao Presidente da República, pelo art. 61, § 1º, da CRFB, e, simetricamente, traçar um paralelo com a iniciativa privativa de lei do Prefeito.

Assim, o processo legislativo, composto por diversas fases, depende de um zelo especial na fase de iniciativa.

Qualquer subversão das fases do processo legislativo pode ocasionar a inconstitucionalidade formal da lei.

Em geral, a inconstitucionalidade formal é insanável.

A fase de iniciativa comporta algumas observações, entre as quais se destaca a iniciativa privativa do Presidente da República, prevista no art. 61, § 1º, da CRFB. Caso alguma competência privativa seja usurpada, o Projeto de Lei estará eivado de inconstitucionalidade.

Obs.: Nem mesmo a sanção do Presidente da República é capaz de convalidar a inconstitucionalidade por vício de iniciativa, oriundo do art. 61, § 1º, da CRFB.

Suponha que um PL sobre a criação de um novo Ministério (art. 61, §1º, e, da CRFB) tenha partido de um Deputado Federal. Mesmo depois de todas as deliberações, com a consequente aprovação nas duas Casas do Congresso Nacional, o presidente não poderá sancionar tal Projeto de Lei por conta de o vício formal de iniciativa apresentado ser insanável.

Nesse passo, o instituto da iniciativa privativa do chefe do Executivo deve respeitar o princípio da simetria, pelo qual devem ser reproduzidas as regras de iniciativa privativa nos planos estadual e municipal.

Aliás, apenas para exemplificar, Alexandre de Moraes afirma que a regra de iniciativa privativa do Poder Executivo para os projetos de lei referente à matéria orçamentária é obrigatória para os Estados e Municípios.[88]

Ultrapassada essa questão, dando continuidade à solução do problema proposto, cumpre esclarecer que a finalidade do art. 37, XIII, da CRFB é evitar eventuais reajustes automáticos de remuneração fixados pelo legislador. A vedação também tem o condão de afastar os aumentos em cascata. Nesse sentido, o STF[89] já decidiu declarar inconstitucional a lei estadual que vinculava o reajuste dos subsídios do governador ao reajuste concedido aos servidores públicos estaduais.

Aliás, a Súmula nº 681 do STF estabelece que é inconstitucional a vinculação do reajuste de vencimentos de servidores estaduais ou municipais a índices federais de correção monetária.

88 MORAES, Alexandre de. *Direito constitucional*. 29. ed. São Paulo: Atlas, 2013. p. 664.

89 ADI 3491/RS, 29.09.2006.

Questão 9

(XII Exame unificado) – Gabarito FGV

A) A resposta é positiva. A EC nº 32/2001, que modificou a redação do art. 84, inc. VI, da CRFB, permitiu, em nosso ordenamento pós-Constituição de 1988, o chamado "decreto autônomo", isto é, aquele decreto de perfil não regulamentar, cujo fundamento de validade repousa diretamente na Constituição. Contrapõe-se aos chamados decretos regulamentares, ou de execução, previstos no art. 84, inc. IV, da CRFB, que não criam, modificam ou extinguem direitos, mas apenas desenvolvem a lei já existente, de onde buscam fundamento de validade. Tanto assim que o Supremo Tribunal Federal admite o controle, por via de ação direta de inconstitucionalidade, do decreto autônomo, revestido de conteúdo normativo, mas não o admite quando se tratar de decreto de regulamentação da lei.

OU

A resposta é negativa. O princípio da legalidade, de acordo com o art. 5º, II, da CRFB, em harmonia com o art. 84, inc. VI, da CRFB, não permite a existência de decretos autônomos no ordenamento jurídico brasileiro, ou seja, regulamentos com a capacidade de inovar primariamente a ordem jurídica.

B) A resposta é negativa. Em primeiro lugar, a desapropriação é matéria que exige lei em sentido formal para a sua disciplina, conforme previsão constante do art. 5º, inc. XXIV, da CRFB. Desse modo, o Dec.-lei nº 3.365/1941, que se reveste de forma não mais existente em nosso ordenamento, foi recepcionado com *status* de lei ordinária, e somente por essa forma legislativa pode ser revogado ou alterado. A mesma conclusão pode ser extraída do princípio da legalidade, que condiciona restrição a direito à existência de lei em sentido formal. Além disso, o decreto autônomo só encontra espaço, em nosso ordenamento, para as hipóteses do art. 84, inc. VI, da CRFB, cabendo-lhe, no mais, apenas a regulamentação das leis. Por essa razão, decreto que cria disciplina nova ou que revoga ato normativo hierarquicamente superior exorbita da disciplina constitucional. Nesse mesmo sentido, o Supremo Tribunal Federal (ADI nº 1410 MC/ES – ESPÍRITO SANTO, por exemplo) já se manifestou, reiteradas vezes, afirmando que "falece competência ao chefe do Poder Executivo para expedir decreto destinado a paralisar a eficácia de ato normativo hierarquicamente superior" e a possibilidade de "controle de constitucionalidade de decretos que determinam a suspensão de lei complementar e a introdução de inovações legislativas, em extrapolação da função regulamentar".

COMENTÁRIOS DOS AUTORES:

Em complemento ao gabarito oficial, cumpre reforçar a ideia de inconstitucionalidade direta e indireta.

A inconstitucionalidade será direta quando o dispositivo (ato normativo) atacado ofender, ao menos em tese, o texto constitucional, diretamente. Conforme se infere do sistema de repartição de competências legislativas, o ordenamento jurídico confere a cada ente da federação o poder de legislar com arrimo direto da Constituição.

Assim, caso seja identificada alguma inconstitucionalidade (material ou formal), esta poderá ser considerada uma ofensa direta (sem intermediários) à Constituição. Em sede de controle direto, o STF admite com tranquilidade que essas inconstitucionalidades sejam sanadas.

Por outro lado, as inconstitucionalidades indiretas não podem ser objeto de ADI, pois ofendem o texto constitucional de forma oblíqua, indireta. Na verdade, esse tipo de ofensa à Constituição é considerado ilegalidade.

As inconstitucionalidades indiretas, em geral, são fruto da regulamentação das leis pelo Poder Executivo, na medida em que estes expedem decretos regulamentares.

Tais decretos, conforme disposto no art. 84, IV, da CRFB, têm por escopo dar fiel cumprimento à lei, reforçando o mister do Poder Executivo, o qual tem o condão de "executar" as leis criadas pelo Poder Legislativo. Assim, os decretos regulamentares, tendo em vista que encontram supedâneo direto na lei, somente poderão ofender o texto constitucional de modo indireto.

Por outro lado, o art. 84, VI, com redação dada pela EC nº 32/2001, possibilitou ao Executivo a expedição de Decretos Autônomos. Evidentemente, a autonomia de tais decretos encontra limitação no próprio art. 84, VI, especificamente nas alíneas "a" e "b". Por tais alíneas, o decreto autônomo pode dispor sobre a organização e o funcionamento da administração federal, quando não implicar aumento de despesa nem criação ou extinção de órgãos públicos, ou sobre a extinção de funções ou cargos públicos, quando vagos.

Assim, tendo em vista a autonomia do decreto previsto no art. 84, VI, da CRFB, este poderia ofender diretamente a Constituição.

Nesse mesmo passo, é possível destacar as limitações do decreto autônomo, de modo que estes não poderia exacerbar os limites impostos pelas indigitadas alíneas *a* e *b*, sob pena de inconstitucionalidade.

Questão 10

(XII Exame unificado) – Gabarito FGV:

A) O examinando deve identificar que, no caso de Ação Direta de Inconstitucionalidade proposta por Governador de um Estado tendo por objeto lei de outro Estado da Federação, impõe-se a demonstração do requisito da "pertinência temática". Esse requisito se refere à comprovação, por alguns legitimados, de que o objeto da instituição guarda relação (pertinência) com o pedido da ação direta proposta por referida entidade, tendo em vista a repercussão do ato sobre os interesses do Estado. A pertinência temática é requisito construído, de longa data, pela jurisprudência do Supremo Tribunal Federal. Nesse sentido, seria necessário que o Governador de um Estado da Federação demonstrasse que o conteúdo debatido em tal ação de controle de constitucionalidade (isto é, a lei de outro Estado da Federação) tem ligação, no mínimo indireta, com o interesse do seu Estado e de sua população.

B) O examinando deve identificar que a perda superveniente de representação no Congresso Nacional não obsta o prosseguimento da Ação Direta de Inconstitucionalidade. Isso porque a aferição da legitimidade há de ser feita no momento da propositura da ação, uma vez que se trata de processo objetivo e indisponível. O próprio Supremo Tribunal Federal superou antiga jurisprudência que apontava a descaracterização superveniente da legitimidade no caso de perda de bancada legislativa no Congresso Nacional após a propositura da demanda.

COMENTÁRIOS DOS AUTORES:

Conforme já ressaltamos anteriormente, os legitimados especiais necessitam comprovar a pertinência temática, instituto ligado ao interesse de agir, pelo qual se sustenta um dos pilares das condições da ação. O Governador de Estado deve, conforme se verifica pelo art. 103, V, da CRFB, demonstrar a pertinência temática, já que é legitimado especial. Assim, conforme ensinamentos de Alexandre de Moraes, "para alguns dos legitimados do art. 103 da Constituição Federal, o Supremo Tribunal Federal exige a presença da chamada pertinência temática, definida como o requisito objetivo da relação entre a defesa do interesse específico do legitimado e o objeto da própria ação".[90]

Obs.: Vale ressaltar que os legitimados universais não precisam demonstrar a pertinência temática. Isto significa que eles podem se insurgir contra qualquer ato normativo do país, oriundo de qualquer ente da federação.

Nada obstante, quanto à legitimidade dos partidos políticos, conforme se infere da tabela abaixo exposta, esta revela-se em legitimação universal, a qual dispensa a comprovação da pertinência temática. Todavia, a questão provoca uma reflexão sobre a representação no Congresso Nacional.

Tal representação no Congresso Nacional quer significar que o partido político poderá propor ação em sede de controle abstrato de constitucionalidade, desde que tenha um representante eleito na Câmara dos Deputados ou no Senado Federal. Basta a ocupação de apenas uma cadeira pelo partido político em uma das casas legislativas federais para que o requisito da representação seja preenchido.

Obs.: A propositura de ação em sede de controle abstrato somente poderá ocorrer pelo diretório nacional do partido político com representação no Congresso Nacional.

Assim, o partido político que ajuizar ação direta de inconstitucionalidade deverá comprovar o requisito da representação no Congresso Nacional no momento da propositura da ação. A perda superveniente da representação no Congresso não interfere no andamento da ação, conforme atual posicionamento do STF[91].

- Abaixo, segue uma tabela que se presta a ressaltar os legitimados universais e especiais.

CONSTITUIÇÃO FEDERAL DE 1988	LEI Nº 9.868 DE 1999 (ADI, ADO e ADC)	
Art. 103. Podem propor a ação direta de inconstitucionalidade e a ação declaratória de constitucionalidade: (Redação dada pela Emenda Constitucional nº 45, de 2004)	Art. 2º Podem propor a ação direta de inconstitucionalidade Lei nº 9.882 de 1999 (ADPF) Art. 2º Podem propor arguição de descumprimento de preceito fundamental: I - os legitimados para a ação direta de inconstitucionalidade;	
I - o Presidente da República;	I - o Presidente da República;	Legitimado Universal

90 MORAES, Alexandre de. *Direito constitucional*. 29. ed. São Paulo: Atlas, 2013. p. 757.

91 ADI AgR 2.159/DF, 12.8.2004.

CONSTITUIÇÃO FEDERAL DE 1988	LEI Nº 9.868 DE 1999 (ADI, ADO e ADC)	
II - a Mesa do Senado Federal;	II - a Mesa do Senado Federal;	Legitimado Universal
III - a Mesa da Câmara dos Deputados;	III - a Mesa da Câmara dos Deputados;	Legitimado Universal
IV - a Mesa de Assembleia Legislativa ou da Câmara Legislativa do Distrito Federal; (Redação dada pela Emenda Constitucional nº 45, de 2004)	IV - a Mesa de Assembleia Legislativa ou da Câmara Legislativa do Distrito Federal;	Legitimado Especial
V - o Governador de Estado ou do Distrito Federal; (Redação dada pela Emenda Constitucional nº 45, de 2004)	V - o Governador de Estado ou o Governador do Distrito Federal;	Legitimado Especial
VI - o Procurador-Geral da República;	VI - o Procurador-Geral da República;	Legitimado Universal
VII - o Conselho Federal da Ordem dos Advogados do Brasil;	VII - o Conselho Federal da Ordem dos Advogados do Brasil;	Legitimado Universal

Questão 11

(XV Exame unificado) – Gabarito FGV:

A) A CPI tem poderes de investigação próprios das autoridades judiciais (art. 58, § 3º, da CRFB), podendo determinar a condução coercitiva de testemunha.

B) O jornalista não pode ser obrigado a responder indagações sobre a origem de suas fontes, pois o art. 5º, XIV, resguarda esse sigilo para os jornalistas, garantindo, assim, a liberdade de imprensa.

C) Sim, O STF reconhece o poder da CPI para determinar a quebra do sigilo bancário dos investigados, observada a devida fundamentação para tanto, pois a competência decorre da atribuição de poderes de investigação próprios das autoridades judiciais, e a matéria não se insere na cláusula de reserva de jurisdição.

COMENTÁRIOS DOS AUTORES:

Dois assuntos são tratados no problema trazido pelo XV eExame da OAB/FGV, quais sejam, o das Comissões Parlamentares de Inquérito – inserido no Poder Legislativo – e o acesso à informação e ao sigilo da fonte – afeto aos direitos e às garantias fundamentais.

O tema trazido pela questão relacionado à CPI guarda uma peculiar importância, e é constantemente cobrado no exame da OAB.

Além de outras espécies de Comissões Parlamentares, destacam-se as Comissões Parlamentares de Inquérito, as quais têm a função típica fiscalizadora.

Em resumo, as Comissões Parlamentares são tratadas pela Constituição no art. 58. As Comissões Parlamentares de Inquérito são abordadas no § 3º do mesmo dispositivo. Segundo o dispositivo, as CPIs, que terão poderes de investigação próprios das autoridades judiciais, além de outros previstos nos regimentos das respectivas Casas, serão criadas pela Câmara dos Deputados e pelo Senado Federal, em conjunto ou separadamente, mediante requerimento de um terço de seus membros, para a apuração de fato determinado e por prazo certo, sendo suas conclusões, se for o caso, encaminhadas ao Ministério Público, para que promova a responsabilidade civil ou criminal dos infratores.

Obs.: Para a criação de uma CPI, basta a manifestação de 1/3 dos membros de uma das Casas do Congresso Nacional (é possível comissão mista também). O Presidente da Casa não pode se negar a abrir uma CPI quando tal requisito for cumprido, isto significa que a CPI não se sujeitará a julgamento ou votação para a sua abertura.

Portanto, as Comissões Parlamentares de Inquérito terão poderes de investigação próprios das autoridades judiciais, o que não se confunde com poderes inerentes aos juízes.

Obs.: O princípio da reserva de jurisdição indica os poderes atribuídos aos juízes, ou seja, alguns direitos fundamentais somente poderão ser relativizados por autorização judicial, como é o exemplo da interceptação telefônica, ou da busca e apreensão domiciliar.

Assim, em suma, as Comissões Parlamentares de Inquérito poderão determinar a quebra:

- Do sigilo bancário;
- Do sigilo fiscal;
- Do sigilo telefônico.

Note-se que as CPIs podem determinar a quebra do sigilo telefônico, mas não podem determinar a interceptação telefônica, por serem institutos diferentes.

A quebra do sigilo telefônico determina o acesso aos dados já transmitidos, como, por exemplo, o horário da ligação realizada, o número discado etc. (pode-se dizer que esta se assemelha a uma conta telefônica pormenorizada).

Por sua vez, a interceptação telefônica somente pode se dar com a observância do princípio da reserva de jurisdição, pois tal procedimento é muito mais invasivo do que a quebra de sigilo. Na interceptação, é possível acessar o conteúdo das conversas telefônicas, sem que o investigado saiba, obviamente.

A interceptação telefônica, prevista no art. 5º, XII, da CRFB, dispositivo que prescreve que é inviolável o sigilo da correspondência e das comunicações telegráficas, de dados e das comunicações telefônicas, salvo, no último caso, por ordem judicial, nas hipóteses e na forma que a lei estabelecer para fins de investigação criminal ou instrução processual penal.

Assim, ressalvado o princípio da reserva de jurisdição, as Comissões Parlamentares de Inquérito poderão agir para a melhor condução das investigações, incluindo-se a determinação de condução coercitiva de testemunha, como abordado pela questão em exame.

As conclusões da Comissão Parlamentar de Inquérito, em caso de necessidade de denunciar criminalmente algum envolvido, deverão ser encaminhadas ao Ministério Público.

Por outro lado, no que se refere ao direito previsto no art. 5º, XIV, da CRFB, vale comentar que o sigilo da fonte guarda estreita relação com a liberdade de expressão. É que o art. 5º, IV, aduz que é livre a manifestação do pensamento, sendo vedado o anonimato. Isto significa que os indivíduos podem perfeitamente expressar seus pensamentos, no entanto, devem identificar-se. Tal identificação presta-se a responsabilizar civil e penalmente aquele que exprime o seu pensamento. A expressão do pensamento é livre, mas aquele que o expressa se responsabiliza caso tal expressão venha a provocar danos a terceiros.

Por outro lado, o próprio art. 5º, inc. XIV, da CRFB busca proteger a liberdade de imprensa/jornalista. O sigilo da fonte não fere o instituto da vedação ao anonimato, pois, apesar de o jornalista não ser obrigado a revelar a fonte de sua matéria, esta não poderá ser apócrifa. Assim, mesmo que o jornalista não revele sua fonte, este poderá ser responsabilizado pelas publicações que fizer.

Caso a matéria seja publicada sem a devida identificação do jornalista, a Empresa Jornalística arcará com o ônus da responsabilidade, caso a matéria provoque danos de ordem civil ou penal a terceiros.

Questão 12

(Questão objetiva do XVI Exame unificado, adaptada pelos autores) – Gabarito FGV:

Não, o presidente da sociedade empresária não está correto em seu posicionamento, pois apresentou argumentos contrários à ordem constitucional, haja vista que o dispositivo da Constituição Federal (art. 5º, XIII), que afirma ser livre o exercício de qualquer trabalho, ofício ou profissão, atendidas as qualificações profissionais que a lei estabelecer, possui eficácia contida, de modo que, inexistindo lei que regulamente o exercício da atividade profissional, é livre o seu exercício.

De forma bastante resumida, é possível dizer que as normas constitucionais, segundo José Afonso da Silva, se subdividem em três espécies: normas de eficácia plena, contida e limitada.

1) Norma de Eficácia Plena

Estas são normas autoexecutáveis. São normas prontas, não aguardam nenhuma condição para que surtam efeitos. São assim caracterizadas pois têm aplicação direta, imediata e integral. A norma de eficácia plena é de aplicação direta, pois não necessita de intermediários (legislativos ou ações governamentais) para a sua efetividade. Além disso, essa norma tem aplicação imediata, porquanto logo que uma norma dessa espécie entra em vigor, tem potencial de ser aplicada imediatamente (aspecto temporal). Por fim, a norma é de aplicação integral, pois, em tese, não pode sofrer restrições, ou seja, não aguarda uma norma que venha restringi-la (reduzir seu campo de atuação) no futuro.

2) Norma de Eficácia Contida

Parecem-se muito com as normas de eficácia contida. Têm aplicação direta, imediata, mas não integral. Assim, a norma é direta e integral porque o próprio dispositivo constitucional é aplicado ao caso concreto, sem intermediários (aplicação direta) e logo que a norma constitucional entra em vigor (aplicação imediata – aspecto temporal). Todavia, a norma de eficácia contida é considerada não integral, uma vez que existe a possibilidade de a norma sofrer restrição futura, isto é, a norma constitucional pode sofrer uma contenção (por isso, norma de eficácia contida). Pode ser contida por outras normas constitucionais, por leis infraconstitucionais ou por conceitos ético-juridicizados.

A contenção (restrição) mais comum da norma ocorre por lei infraconstitucional, a qual tem o condão de, por exemplo, reduzir as liberdades constitucionais.

A liberdade profissional está prevista no artigo 5º, XIII, da CRFB. Segundo esse dispositivo, esta liberdade é plena até que sofra algum tipo de restrição legal ("atendidas as qualificações profissionais que a lei estabelecer"). Assim, o exercício das profissões é livre, até que surja uma restrição legal que imponha qualificações profissionais para tal exercício, como ocorre com o exercício da advocacia ou da medicina.

Obs.: Enquanto a norma de eficácia contida não sofre a restrição futura por lei, normas constitucionais ou conceitos ético-juridicizados, sua aplicação é plena.

Por fim, é importante frisar que o exercício da profissão não depende da criação de uma norma, isto é, não necessita uma profissão ser regulamentada para que possa ser exercida. A lei, em se tratando de liberdade profissional, tem o único condão de restringir (impor, no máximo, qualificações profissionais). Não tem, dessa forma, a finalidade de criar uma profissão.

3) Norma de Eficácia Limitada

As normas de eficácia limitada possuem características totalmente diferentes das outras normas tratadas acima. Elas têm aplicação mediata, indireta e reduzida.

Vale dizer, as normas de eficácia limitada não têm aplicação imediata, ou seja, logo que promulgadas, não têm condições de serem aplicadas a um caso concreto, não há falar-se em subsunção do fato à norma. Haverá necessidade de que um ato posterior seja praticado para fazer valer o conteúdo do dispositivo constitucional. Portanto, a norma de eficácia limitada tem aplicação mediata. Intrinsecamente ligada a essa característica está a aplicação indireta. Indireta porque a efetivação do direito ocorrerá por intermédio de outro dispositivo legal.

Por fim, a norma de eficácia limitada produz efeitos reduzidos, pois não é possível dizer que essa espécie normativa é aplicada total ou parcialmente. O efeito que esta produz é reduzido, diferentemente da acepção vista sobre integralidade ou não integralidade. Em verdade, nenhuma parte da norma constitucional é aplicada ao caso concreto. Não se faz a tal subsunção do fato à norma.

Essa característica reduzida advém dos efeitos secundários produzidos pela norma, a exemplo de vedar a produção de normas infraconstitucionais contrárias ao conteúdo da norma de eficácia limitada, ou ainda servir de parâmetro para o fenômeno da recepção, entre outros. Independentemente de ser um efeito reduzido, fato é que produz efeitos jurídicos.

- Memorize os principais aspectos do tema pelo esquema abaixo:

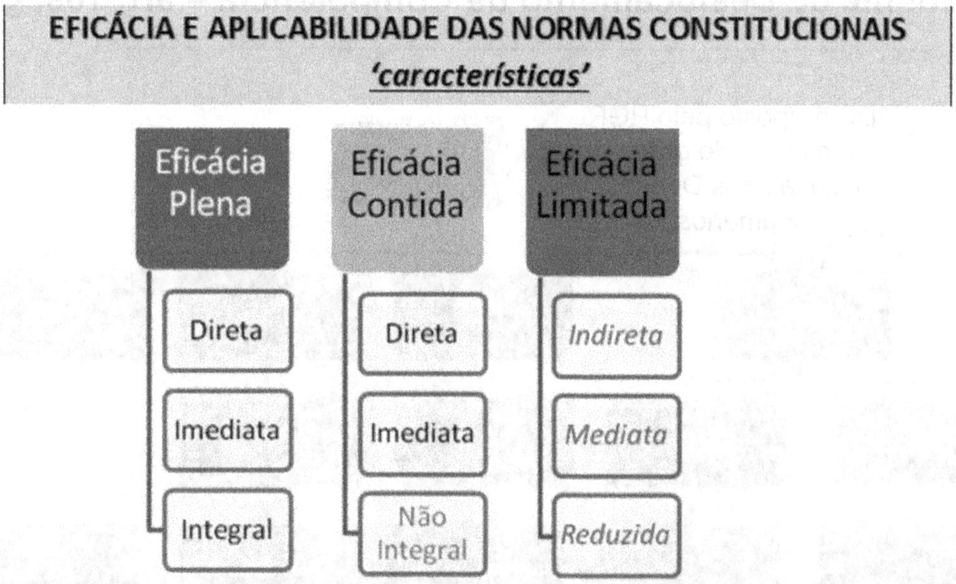

Questão 13

(XV Exame unificado) – Gabarito FGV:

A) O examinando deve indicar que a federalização dos crimes contra os direitos humanos é um instituto trazido pela EC nº 45/2004, consistente na possibilidade de deslocamento de competência da Justiça comum para a Justiça Federal, nas hipóteses em que ficar configurada grave violação de direitos humanos. Tem previsão no art. 109, § 5º, da CRFB. A finalidade do instituto é a de assegurar proteção efetiva aos direitos humanos e o cumprimento das obrigações assumidas pelo Brasil em tratados internacionais.

B) O examinando deve indicar que o Presidente da República não tem competência para suscitar a aplicação do instituto. Conforme previsão constante do art. 109, § 5º, da CRFB, apenas o Procurador-Geral da República pode suscitar a aplicação do instituto, e, nos termos do mesmo dispositivo, o tribunal perante o qual deve ser suscitado o instituto é o Superior Tribunal de Justiça (STJ).

COMENTÁRIOS DOS AUTORES:

O incidente de deslocamento de Competência, inserido pela EC nº 45/04, tem como requisitos:

a) grave violação aos direitos humanos;

b) conduta das autoridades estaduais que evidenciem ineficiência na condução da apuração e responsabilização pela violação desse direito humano, seja por falha proposital, seja por negligência, imperícia ou imprudência, ou até mesmo por demora injustificada na prestação jurisdicional.

O que configura grave violação aos direitos humanos? O texto constitucional não esclarece. Ademais, entendemos que toda violação aos direitos humanos é grave. Para efeito de Incidente de Deslocamento de Competência, no entanto, deve ser considerada grave violação de direitos humanos toda e qualquer violação que possa ensejar a responsabilização da República Federativa do Brasil perante os Tribunais Internacionais de proteção aos Direitos Humanos.

A legitimidade para a propositura do IDC é exclusiva do Procurador-Geral da República, e é de competência privativa do STJ para conhecer e decidir, com recurso extraordinário ao STF.

Incidente de Deslocamento de Competência – art. 109, § 5º

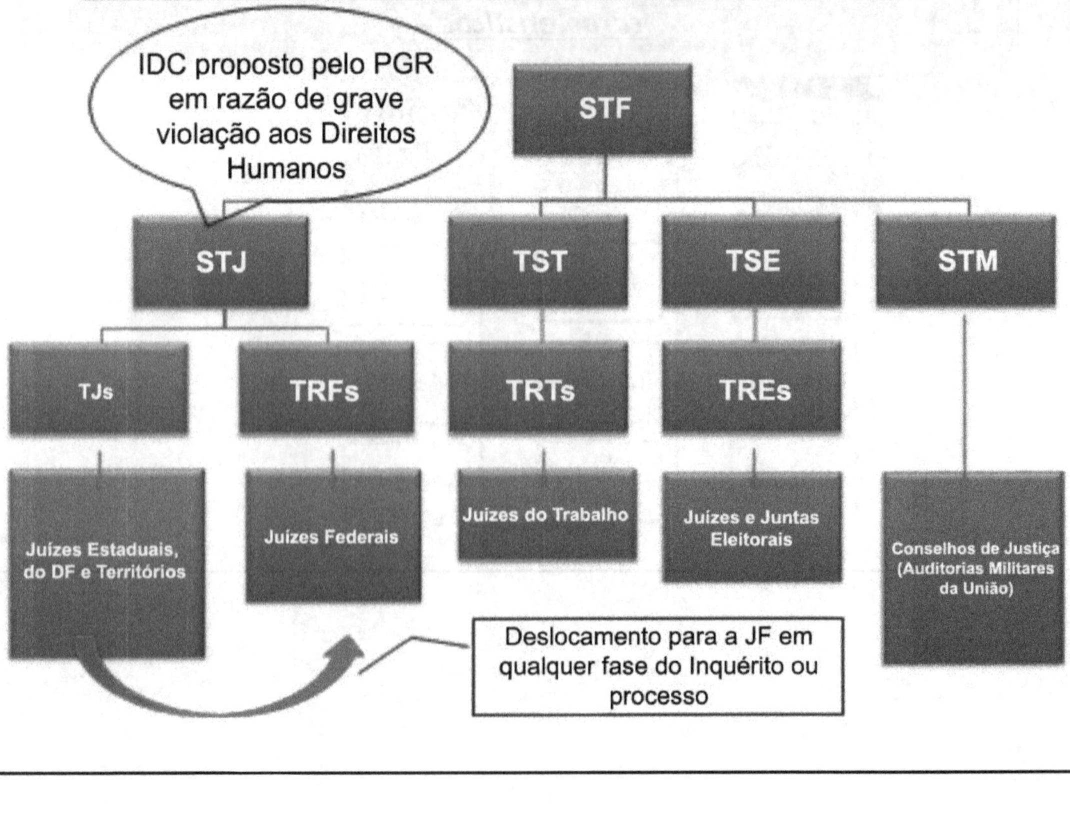

Questão 14

(XIII Exame unificado) – Gabarito FGV:

A) A resposta é negativa. A despeito da previsão constante da legislação italiana, Filipa é brasileira nata, conforme previsão constante do art. 12, inc. I, da CRFB. Além disso, o art. 12, § 4º, II, *a*, dispõe que não perde a nacionalidade brasileira aquele que tiver reconhecida a sua nacionalidade originária pela lei estrangeira, caso de Filipa. E os brasileiros natos não podem ser extraditados, conforme art. 5º, inc. LI, da CRFB.

B) A resposta também é negativa. As hipóteses de outorga da nacionalidade brasileira, quer se trate de nacionalidade originária, quer se trate de nacionalidade derivada, decorrem exclusivamente do texto constitucional.

COMENTÁRIOS DOS AUTORES:

A nacionalidade pode ser :

- Primária (originária ou involuntária);
- Secundária (adquirida ou voluntária).

A primeira independe da vontade do indivíduo e ocorre por imposição do Estado. A segunda, por seu turno, ocorre por solicitação do estrangeiro, que solicita ser reconhecido pelo Estado como nacional.

Brasileiro Nato (nacionalidade originária):

- art. 12, I, *a*: os nascidos na República Federativa do Brasil, ainda que de pais estrangeiros, desde que não estejam a serviço de seu país.
- art. 12, I, *b*: os nascidos no estrangeiro, de pai brasileiro ou mãe brasileira, desde que qualquer deles esteja a serviço da República Federativa do Brasil.
- art. 12, I, *c* (primeira parte): os nascidos no estrangeiro, de pai brasileiro ou mãe brasileira, desde que sejam registrados em repartição brasileira competente.
- art. 12, I, *c* (parte final): os nascidos no estrangeiro, de pai brasileiro ou mãe brasileira, que venham a residir na República Federativa do Brasil e optem, em qualquer tempo, depois de atingida a maioridade, pela nacionalidade brasileira.

Brasileiro Naturalizado (nacionalidade secundária):

- Naturalização Ordinária:
- art. 12, II, *a*: os que na forma da lei (Lei nº 6.815/1980) adquirirem a nacionalidade brasileira. Exige-se a capacidade civil segundo a lei brasileira, situação regular no Brasil, residência a pelo menos 4 anos no Brasil, saber ler e escrever em português.
- art. 12 II, *a* (parte final): aos estrangeiros originários de países de língua portuguesa, exige-se residência por um ano ininterrupta por um ano e idoneidade moral.
- Naturalização Extraordinária: art. 12, II, *b*: os estrangeiros de qualquer nacionalidade, residentes há mais de 15 anos ininterruptos no Brasil e que requeiram a nacionalidade brasileira.

Ainda que o estrangeiro preencha todos os requisitos legais e constitucionais para a naturalização ordinária, não há direito subjetivo à naturalização. Trata-se de ato discricionário do governo brasileiro. Em se tratando de naturalização extraordinária, no entanto, se o estrangeiro preencher todos os requisitos, fica configurado um direito subjetivo à naturalização. Nesse caso, o governo brasileiro deve conceder a naturalização, pois trata-se aqui de ato vinculado. A naturalização deve sempre decorrer de um pedido expresso do estrangeiro. A Constituição de 1988 não contempla a hipótese de naturalização tácita.

Quase Nacionalidade:

O art. 12, § 1º, da CRFB garante aos portugueses com residência permanente no Brasil, desde que haja reciprocidade, os mesmos direitos de um brasileiro naturalizado. A reciprocidade é garantida pelo Estatuto da Igualdade, tratado entre Brasil e Portugal. A quase nacionalidade pode ser:

- restrita: garante ao português residente no Brasil todos os direitos dos brasileiros naturalizados, exceto o de participação política.
- ampla: garante ao português residente no Brasil todos os requisitos dos brasileiros naturalizados, inclusive o de participação política, mediante solicitação na Justiça Eleitoral.

Distinção entre brasileiros natos e naturalizados:

A Constituição veda que haja distinção entre brasileiros natos ou naturalizados pela legislação infraconstitucional. Somente pode haver distinção pelo próprio texto constitucional:

- Certos cargos são privativos de brasileiros natos - art. 12, § 3º;
- Extradição:
- Brasileiro nato não poderá ser extraditado em hipótese alguma.
- Brasileiro naturalizado poderá ser extraditado por crime que tenha cometido antes da naturalização, ou por participação em tráfico ilícito de entorpecentes, a qualquer tempo.
- Participação no Conselho da República: somente brasileiros natos poderão participar desse órgão, na qualidade de representantes dos cidadãos, nos termos do art. 89, VII.
- Propriedade de empresa jornalística e de radiodifusão sonora e de sons e imagens: somente brasileiros natos, ou naturalizados há mais de 10 anos, podem ser proprietários.

Brasileiro Nato – art. 12, I

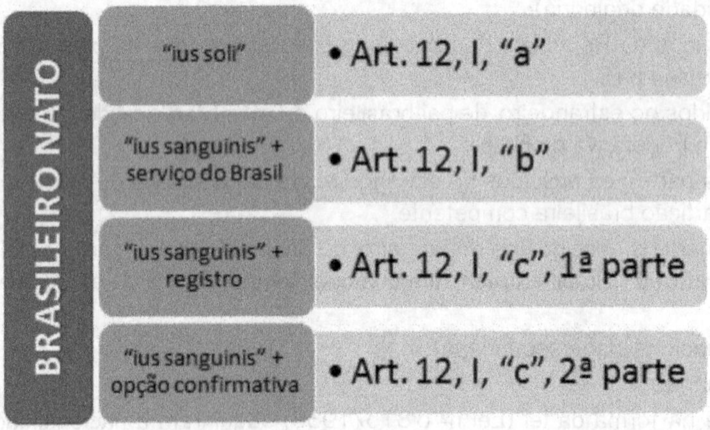

Brasileiro Naturalizado – art. 12, II

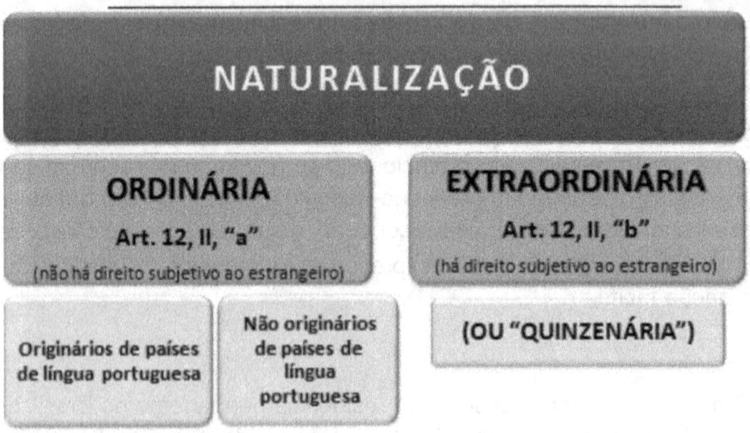

Questão 15

(XV Exame unificado) – Gabarito FGV:

A) As normas de reprodução obrigatória são aquelas que se inserem compulsoriamente no texto constitucional estadual, como consequência da subordinação à Constituição da República, que é a matriz do ordenamento jurídico parcial dos Estados-membros. A tarefa do constituinte em relação a tais normas, portanto, limita-se a inseri-las no ordenamento constitucional do Estado, por um processo de transplantação. Assim, as normas de reprodução decorrem do caráter compulsório da norma constitucional superior (art. 25, *caput*, da CRFB).

B) Se a lei estadual for impugnada perante o Tribunal de Justiça local e perante o Supremo Tribunal Federal, com fundamento em norma constitucional de reprodução obrigatória, com base no princípio da simetria, suspende-se a ação direta proposta na Justiça estadual até a decisão final do Supremo Tribunal Federal, que poderá ter efeitos *erga omnes* e eficácia vinculante para o Tribunal de Justiça, se julgada procedente. Aliás, essa é a solução adotada, de longa data, pelo Supremo Tribunal Federal, que indica, como fundamentos a esse entendimento, a primazia da Constituição da República (e, consequentemente, a primazia de sua guarda) e a prejudicialidade do julgamento daquela Corte com relação aos Tribunais de Justiça locais.

COMENTÁRIOS DOS AUTORES:

O Poder Constituinte pode ser Originário ou Derivado. O primeiro é um poder de fato, que surge rompendo com a ordem jurídica até então existente, inaugurando um novo ordenamento jurídico ao estabelecer uma nova Constituição. Como poder de fato que é, não possui fundamentação jurídica, inicial (inaugural), autônoma, ilimitada juridicamente, incondicionada e soberana na tomada de suas decisões.

Ao lado do Poder Constituinte Originário, há o Poder Constituinte Derivado. É derivado porque deriva daquele. A existência do Poder Constituinte Derivado está condicionada à previsão e à regulamentação pelo Poder Constituinte Originário.

O Poder Constituinte Derivado pode ser:

- Poder Constituinte Derivado Reformador: Poder jurídico que reforma a Constituição mediante as limitações impostas pelo Poder Constituinte Originário, nos termos do art. 60 da CRFB.
- Poder Constituinte Derivado de Revisão: Possibilidade de modificar a Constituição, mediante revisão, autorizada pelo Poder Constituinte Originário, uma única vez, nos termos do art. 3º do ADCT da CRFB.
- Poder Constituinte Derivado Decorrente: Poder jurídico que elabora e modifica as Constituições dos Estados-membros da Federação.

O tema abordado pela questão ora comentada refere-se às limitações impostas pelo Poder Constituinte Originário aos Estados da Federação, no que diz respeito ao exercício do Poder Constituinte Derivado Decorrente.

Os Estados da Federação não são plenamente livres para elaborarem as suas respectivas Constituições Estaduais. Devem obedecer ao "padrão" estabelecido pela CRFB. É o que se depreende do *caput* do art. 25 da CRFB: "Os Estados organizam-se e regem-se pelas Constituições e leis que adotarem, **observados os princípios desta Constituição** [grifos nossos]".

Ao determinar a organização jurídico-política dos Estados das Federações por meio das suas respectivas Constituições Estaduais, limitadas pelos princípios estabelecidos pela CRFB, o Poder Constituinte Originário impôs o "Princípio da Simetria".

Uadi Lammêgo Bulos[92] esclarece que, em razão do princípio da simetria, o Poder Constituinte Derivado Decorrente tem as seguintes características: **secundariedade** – a força do poder decorrente advém da CRFB; **subordinação** – encontra-se subordinado aos princípios estabelecidos pela Carta Federal, que lhe impõem vetores de observância obrigatória para a organização do Estado-Membro da Federação; **condicionamento** – para alterar as cartas constitucionais, sujeita-se aos parâmetros estabelecidos na CRFB; **continuidade** – ao reformar as constituições dos Estados-membros, atualiza e complementa a obra do constituinte estadual, sem, contudo, romper com as obra já existente.

Em razão do princípio da simetria, os Estados-membros da Federação, ao estabelecerem a sua organização política, mediante suas respectivas constituições estaduais, devem fazê-la mediante o "padrão" estabelecido pela Carta Federal. As constituições estaduais devem ser simétricas e espelhar os princípios estabelecidos pela Constituição Federal.

92 BULOS, Uadi Lammêgo. op. cit., p. 329.

A CRFB, ao estabelecer que "São Poderes da União, independentes e harmônicos entre si, o Legislativo, o Executivo e o Judiciário" (art. 2º), já determinou, pelo princípio da simetria, que são poderes dos Estados-membros o Legislativo, o Executivo e o Judiciário, e que estes devem ser independentes e harmônicos. Não há possibilidade de as constituições estaduais estabelecerem outros Poderes, tampouco outra forma de esses se relacionarem.
Ao estabelecer no art. 80 a ordem de vocação para a sucessão presidencial (vice-presidente, presidente da Câmara dos Deputados, presidente do Senado Federal e presidente do STF), a CRFB vinculou as constituições Estaduais no que diz respeito à disciplina da sucessão do Governador do Estado: vice-governador, presidente da Assembleia Legislativa e presidente do Tribunal de Justiça. Não há outra possibilidade de a matéria ser regulada pelas constituições estaduais.
Determinadas normas constitucionais, portanto, são de reprodução obrigatória por parte das constituições estaduais. A ausência dessas normas nas constituições estaduais, ou regulamentação da matéria de forma diversa da CRFB, evidencia afronta ao princípio da simetria estabelecido pelo Poder Constituinte Originário.
Uma lei estadual que viola uma norma da constituição estadual de reprodução obrigatória pode ser impugnada tanto perante o Tribunal de Justiça (por afronta à Constituição Estadual) quanto perante o STF (por afronta à CRFB).
O ajuizamento simultâneo de ações diretas de inconstitucionalidade perante o Tribunal de Justiça estadual e o Supremo Tribunal Federal leva à suspensão da ADI estadual, conforme esclarecem Gilmar Mendes e Paulo Gustavo Gonet Branco:

> O Supremo Tribunal tem entendido que, em caso de propositura de ADI perante o STF e perante o TJ contra uma dada lei estadual, com base em direito constitucional federal de reprodução obrigatória pelos Estados-membros, há de suspender o processo no âmbito da justiça local, nos casos de tramitação paralela de ações ditas perante o Tribunal de Justiça e perante a Corte relativamente ao mesmo objeto, e com fundamento em norma constitucional de reprodução obrigatória por parte do Estado-membro.[93]

Questão 16

(XVII Exame unificado) – Gabarito FGV:
A) Não. Com base no que dispõe o art. 49, inc. V, da CRFB, é de competência exclusiva do Congresso Nacional (o poder delegante) sustar os atos normativos do Poder Executivo que exorbitem os limites da delegação legislativa. Trata-se de verdadeiro controle político e de constitucionalidade, na modalidade repressiva, exercido pelo Poder Legislativo.
B) Não, nos termos do art. 68, § 3º, da CRFB. Ao deliberar sobre o projeto, ou o Congresso Nacional o aprova integralmente, ou o rejeita em sua totalidade, sendo vedada qualquer emenda.

COMENTÁRIOS DOS AUTORES:
A Lei Delegada é espécie normativa primária disciplinada pela CRFB no art. 69. Configura situação excepcional em que o Poder Legislativo autoriza, temporariamente, o chefe do Poder Executivo a elaborar lei sobre determinado assunto.
Conforme os ensinamentos de Paulo Gustavo Gonet Branco e Gilmar Ferreira Mendes[94], a Lei Delegada é submetida pelo texto constitucional a restrições formais e materiais.
Cumpre salientar, primeiramente, que a delegação somente ocorrerá se houver expressa solicitação do Presidente da República ao Congresso Nacional. Isso significa dizer que o Presidente da República não tem direito à delegação, já que ela somente ocorrerá se for da vontade do Congresso Nacional.
Entendendo por bem realizar a delegação, o Congresso Nacional a fará mediante resolução, que especificará o seu conteúdo e modo de execução. O Congresso Nacional, portanto, ao editar a resolução, não abre mão da função de legislar. "O Congresso não autoriza plenos poderes ao Presidente; traça, antes, os padrões mínimos a serem esmiuçados na lei delegada. Dessa forma, o Congresso se mune de parâmetros para controlar objetivamente o uso da delegação que efetuou".[95]
O texto constitucional impõe, ainda, limitações materiais à edição de Lei Delegada. Não podem ser objeto de Lei Delegada:

- atos de competência exclusiva do Congresso Nacional;
- atos de competência privativa da Câmara dos Deputados e Senado Federal;
- matéria reservada à Lei Complementar;

94 Ibid., p. 910.
95 Ibid., p. 911.

- legislação sobre nacionalidade, cidadania, direitos individuais, direitos políticos e eleitorais, planos plurianuais, diretrizes orçamentárias ou orçamentos, organização do Judiciário e Ministério Público (carreira e organização de seus membros).

A resolução que materializa a delegação ao Presidente da República pode determinar a apreciação do projeto pelo Congresso Nacional. Essa apreciação, que deverá ser realizada em votação única, tem por finalidade um controle prévio dos limites da delegação legislativa. O texto constitucional veda a apresentação de emendas, possibilitando apenas ao Congresso Nacional aprovar ou rejeitar a espécie normativa em questão. A rejeição equivale a um controle preventivo de constitucionalidade, pois impede a edição de uma Lei Delegada que exorbita a delegação efetuada em favor do Presidente da República para legislar.

Na hipótese, no entanto, da Resolução não ter previsto a apreciação do projeto pelo Congresso Nacional, a Lei Delegada elaborada pelo Presidente da República ingressa no ordenamento jurídico sem o controle preventivo do Congresso Nacional.

Editada a Lei Delegada com exorbitância dos limites impostos pela Resolução, com flagrante inconstitucionalidade, portanto, possibilita ao Congresso Nacional sustar a referida lei, conforme dispõe o art. 49, inc. V, da CRFB:

> Art. 49. É da Competência exclusiva do Congresso Nacional:
>
> (...)
>
> V – Sustar os atos normativos do Poder Executivo que exorbitem do poder regulamentar ou dos limites de delegação legislativa.

Trata-se, portanto, de controle repressivo de constitucionalidade, exercido pelo Poder Legislativo, uma vez que se trata de controle exercido sobre uma norma que já ingressou no ordenamento jurídico.

Questão 17

(XVIII Exame unificado) – Gabarito FGV:

A) A lei do Estado X é inconstitucional, pois o art. 18, § 4º, da CRFB/1988, desde a EC nº 15/1996, exige a edição de lei complementar federal para determinar o período de criação de municípios por meio de lei estadual, transformando o referido dispositivo constitucional em norma constitucional de eficácia limitada, dependente de integração do legislativo federal para que todos os seus efeitos jurídicos possam ser produzidos. Até o presente momento, não existe lei complementar a que se refere o art. 18, § 4º, da CRFB/1988, e o período da lei estadual está fora do âmbito da EC nº 57/2008 (art. 96 do ADCT), evidenciando, portanto, flagrante inconstitucionalidade por omissão, já pronunciada pelo STF.

B) Partido político possui legitimidade para a propositura de ADI, desde que possua representação no Congresso Nacional, conforme o disposto no art. 103, VIII, da CRFB/1988 ("Art. 103. Podem propor a Ação Direta de Inconstitucionalidade e a ação declaratória de constitucionalidade: VIII – partido político com representação no Congresso Nacional;"). A Lei nº 9.868/1999, da mesma forma, prevê um rol de legitimados que inclui o partido político com representação no Congresso Nacional ("Art. 2º Podem propor a Ação Direta de Inconstitucionalidade: VIII – partido político com representação no Congresso Nacional;"). O STF, porém, já externou seu entendimento de que o diretório municipal dos partidos políticos não tem legitimidade para a propositura de ADI, em razão de não possuir condições para atuação em âmbito nacional, pois somente os diretórios nacionais e a executiva nacional do partido político possuem essa atribuição.

COMENTÁRIOS DOS AUTORES:

A criação, a incorporação, a fusão e o desmembramento de municípios estão disciplinados pelo § 4º do art. 18 da CRFB:

> A criação, a incorporação, a fusão e o desmembramento de Municípios far-se-ão por lei estadual, dentro do período determinado por lei complementar federal, e dependerão de consulta prévia, mediante plebiscito, às populações dos Municípios envolvidos, após divulgação dos Estudos de Viabilidade Municipal, apresentados e publicados na forma da lei.

São requisitos, portanto, para a criação de novos municípios, conforme exigência do texto constitucional:

- *Lei complementar federal;*
- *Estudo de viabilidade municipal;*
- *Plebiscito;*
- *Lei estadual.*

Há que se ressaltar, no entanto, que a redação atual do art. 18, § 4º, foi determinada pela EC nº 15/1996. A redação anterior era a seguinte: "A criação, a incorporação, a fusão e o desmembramento de Municípios preservarão a continuidade e a unidade histórico-cultural do ambiente urbano, far-se-ão por lei estadual, obedecidos os requisitos previstos em Lei Complementar estadual, e dependerão de consulta prévia, mediante plebiscito, às populações diretamente interessadas".

Note-se, portanto, que a exigência de Lei Complementar federal regulando período para a criação, a incorporação, a fusão ou o desmembramento de Municípios, bem como o seu procedimento, passou a ser exigida somente após a promulgação da EC nº 15/1996.

Referida Lei Complementar federal ainda não foi editada pelo Congresso Nacional, configurando nítida inconstitucionalidade por omissão, tendo em vista que o art. 18, § 4º, conforme a redação atual, configura norma constitucional de eficácia limitada.

Municípios criados depois da edição da EC nº 15/1996 são inconstitucionais, uma vez que foram criados sem os requisitos constitucionais.

O Congresso Nacional, no entanto, deixou de editar a Lei Complementar exigida pelo art. 18, § 4º, da CRFB no prazo estabelecido pelo STF, sob pena de declaração de nulidade dos Municípios até então criados. Aprovou, no entanto, a EC nº 57/2008, acrescentando o art. 96 ao ADCT:

> Art. 9º. Ficam convalidados os atos de criação, fusão, incorporação e desmembramento de Municípios, cuja lei tenha sido publicada até 31 de dezembro de 2006, atendidos os requisitos estabelecidos na legislação do respectivo Estado à época de sua criação.

A EC nº 57/2008 convalidou, portanto, os municípios criados até 31 de janeiro de 2006. Municípios criados após 1º de janeiro de 2007, no entanto, estão eivados de inconstitucionalidade, uma vez que foram criados sem as exigências constitucionais do art. 18 da CRFB. Conforme esclarece Pedro Lenza, ainda se faz a exigência da Lei Complementar federal para a criação de municípios: "Por esse motivo, não há dúvida de que se eventual Município vier a ser criado após 31-12-2006 e ainda não tiver sido editada a Lei Complementar federal prevista no art. 18, § 4º, também estaremos diante de um vício formal de inconstitucionalidade."[96]

O problema apresenta um município criado por uma Lei estadual no ano de 2010. Referida lei, portanto, é inconstitucional, pois a criação desse município não foi abrangida pela EC nº 57/2008.

A impugnação da lei estadual pode ser realizada por qualquer dos legitimados pelo art. 103 da CRFB, inclusive por partido político com representação no CN. A representação é singular, basta ao menos um Deputado Federal ou um Senador da República. A perda da representação, depois da propositura da ADI, não prejudica a ação de controle concentrado já ajuizada. Entretanto, o STF já decidiu que a representação do partido político dar-se-á pelo Diretório Nacional ou pela Executiva do Partido. A Suprema Corte não reconhece a legitimidade ativa do Diretório Regional ou Executiva Regional, uma vez que não podem atuar nacionalmente (ADI nº 1.449-8/AL).

Questão 18

(XIX Exame unificado) – Gabarito FGV:

A) Sim, pois, nesse caso, opera-se o fenômeno da recepção, que corresponde a uma revalidação das normas que não contrariam, materialmente, a nova Constituição. O importante é que a lei antiga não destoe materialmente da nova Constituição, pouco importando qual a forma com que se revista. Não se deve conferir importância a eventual incompatibilidade de forma com a nova Constituição, pois a forma é regida pela lei da época do ato (*tempus regit actum*). Assim, mesmo que o ato normativo seja veiculado por instrumento diverso daquele que a nova Carta exige para a regulação de determinada matéria, permanecerá em vigor e válido se houver concordância material, ou seja, no seu conteúdo, com as novas normas constitucionais.

B) Lei complementar. Com a promulgação da nova Constituição, a Lei nº 1.234 foi recepcionada como "Lei Complementar"; portanto, diante da reserva constitucional expressa, qualquer alteração no seu texto deverá ser realizada por intermédio dessa espécie legislativa.

COMENTÁRIOS DOS AUTORES:

O Poder Constituinte Originário, ao estabelecer uma nova Constituição, rompe com o ordenamento jurídico até então existente, inaugurando uma nova ordem jurídica. Isso não significa, no entanto, que todas as normas anteriores à Constituição perdem a sua vigência. Caso todas as normas infraconstitucionais perdessem vigor com a nova Constituição, a nova ordem jurídica instaurada restaria inviabilizada. Dessa forma, as normas infraconstitucionais, anteriores à nova Constituição, e com ela compatíveis sob o ponto de vista material, são por elas recebidas, recepcionadas no novo ordenamento jurídico.

96 LENZA, Pedro. *op. cit.*, p. 476.

Paulo Gustavo Gonet Branco e Gilmar Mendes esclarecem que, conforme os ensinamentos de Kelsen, as leis antigas persistem, agora, sob novo fundamento:

> Kelsen sustenta que as leis anteriores, no seu conteúdo afinadas com a nova Carta, persistem vigentes, só que por fundamento novo. A força atual desses diplomas não advém da Constituição passada, mas da coerência que os seus dispositivos guardam com o novo diploma constitucional. Daí Kelsen dizer que 'apenas o conteúdo dessas normas permanece o mesmo, não o fundamento de sua validade'".[97]

No caso em tela, sendo a Lei nº 1.234 compatível do ponto de vista material com a nova Constituição, esta a recebe, a recepciona no novo ordenamento jurídico. Essa lei passa a ter nova fundamentação de validade e existência: a nova Constituição.

No entanto, cuidado! Caso a Lei nº 1.234 tivesse sido editada em desrespeito às normas constitucionais vigentes à época, seria ela inconstitucional (do ponto de vista formal ou material). Nesse caso, a Lei nº 1.234 não seria recepcionada pela nova Constituição, pois esta somente recepciona normas válidas.

O fato de a nova Constituição determinar que a matéria regulamentada pela Lei nº 1.234 seja objeto de Lei Complementar não impede a recepção. A Lei nº 1.234 foi recepcionada no *status* de Lei Complementar. Eventuais alterações legislativas devem, portanto, ser realizadas por intermédio de Lei Complementar.

São situações semelhantes: O Código Penal, editado na forma de decreto lei, na vigência da Constituição de 1937, tendo sido recepcionado pela Constituição como lei ordinária. Da mesma forma, o Código Tributário Nacional, editado como lei ordinária em 1966, recepcionado pela Constituição de 1967, e recepcionado pela atual Constituição na qualidade de Lei Complementar.

Questão 19

(XX Exame unificado – Reaplicação Porto Velho – RO) – Gabarito FGV:

A) Os procedimentos não estão corretos. O projeto apresenta uma série de vícios formais. O primeiro refere-se aos subscritores, que deveriam estar distribuídos por, pelo menos, cinco estados, com não menos de três décimos por cento dos eleitores de cada um deles, segundo o art. 61, § 2º, da CRFB/1988. O segundo refere-se ao desrespeito à iniciativa reservada do Presidente da República, prevista no art. 61, § 1º, II, *a*, da CRFB/1988, com relação aos projetos de lei que objetivem aumentar a remuneração de servidores públicos federais. Por fim, há um terceiro vício. Os projetos de iniciativa popular devem ser iniciados sempre na Câmara dos Deputados, e não no Senado Federal (art. 61, § 2º, da CRFB/1988). B) Não. O art. 60, I, II e III, da CRFB/1988 estabelece um rol taxativo de legitimados à propositura de PEC, e a iniciativa popular não está elencada nesses incisos. Em consequência, não será possível a propositura pela Associação.

COMENTÁRIOS DOS AUTORES:

O processo legislativo ordinário compreende três fases: a) fase introdutória; b) fase constitutiva; e c) fase complementar. A fase introdutória refere-se à apresentação da proposição legislativa perante o Poder Legislativo, ou seja, a apresentação de um projeto de lei. A fase constitutiva diz respeito à deliberação parlamentar (atuação do Poder Legislativo com a discussão, votação e aprovação – ou rejeição – do projeto de lei) e do Poder Executivo (sanção ou veto). A última fase é a complementar, com a promulgação e publicação da lei.

A iniciativa das leis complementares e ordinárias está disciplinada no art. 61 da CRFB.

Diz-se que a iniciativa é comum, concorrente ou geral quando o texto constitucional autoriza, de forma concomitante, mais de uma pessoa a apresentar o projeto de lei, conforme estabelecido no *caput* ("qualquer membro ou Comissão da Câmara dos Deputados, do Senado Federal ou do Congresso Nacional, ao Presidente da República, ao Supremo Tribunal Federal, aos Tribunais Superiores, ao Procurador-Geral da República e aos cidadãos").

A iniciativa de projetos de leis pode ser, no entanto, privativa, exclusiva ou reservada. Neste caso, a CRFB reservou, de forma exclusiva, a propositura de projeto de lei a determinadas pessoas ou órgãos. É o caso do art. 60, § 1º, que fixa matérias que somente podem ser objeto de deliberação legislativa parlamentar se deflagradas por proposição apresentada pelo Presidente da República.

Pelo princípio da simetria, as hipóteses previstas no art. 60, § 1º, da CRFB devem ser aplicadas no processo legislativo nos âmbitos estadual, distrital e federal. Dessa forma, as matérias que a Constituição Federal reservou ao Presidente da República para apresentação de projeto de lei devem ser compreendidas como reservadas, também, aos Governadores de Estado, do Distrito Federal e aos prefeitos municipais.

97 BRANCO, Paulo Gustavo; MENDES, Gilmar Ferreira. op. cit., p. 109.

A iniciativa popular é manifestação de democracia direta, e está prevista no art. 60, § 2º, da CRFB. A apresentação do projeto de lei por iniciativa popular, no entanto, está condicionada à proposta subscrita por, no mínimo, um por cento do eleitorado nacional. Essas assinaturas, no entanto, devem, necessariamente, estar distribuídas em pelo menos cinco estados da federação, e em cada um deles deve haver a presença de, ao mínimo, três décimos de seus eleitores. Se não houver o preenchimento de todos esses requisitos, o projeto de lei não pode ser admitido e processado.

As emendas constitucionais, por seu turno, apresentam um rol de legitimados a apresentar Projeto de Emenda Constitucional, mais restrito do que em relação às leis ordinárias e complementares. O art. 60 (I a III) da CRFB estabelece que a Constituição poderá ser emendada mediante proposta de: a) um terço da Câmara dos Deputados; b) um terço do Senado Federal; c) do Presidente da República; e d) de mais da metade das Assembleias Legislativas das unidades da federação, manifestando-se, cada uma delas, pela maioria de seus membros.

A CRFB, no entanto, não prevê a possibilidade de alteração do texto constitucional mediante proposta popular. Há a possibilidade de alteração do texto constitucional para, mediante Emenda Constitucional, acrescentar essa possibilidade, autorizando a proposta de emendas constitucionais por iniciativa popular? A resposta é não, pois uma modificação no exercício do Poder Constituinte Derivado Reformador esbarra na teoria do Poder Constituinte Originário. Trata-se de limitação material implícita ao Poder Constituinte Derivado Reformador. A Constituição somente pode ser modificada nos termos já previamente estabelecidos pelo Poder Constituinte Originário.

Questão 20

(XXIII Exame unificado) – Gabarito FGV:

A) O examinando deverá responder que, de acordo com o direito de petição, previsto no art. 5º, inc. XXXIV, alínea *a*, da CRFB/1988, "qualquer pessoa é parte legítima para representar ilegalidades perante o CNJ".

B) O examinando deverá responder que não, pois, de acordo com o art. 5º, inc. LV, da CRFB/1988 ("aos litigantes, em processo judicial ou administrativo, e aos acusados em geral são assegurados o contraditório e ampla defesa, com os meios e recursos a ela inerentes"), a defesa do juiz e, portanto, o seu direito fundamental à defesa não podem ser prejudicados ou relativizados por conduta não prevista na Constituição da República.

COMENTÁRIOS DOS AUTORES:

O Conselho Nacional de Justiça, CNJ, é órgão do Poder Judiciário introduzido pela Emenda Constitucional nº 45/2004, conhecida como Reforma do Judiciário.

Conforme o disposto no art. 103-B, § 4º, da CRFB, compete ao CNJ "o controle da atuação administrativa e financeira do Poder Judiciário e do cumprimento dos deveres funcionais dos juízes".

Embora seja órgão do Poder Judiciário, o CNJ não possui atribuição jurisdicional, mas tão somente administrativa.

A Associação dos Magistrados Brasileiros (AMB) ajuizou ADI questionando a constitucionalidade da EC nº 45/2004, no que tange à criação do CNJ. A Associação utilizou basicamente dois argumentos para arguir a inconstitucionalidade: o controle externo do Poder Judiciário e a composição desse órgão por pessoas estranhas ao quadro do Judiciário. Dessa forma, segundo o entendimento da Associação de Magistrados Brasileiros, a existência do CNJ contrariaria o art. 2º da CRFB, por ofensa ao princípio da separação e autonomia dos poderes.

No julgamento da ADI 3.367, de relatoria do Min. Cesar Peluso, o STF decidiu pela constitucionalidade do CNJ. Conforme entendimento da Suprema Corte, o CNJ é órgão interno do Poder Judiciário, não havendo, portanto, que falar em controle externo sobre o Poder Jurisdicional. Também entendeu a Suprema Corte que a composição desse órgão é majoritariamente de membros oriundos do Poder Judiciário, maioria de três quintos. A participação minoritária de membros de outras áreas jurídicas (membros do Ministério Público, advogados e cidadãos) evidencia o caráter democrático e republicano do Conselho.

Dessa forma, **não há nenhuma controvérsia no âmbito da constitucionalidade do Conselho Nacional de Justiça**.

A sua atuação é de natureza administrativa, com função correcional, podendo, inclusive, aplicar sanções administrativas. O mesmo art. 103-B, § 4º, III, que lhe confere essa prerrogativa, no entanto, assegura o direito a ampla defesa e contraditório. Portanto, qualquer sanção imposta pelo CNJ que não assegure a ampla defesa é inconstitucional.

O inc. I do § 5º do art. 103-B assegura a qualquer interessado encaminhar denúncia ou reclamação relativa aos magistrados e aos serviços judiciários ao CNJ.

O CNJ é composto por 15 membros, com mandato de 2 anos, admitida uma recondução.

A presidência do CNJ será sempre exercida pelo Ministro Presidente do STF, que, na sua ausência ou no seu impedimento, será substituído pelo Vice-Presidente do STF.

Ao Ministro do STJ, nomeado para o CNJ, caberá a função de Ministro Corregedor do CNJ.

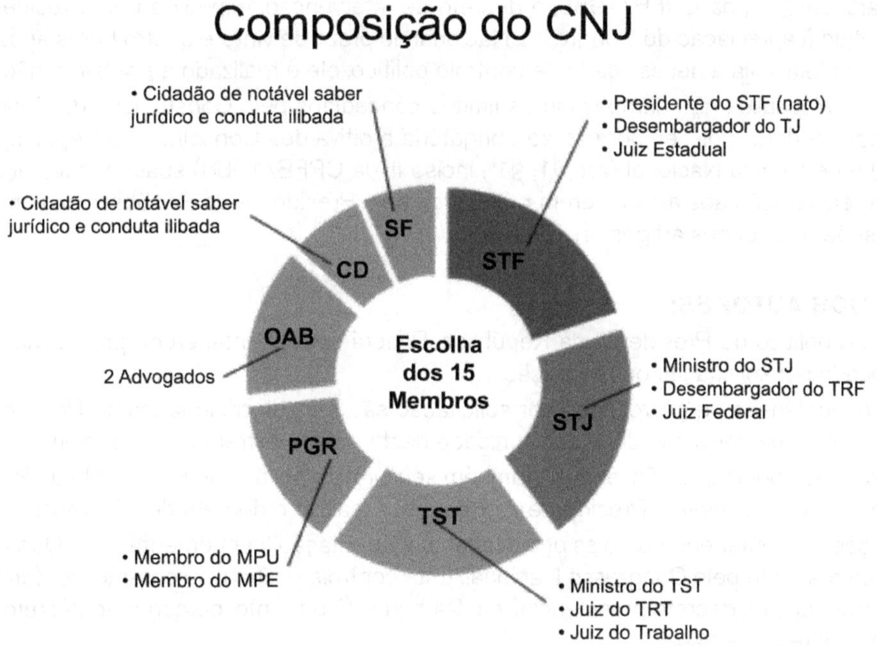

Com exceção do Presidente do STF, os demais membros, após a indicação, serão nomeados pelo Presidente da República, mediante a aprovação por maioria absoluta do Senado Federal.

Questão 21

(XXVI Exame Unificado) – Gabarito FGV:

A) A Lei nº 123/2010, ao não permitir a instalação de outra loja de material de construção no Bairro XX, ofendeu o princípio da livre concorrência, previsto no art. 170, inciso IV, da CRFB/1988, conforme dispõe a Súmula Vinculante nº 49 ("Ofende o princípio da livre concorrência lei municipal que impede a instalação de estabelecimentos comerciais do mesmo ramo em determinada área").

B) Como a decisão administrativa afrontou a Súmula Vinculante nº 49 e foi exaurida a instância administrativa, a sociedade empresária Vertical tem legitimidade para ajuizar reclamação perante o Supremo Tribunal Federal, nos termos do Art. 7º, caput (ou Art. 103-A, § 3º, da CRFB/88) e § 1º, da Lei nº 11.417/2006.

COMENTÁRIO DOS AUTORES:

A CRFB disciplina no artigo 170 os princípios da ordem econômica do Estado, nos seguintes termos: "A ordem econômica, fundada na valorização do trabalho humano e na livre iniciativa, tem por fim assegurar a todos existência digna, conforme os ditames da justiça social, observados os seguintes princípios". Dentre os princípios assegurados pelo texto constitucional, destacamos, além da livre iniciativa, a livre concorrência e da defesa do consumidor (incisos IV e V).

É preciso lembrar, ainda, que o parágrafo único do mesmo artigo assegura a todos «o livre exercício de qualquer atividade econômica, independentemente de autorização de órgãos públicos".

O artigo 173, § 4º, estabelece ainda que a lei deverá reprimir "o abuso do poder econômico que vise à dominação dos mercados, à eliminação da concorrência e ao aumento arbitrário dos lucros".

A reserva de mercado, ainda que mediante atividade legislativa, impedindo a existência de mais de um estabelecimento em perímetro inferior a 500 metros viola, materialmente, portanto, os princípios constitucionais elencados.

Este é o entendimento do STF consolidado na Súmula Vinculante 49: "Ofende o princípio da livre concorrência lei municipal que impede a instalação de estabelecimentos comerciais do mesmo ramo em determinada área".

A afronta direta a Sumula Vinculante possibilita a utilização do instituto da Reclamação, diretamente perante o STF.

Questão 22

(XXVI Exame Unificado) – Gabarito FGV:

A) Conforme o art. 36, § 1º, da CRFB/1988, o decreto de intervenção, expedido pelo Presidente da República, deverá ser submetido à apreciação do Congresso Nacional no prazo de vinte e quatro horas após a sua expedição. Embora, no caso em tela, haja a necessidade de controle político, ele é realizado a *posteriori*, não previamente.

B) O Presidente da República não ultrapassou os limites concedidos pela Constituição da República quando decretou a intervenção federal, pois, embora fosse obrigatória a oitiva dos Conselhos da República (art. 90, inciso I, da CRFB/1988) e de Defesa Nacional (art. 91, §1º, inciso II, da CRFB/1988) suas manifestações não possuem caráter vinculante em relação aos atos a serem praticados pelo Presidente da República, mas meramente consultivo, conforme dispõe o *caput* dos artigos art. 89 e 91.

COMENTÁRIO DOS AUTORES:

A intervenção é ato político do Presidente da República. Poderá ser espontânea ou provocada. Esta, por sua vez, poderá ser provocada por solicitação ou requisição.

As intervenções espontâneas ou provocadas por solicitação são atos discricionários do Presidente da República. Cabe a ele o julgamento da conveniência e oportunidade desta medita extrema e excepcional.

A intervenção provocada por requisição, embora também seja um ato político do Presidente da República, configura um ato vinculado. Neste caso, deve o Presidente da República realizar o decreto de intervenção federal.

Tanto as intervenções espontâneas, como as provocadas por solicitação (ver comentário da Questão 1) necessitam de controle político realizado pelo Congresso Nacional. Este controle político, no entanto, conforme dispõe o artigo 36 da CRFB ocorrerá após o decreto presidencial, em 24 horas. É, portanto, posterior ao decreto de intervenção, e não prévio, como sugere a questão.

O Conselho da República e o Conselho de Defesa Nacional são órgãos de consulta do Presidente da República, conforme artigos 89 e 91, respectivamente. Suas decisões, portanto, não possuem caráter vinculativo. Se assim não fosse, as intervenções espontânea e provocada por solicitação deixariam de ser ato discricionário do Presidente da República, e passaria a ser vinculado.

Questão 23

A) A constituição somente pode ser classificada como "rígida" quando exige, no processo de modificação pelo poder constituinte derivado reformador, solenidades e exigências formais especiais, diferentes e mais difíceis que aquelas exigidas para a formação e modificação de leis comuns (ordinárias e complementares). No caso em tela, em razão do disposto nos artigos 63 e 64 da Constituição da República Teta, temos uma Constituição semirrígida (ou semiflexível), assim considerada aquela em que alguns dispositivos podem ser modificados livremente pelo legislador, segundo o mesmo processo de elaboração e modificação das leis ordinárias (conforme art. 28 da Constituição da República Teta), enquanto outros são modificáveis por meio de solenidades e exigências formais especiais, diferentes e mais difíceis que aquelas exigidas para a formação e modificação de leis comuns (ordinárias e complementares).

B) A desconstitucionalização é um fenômeno que se manifesta quando uma nova Constituição é promulgada e as normas formalmente constitucionais da Constituição anterior, que não tenham sido repetidas ou contrariadas, adentram no novo sistema com status de lei ordinária. No caso em tela, tendo em vista que o art. 1º do ADCT da Constituição da República Teta estabeleceu a integral revogação das normas da Constituição anterior, não há que se falar em uma suposta vigência das normas da Constituição anterior - mesmo que com "status mitigado" de lei ordinária - no âmbito do atual ordenamento constitucional.

COMENTÁRIOS DOS AUTORES:

As Constituições, quanto a sua estabilidade, ou possibilidade de serem alteradas, são classificadas pela doutrina em:

a) Imutáveis;

b) Rígidas;

c) Flexíveis;

d) Semirrígidas ou semiflexíveis.

As Constituições imutáveis são aquelas que, em hipótese alguma permitem a sua alteração. São constituições que não são mais utilizadas em Estados modernos, pois impedem que o texto constitucional seja modificado a ponto de se compatibilizar com novas realidades sociais. Após um período, esta constituição corre o risco de ser obsoleta e precisar ser substituída por outra.

As Constituições rígidas, por seu turno, permitem a alteração do texto constitucional, porém, para isso, exigem um procedimento específico, mas complexo e difícil que a legislatura constitucional. O processo legislativo para Emendas Constitucionais, previsto no art. 60 da CRFB, evidencia a rigidez da nossa Constituição.

As Constituições Flexíveis são aquelas que não exigem procedimento específico para a alteração do texto constitucional.

Esta diferenciação entre a rigidez e a flexibilidade é relevante para a compreensão da supremacia das normas constitucionais, conforme esclarecem Gilmar Ferreira Mendes e Paulo Gustavo Gonet Branco:

"A rigidez é atributo que se liga muito proximamente ao princípio da supremacia da Constituição. A supremacia fixa o *status* hierárquico máximo da Constituição no conjunto das normas do ordenamento jurídico. Essa superioridade se expressa na impossibilidade de o legislador ordinário modificar a Constituição, dispondo em sentido divergente do que o constituinte estatuiu. Se a Constituição pode sofrer transformações pela mesma maneira como se elaboram as demais leis, não se assegura a supremacia da Carta sobre o legislador ordinário. A rigidez distingue o poder constituinte dos poderes constituídos e positiva uma hierarquia entre as normas jurídicas, em que a Constituição aparece como o conjunto de normas matrizes do ordenamento jurídico, em posição de prevalência sobre todos os atos normativos que hão de nela encontrar fundamento último."[98]

As Constituições semirrígidas, ou semiflexíveis, são aquelas, como a Constituição Imperial de 1824, que parte é rígida, e parte é flexível.

Há que se ressaltar, também, que embora a CRFB seja rígida, há certas matérias que nem mesmo pelo processo específica do processo legislativo de emendas constitucionais podem ser suprimidas do texto constitucional. São as chamadas *cláusulas pétreas*, elencadas nos incisos do parágrafo quarto do artigo 60 da CRFB: a) forma federativa do Estado; b) o voto direto, secreto, periódico e universal; c) a separação dos poderes; d) os direitos e garantias individuais.

A desconstitucionalização é o fenômeno em que uma nova Constituição, fruto do Poder Constituinte originário, recebe as normas da Constituição anterior, como normas infraconstitucionais no novo ordenamento jurídico. A única possibilidade deste fenômeno ocorrer será se, de forma expressa, a nova Constituição dispor neste sentido. Caso contrário, toda a constituição anterior é desprezada, sendo suas normas revogadas.

Questão 24

(XXIV Exame Unificado) – Gabarito FGV:

A) O examinando deve responder que o instrumento processual a ser utilizado, em razão da impossibilidade de exercer direitos e liberdades constitucionais por ausência de regulamentação, é o Mandado de Injunção (art. 5º, inciso LXXI, da CRFB/1988 ou Lei nº 13.300/2016).

B) No caso em tela, o órgão do Poder Judiciário que deverá apreciar o mandado de injunção é o Supremo Tribunal Federal, porque o *munus* de editar a norma regulamentadora é do Congresso Nacional, a partir de iniciativa do Presidente da República, nos termos do art. 102, inciso I, alínea *q*, da CRFB/1988.

C) O examinando deve responder que os efeitos da decisão do Supremo Tribunal Federal serão aqueles previstos no art. 8º da Lei nº 13.300/2016, isto é, ao reconhecer o estado de mora legislativa, será deferida a injunção para determinar prazo razoável para que o impetrado promova a edição da norma regulamentadora e estabelecer as condições em que se dará o exercício dos direitos, das liberdades ou das prerrogativas reclamados.

COMENTÁRIO DOS AUTORES

O Mandado de Injunção é o remédio constitucional adequado para o combate de omissão constitucional que impede o exercício de direitos e liberdades constitucionais, bem como a prerrogativa inerente a nacionalidade, soberania e cidadania. Está previsto no inc. LXXI do art. 5º da CRFB. Está disciplinado, desde 2016, pela Lei 13.300/2016.

A Lei 13.300/2016 disciplinou no seu artigo 8º que, deferida a injunção, diante do reconhecimento da mora legislativa, será determinado prazo razoável para que o impetrado possa editar a norma regulamentadora. A decisão judicial que deferir a injunção, no entanto, determinará também as condições para o exercício dos direitos, das liberdades ou das prerrogativas reclamadas, ou condições para exercício em ação própria, no caso da norma não ter sido regulamentada no prazo estabelecido na decisão judicial que deferir a injunção.

A determinação de prazo razoável para a edição da norma poderá ser dispensada, caso reste comprovado que em mandado de injunção anterior, o prazo não foi observado.

Há que se ressaltar, ainda que, na hipótese do Poder Judiciário estabelecer condições para o exercício do direito prejudicado pela omissão legislativa, esta decisão possui caráter suspensivo, ou seja, terá validade até que sobrevenha a regulamentação legal, que deverá prevalecer.

Sendo a norma regulamentadora de competência do Congresso Nacional, porém de iniciativa reservada ao Presidente da República, resta evidente a competência do Supremo Tribunal Federal para o processamento deste Mandado de Injunção.

Questão 25

(XXIV Exame Unificado) – Gabarito FGV:

A) O examinando deve esclarecer que, do mesmo texto, pode ser obtida nova norma constitucional em razão das alterações verificadas na realidade, as quais influenciarão o processo de interpretação constitucional. Trata-se do processo informal de alteração da Constituição conhecido como "mutação constitucional".

B) O examinando deve esclarecer que não há obstáculo ao ajuizamento de nova ação direta de inconstitucionalidade tendo a Lei Federal W como objeto, já que, no caso concreto, o pedido apresentado na primeira ação foi julgado improcedente e o cotejo será realizado com normas constitucionais de sentido e alcance diversos daquelas que embasaram a prolação do primeiro acórdão.

COMENTÁRIOS DOS AUTORES:

A questão apresentada evidencia que a decisão proferida há vinte anos, em sede de controle concentrado de constitucionalidade foram invocadas condições econômicas e sociais da época para determinar o sentido das normas constitucionais. Passados vinte anos, estas condições econômicas e sociais já não são as mesmas. Embora o texto constitucional permaneça o mesmo, sem qualquer alteração, o seu sentido, a sua interpretação, tendo em vista que sofre influências de questões sociais e econômicas, já não é o mesmo.

A reforma constitucional é a alteração da Constituição a partir do seu texto, mediante o procedimento de emenda à Constituição.

A Mutação Constitucional, por seu turno, é a alteração da Constituição a partir do seu sentido, mantendo o texto inalterado.

Enquanto a reforma constitucional representa um processo formal de alteração da Constituição, a mutação constitucional representa um processo informal de alteração da Constituição. Decorre de alteração da hermenêutica do texto constitucional, alterando-se o sentido do texto, que permanece o mesmo.

Não há óbice para a propositura de nova Ação Direta de Inconstitucionalidade, tendo em vista que novas circunstâncias econômicas e sociais possibilitam nova interpretação da norma constitucional, dando-lhe novo sentido (mutação constitucional), diversa da que fundamentou a decisão de vinte anos atrás.

Questão 26

(XXVIII Exame Unificado) – Gabarito FGV:

A) Não. A ordem constitucional veda a retroação de normas sancionadoras, nos termos do art. 5º, incisos XXXIX e XL, da CRFB/88.

B) Sim. Em que pese o advogado ser indispensável à administração da justiça, nos termos do art. 133 da CRFB/88, nos termos da Súmula Vinculante nº 5 do STF, "a falta de defesa técnica por advogado no processo administrativo disciplinar não ofende a Constituição".

COMENTÁRIOS DOS AUTORES:

O processo administrativo disciplinar, que tem por finalidade apurar ilícitos administrativos cometidos pelos agentes públicos, deve obedecer a limites constitucionais, como ampla defesa e contraditório, princípio da legalidade e anterioridade.

Ofende a Constituição Federal a imposição de sanção administrativa ao servidor que cometeu ato que a época não era configurado como ilícito penal. É entendimento sedimentado que o teor dos incs. XXXIX e XL do art. 5º não se limita ao âmbito penal, mas também aos processos administrativos.

Nos processos administrativos, deve ser garantida a ampla defesa e o contraditório. No entanto, o entendimento do Supremo Tribunal Federal é que devem ser oferecidas todas as oportunidades para que o agente público possa se manifestar, oferecer provas e exercer a sua ampla defesa. No entanto, no entender da Suprema Corte, essa defesa pode ser feita pessoalmente, não sendo obrigatória a presença de advogado. Nesse entendimento, foi editada a Súm. Vinc. nº 5.

Questão 27

(XXIX Exame Unificado) – Gabarito FGV:

A) Não. Compete privativamente à União legislar sobre registros públicos, nos termos do art. 22, inciso XXV, da CRFB/88, e a autorização para que os Estados legislem sobre a matéria deve ser veiculada em lei complementar, conforme dispõe o art. 22, parágrafo único, da CRFB/88. No entanto, nos termos do art. 62, § 1º, inciso III, da CRFB/88, é vedada a edição de medidas provisórias sobre matéria reservada à lei complementar, como é o caso.

B) Não. Por imposição do art. 62, § 9º, da CRFB/88, a Medida Provisória nº XW/2018 deve ser previamente submetida a uma comissão mista de Deputados e Senadores, antes de sua apreciação pelo plenário de cada Casa do Congresso Nacional.

COMENTÁRIOS DOS AUTORES:

A questão versa sobre dois temas: repartição de competência e processo legislativo, em especial da espécie normativa denominada Medida Provisória.

Conforme salientado no gabarito da FGV, é de competência privativa da União legislar sobre registros públicos. É bem verdade que, em se tratando de competência privativa, é possível que a União delegue aos Estados-Membros da Federação a competência para legislar sobre assunto específico presente no art. 22 da CF. Tal delegação, no entanto, nos termos do parágrafo único deste mesmo dispositivo constitucional, deve ser realizada por meio de Lei Complementar. A autorização para que os Estados-Membros da Federação legislassem sobre registro civil afronta a Constituição Federal, uma vez que somente poderia ter sido realizado mediante espécie normativa específica: Lei Complementar.

Ademais, o art. 62, parágrafo primeiro, inc. III, veda, de forma expressa, a edição de medida provisória sobre matéria reservada à lei complementar, o que é o caso.

A Constituição Federal autoriza o Presidente da República a editar Medida Provisória, fundada em razões de relevância e urgência, com força de lei, devendo submetê-la de imediato a aprovação do Congresso Nacional, nos termos do art. 62 da Carta Constitucional. O § 1º elenca situações em que são vedadas as edições de Medida Provisória.

As Medidas Provisórias deverão ser submetidas à apreciação do Congresso Nacional para que as rejeite, ou as aprove, convertendo-as em lei. Nos termos dos §§ 3º e 7º do art. 62, as Medidas Provisórias possuem prazo de 60 (sessenta) dias, podendo ser prorrogados por igual período, uma única vez. A aprovação deverá ser sempre expressa, mediante aprovação do Congresso Nacional. A rejeição, por seu turno, pode ser expressa (rejeição em plenário com ausência de quórum necessário para a sua aprovação) ou tácita, por não ter o Congresso Nacional apreciado a Medida Provisória no seu prazo constitucional.

A apreciação pelo Congresso Nacional ocorrerá sempre em separado pelas Casas Legislativas. No entanto, o § 9º do art. 62 determina que, antes de serem examinadas, em separado, pelos plenários das Casas Legislativas, seja apreciada a sua regularidade por uma comissão mista, formada por deputados e senadores da república.

Referências Bibliográficas

BUENO, Cassio Scarpinella. *Amicus curiae no processo civil brasileiro: um terceiro enigmático*. 3. ed. São Paulo: Saraiva, 2012.

_______. *Curso sistematizado de direito processual civil*. 4. ed. São Paulo: Saraiva, 2010. vol. 1.

BULOS, Uadi Lammêgo. *Curso de direito constitucional*. 4. ed. São Paulo: Saraiva, 2009. p. 243.

CASSONE, Vittorio, e CASSONE, Maria Eugênia Teixeira. *Processo tributário, teoria e prática*. 10. ed. São Paulo: Atlas, 2010.

COUTURE, Eduardo J. *Introdução ao estudo do processo civil*. Disponível em: <www.webartigos.com/artigos/introducao-ao-estudo-do-processo-civil/36546/>. Acesso em: 23 dez. 2013.

CUNHA JÚNIOR, Dirley da. *Controle de constitucionalidade: teoria e prática*. 1. ed. Salvador: Juspodivm, 2006.

DANTAS, Paulo Roberto de Figueiredo. *Direito processual constitucional*. 2. ed. São Paulo: Atlas, 2010.

DIMOULIS, Dimitri; LUNARDI, Soraya. *Curso de processo constitucional*. 1. ed. São Paulo: Atlas, 2011.

DONIZETTI, Elpídio. *Ações constitucionais*. 2. ed. São Paulo: Atlas, 2010.

FERRAZ, Anna Candida da Cunha. O *amicus curiae* e a democratização e a legitimação da jurisdição constitucional. *Revista Mestrado em Direito*, Osasco, v. 9, 2008, p. 67.

FERRAZ, Anna Candida da Cunha. Proteção jurisdicional da omissão inconstitucional dos poderes locais. *Revista Mestrado em Direito*, Osasco, v. 5, n. 5, p. 157-210, 2005.

FERREIRA FILHO, Manoel Gonçalves. *Curso de direito constitucional*. 38. ed. São Paulo: Saraiva, 2012.

GONÇALVES, Marcus Vinicius Rios. *Novo curso de direito processual civil*. 5. ed. São Paulo: Saraiva, 2012. vol. 3.

HELAL, João Paulo Castiglioni. *Controle da constitucionalidade: teoria e evolução*. 1. ed. Curitiba: Juruá, 2006.

LENZA, Pedro. *Direito constitucional esquematizado*. 17. ed. São Paulo: Saraiva, 2013.

MACHADO, Antônio Alberto. *Curso de processo penal*. 4. ed. São Paulo: Atlas, 2012.

MARINS, James. *Direito processual tributário brasileiro (administrativo e judicial)*. 3. ed. São Paulo: Dialética, 2003.

MARQUES, José Frederico. *Instituições de direito processual civil*. Campinas: Millennium, 2000. vol. V.

MEIRELLES, Hely Lopes. *Mandado de segurança e ações constitucionais*. 19. ed. atual. por Arnoldo Wald e Gilmar Ferreira Mendes, 35. ed. São Paulo: Malheiros, 2013.

MENDES, Gilmar e BRANCO, Paulo. *Curso de direito constitucional*. 7. ed. São Paulo: Saraiva, 2012.

_______. _______. 8. ed. São Paulo: Saraiva, 2013.

_______. _______. 10. ed. São Paulo: Saraiva, 2015.

_______; MARTINS, Ives Gandra da Silva. *Controle concentrado de constitucionalidade: comentários à Lei n. 9.868, de 10-11-1999*. 2. ed. São Paulo: Saraiva, 2005.

MENDES, Gilmar Ferreira. A proporcionalidade na jurisprudência do Supremo Tribunal Federal. *Repertório IOB de Jurisprudência*, v. 23, n. 94, p. 475.

MORAES, Alexandre de. *Direito constitucional*. 28. ed. São Paulo: Atlas, 2012.

_______. _______. 29. ed. São Paulo: Atlas, 2013. p. 664.

MOREIRA, José Carlos Barbosa. *O novo processo civil brasileiro*. 21. ed. São Paulo: Forense, 2001.

NERY JUNIOR, Nelson. *Curso de direito processual civil*. 51. ed. Rio de Janeiro: Forense. 2010.

NEVES, Daniel Amorim Assumpção. *Ações constitucionais*. Rio de Janeiro: Forense; São Paulo: Método, 2011.

NUNES JÚNIOR, Vidal Serrano; SCIORILLI, Marcelo. *Mandado de segurança: ação civil pública, ação popular, habeas data, mandado de injunção*. 2. ed. São Paulo: Verbatim, 2010.

PAULO, Vicente; ALEXANDRINO, Marcelo. *Direito constitucional descomplicado*. 5. ed. Rio de Janeiro: Forense; São Paulo: Método, 2010.

SANTOS, Moacyr Amaral. *Primeiras linhas de direito processual civil*. 26. ed. São Paulo: Saraiva, 2009. vol. 1.

SCHOUERI, Luis Eduardo. *Direito tributário*. 3. ed. São Paulo: Saraiva, 2013.

SILVA, José Afonso da. *Curso de direito constitucional positivo*. 33. ed. São Paulo: Malheiros, 2010.

SIQUEIRA Jr, Paulo Hamilton. *Direito processual constitucional*. 5. ed. São Paulo: Saraiva, 2011.

SOUZA, Luiz Roberto Carboni. A dimensão objetiva dos direitos fundamentais no sistema jurídico constitucional brasileiro. In: GONÇALVES, Alcindo Fernandes; GRAZIELA, Maria Luiza Machado (Org.). *3º Colóquio Panorama Pesquisa em Direito.* Santos: Editora Leopoldianum, 2014. p. 361-378.

TAVARES, André Ramos. *Curso de direito constitucional.* 8. ed. São Paulo: Saraiva, 2010.

THEODORO JUNIOR, Humberto. *Curso de direito processual civil.* 51. ed. Forense: Rio de Janeiro, 2010. vol. I.